주나라와 조선

주나라와
조선

장인용
지음

창해

차례

머리말 | 주나라가 조선을 타고 우리에게 들어왔다 _6

1 우리 안의 주나라 _11
• 주나라가 멸망시킨 은상의 호칭과 연대 • 주나라의 푸르고 투명한 하늘
• 정도전, 이성계를 설득하다

2 주나라의 탄생 그리고 천명사상 _27
• 주나라의 이주, 신의 한 수가 되다 • 문왕이 기초를 닦은 주나라
• 무왕이 중원을 장악하다 • 묘당과 사직단에 숨은 사연
• 약한 정복자의 묘수

3 조선의 천명 _57
• 정도전의 조선 설계 모델은 주나라 • 천명의 실현으로써의 개혁과 혁명
• 역사의 수레바퀴에 뿌려진 피

4 종법 탄생의 비밀 _85
• 봉건의 시작과 삼감의 난 • 중원 통치의 두 가지 길
• 종법, 제사의 법칙이 통치의 법칙으로 • 봉건은 낡은 것이 아니다
• 대종과 소종, 맏이에게 복종하라

5 조선에 종법을 심어라 _117
• 조선 사대부들, 주희에 열광하다 • '머리의 성리학'과 '몸의 습속' 사이에서
• 종법 정착의 난관들 • '존존'은 사라지고 '친친'만 남다
• 본말전도의 종법이 가져온 해악

6 주나라의 예악은 무엇인가 _151

• '예'와 '악'이 근본이요 불가분인 이유 • '예'와 '악'과 술
• 예악의 만남이 가져온 변화들 • 예악제도 부침의 역정

7 조선의 예악을 만들자 _179

• 〈용비어천가〉와 예악 • '신악'에 숨은 깊은 뜻
• '주나라'라는 이상국가의 모티프는 중국 것이 아니다

8 주나라는 은상보다 공평한 나라였다 _207

• '종법'의 공동체성과 '공평성' • '정전제'는 과연 실재했을까
• 씨족국가, 성읍국가, 봉건국가 • 낙읍 건설에 스며 있는 주나라의 이념

9 백성을 위하는 것이 조선의 기반이다 _233

• 개국 핵심사업 세 가지 • 과전법의 민본주의
• 유학입국을 실현한 한양 건설 • 태종의 최대 업적은 세종
• 20년 넘는 시간을 들여 완성한 세제 '공법'

10 조선은 과연 주나라라는 이상을 성취했는가 _263

• 천명과 예악의 조선, 종법의 사슬에 묶이다 • 종법이 끼친 해악
• 전환기의 역사에서 배워야 할 것들

후기 _278
찾아보기 _284

주나라가 조선을 타고
우리에게 들어왔다

  오래전에 밤낮으로 중국 고대 은주殷周 시대를 생각하며 지내던 때가 있었다. 그 시대의 청동기 문양에 관한 논문을 쓰고 있었기 때문이다. 사실 주周나라는 나에게 그리 낯선 나라가 아니었다. 대학 시절부터 고전에 익숙해야 했던 터여서 공자와 맹자를 통해 늘 들어왔던 나라이다. 그런데 나중에 우연히『주역』책을 만들게 되면서, 사람들이『주역』하면 그저 점치는 일이나 떠올릴 뿐 우리에게도 연관 깊은 주나라의 실체에 대해서는 거의 모른다는 사실을 깨닫게 되었다. 하지만 주나라는 꽤나 친숙한 나라여야 맞다. 우리가 자주 인용하고 성인으로 여기는 공자가 우러러 받들며 치세의 전범으로 삼았던 나라이며, 우리의 전통으로 여기는 유교가 바로 주나라 제도를 바탕으로 한 것이기 때문이다. 게다가 지금의 우리 성씨 제도와 제사, 하다못해 밥상에서 숟가락을 쓰는 문화까지도 주나라의 영향이다.

  흔히 북조선이니 남한이니 하며 정치적 이념을 따질 때 조선이란 말을 쓰지만, 현재 우리 삶의 전신이요 뿌리가 조선임은 누구나 아는 사실이다. 다시 그 조선의 뿌리를 찾아 거슬러 올라가면 고려를 말할 것이다. 맞다. 그런데 또 다른 뿌리가 바로 중국의 주나라와 닿아 있다. 웬 뜬금없는 소리냐고 되물을 사람이 많을 것이다. 이 책은 바로 그런 힐문에 대한 대답이다.

조선에 대해서야 텔레비전 사극이나 영화를 통해 정도전, 이방원, 장희빈, 사도세자, 정조 등 수많은 인물들에게 친숙하거니와, 이와 함께 엮여 등장하는 장자 중심의 종법제도와 제사의 법칙 등은 마치 천년만년 이어져온 전통처럼 받아들여진다. 이렇게 주나라와 조선의 관계는 한편으론 내밀하게 연관되고 다른 한편으론 무관한 듯 동떨어져 있지만, 사실은 공자와 주자의 유교가 가운데서 양쪽을 이어주고 있다. 물론 그렇다고 해서 그런 이념이나 제도들이 곧바로 수용된 것은 아니다. 그에 맞는 사회변동이 있을 때 원본이 아닌 변형된 사본으로 이 땅에 정착되었다.

그렇기에 우리의 이념이나 제도, 사상 같은 것들은 시대의 사회적·경제적·문화적 상황들과 깊은 관련을 맺고 있으며, 그 근본을 캐는 것은 현재의 우리를 이해하는 데도 여전히 유효하다. 이렇게 우리가 전통이라고 당연시하는 것을 해부해봄으로써 진정한 우리의 정체성을 알 수 있으며, 현재를 살아가는 데도 도움이 될 것이다.

주나라는 우리에게는 낯선 시공간이지만 그곳의 독특한 여러 제도들은 유교의 여과를 거쳐 조선에 이식되었다. 이 책에선 그 가운데 핵심이라 할 천명사상, 종법제도, 예악, 토지제도, 성읍 등 몇 가지만 집중적으로 살펴볼 것이다. 그리고 그것이 고려 말과 조선의 개국이란 시공간에서 어떻게 실현되고 변형되는지 살펴볼 것이다. 조선조 초기나 이성계, 정도전, 이방원, 세종과 세조 같은 인물들은 역사와 소설, 드라마나 영화를 통해 많이들 알고 있지만 사실이 친숙함은 또 다른 고정관념의 산실이기도 하다. 하여 주나라와 조선이라는 상당한 괴리가 있는 두 시공간의 결합을 위해, 부득이하게 중국의 중원과 조선을 번갈아가며 서술할 것이다. 그렇게 함으로써 그 둘 사이에 무엇이 닮았으며 무엇이 다른지 드러나리라 기대한다.

그런 와중에는 우리가 그리도 중요하다고 외쳐댔던 전통의 뿌리가 일부 실체를 드러낼 것이다. 어떻게 보면 허망하거나 우습기도 하겠지만, 그 탄생의 배경에는 나름의 필연적인 절박함도 있었다. 그 둘을 비교하고 연관성을 들여다보는 일은 지금의 대한민국 현실에서 시사하는 바가 없지 않다. 주나라와 조선의 상황에 오늘의 우리를 겹쳐보기, 그렇게 지난 역사를 돌아보며 전통의 실체에 대해 다시 한 번 생각해보는 기회를 가져보는 것이 바로 이 책을 쓰는 목적이다.

2016년 10월
장인용

주나라 형세도

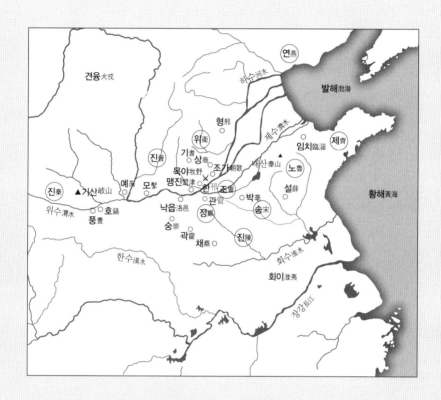

주나라 초기의 왕조 계보

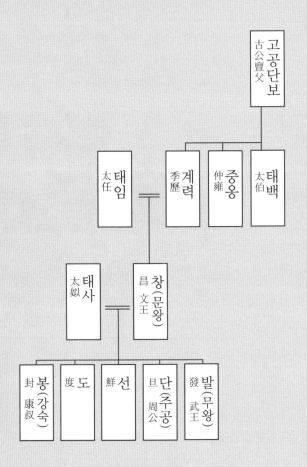

후직后稷으로 시작되는 주나라 계보가 『사기』에 나오지만, 그것이 완전하다고는 보기 어렵다.
사마천이 살던 시대 역시 상고의 주나라와 시간적인 격차가 크기 때문이다. 주나라는 고공단보가
기산 밑으로 나라를 옮기면서 강대국으로 발돋움했다. 고공단보 이후의 계보는 믿을 만하지만,
연대는 정확하지 않다. 무왕의 아들만 공식적으로 열여덟, 아마 더 많을지도 모른다. 이를 보면
당시의 정략결혼이 어느 정도였는지 짐작할 수 있다.

1

우리 안의
주나라

주周나라는 아득히 머나먼 옛날 이웃한 중국의 중원을 다스렸던 나라다. 사실 그 나라 사람들이 살았던 시공간 자체는 우리와 별 상관이 없다. 기원전 11세기부터 진나라 통일까지가 주나라의 치세 기간이라지만, 기원전 771년 주나라가 낙읍洛邑으로 수도를 이전하고 동주東周라 불리면서는 사실상 중원의 여러 제후국을 통치하지도 못하는 이름뿐인 소국으로 전락했다. 낙읍으로 천도한 이후의 시기를 '동주東周시대'라 이르기도 하나, 우리는 보통 이 시기를 '춘추전국시대'라고 부른다. 그 이전 서주시대의 끝머리는 한반도 땅에서 삼국시대가 정립되기 훨씬 전이었으며, 따라서 우리의 역사와는 사실상 아무런 상관관계도 맺지 못하던 시기이다. 아마도 은상과 주나라의 교체기인 기원전 12세기 즈음 은상의 왕족이자 현인인 기자箕子의 고조선 이주설, 전설인지 신화인지 모를 어렴풋한 기억만이 미미했을 관계의 흔적으로 남아 있는 정도다. 그 고조선 역시 우리에게는 신화와 전설이 점철된 시기의 존재로, 별반 아는 것도 알려진 것도 없다. 곧 우리에게 주나라란 시공간적으로 뚜렷한 관계를 맺기 어려운 나라였다는 말이다. 하지만 지금 우리에게 남아 있는 자취를 살펴보자면 얘기는 사뭇 달라진다.

시골 종가宗家의 고택은 그 외형만 남아 있는 것이 아니다. 아직까지도 많은 종가에는 장자長子가 남아 살고 있거나, 타지에 살더라도 때가 되면 내려가 제사를 주관하며 집안을 통솔한다. 종택에는 대개 신주를 모시는 자그마한 사당이 있고, 그 종택의 장자 상속은 당연시 되며, 종중의 땅에 대해서도 장자가 가장 큰 권한을 행사하곤 한다. 호주제가 폐지되었다고는 하나 아직까지도 우리에겐 장자를 중시하는 습속이 여전하고, 장자는 집안을 이끌어갈 대들보라 여기는 의식이 남아 있다. 이는 성씨姓氏제도와 함께 장자를 우선시하는 주나라의 종법宗法제도가 우리 안에 깊이 심어놓은 관념이다.

우리에게는 공간적인 의미에서도 주나라의 습속이 남아 있다. 경복궁을 중심으로 한 서울의 배치를 보면 동쪽에 종묘가 있으며, 서쪽에 사직단이 있다.(동주의 수도인 낙읍에도 이렇게 제사를 올리는 두 묘당이 있었다.) 사직단社稷壇은 주나라의 조상신인 '곡식의 신' 후직后稷, 비와 바람의 신, 그 밖의 여러 자연신들을 함께 모시고 곡식을 잘 영글게 해주는 자연의 순조로움을 기원하기 위한 제단이다. 동쪽에 있는 종묘宗廟는 조선 왕의 직계 조상을 모시는 공간이다. 여기엔 조선의 왕가인 이씨 문중의 조상들이 모셔져 있다. 한데 주나라에서는 왜 자신들의 조상신인 후직을 모시는 공간이 있음에도 또 다른 조상신을 모시는 동쪽의 묘당이 필요했을까? 그리고 어떻게 2500년이나 지나서 머나먼 땅 조선의 도읍 한양에 두 개의 묘당이라는 똑같은 모습으로 나타나게 되었을까?

사실 우리에게는 이런 것들 외에도 주나라 습속에서 비롯되어 내려오는 게 많이 있다. 이를테면 숟가락으로 밥과 국을 떠먹는 습속조차 멀리 보면 주나라로부터 온 것이다. 현재 중국의 식사 습관을 보면 우리에 비해 오히려 숟가락 사용이 지극히 제한되어 있다. 한편, 집에서 지내는 제사에도 주나라의 풍습에서 전해진 형태가 여럿 포함되어 있다. 이렇게 유형적인 것뿐만 아니라 국가에 대한 충성이니, 부모에 대한 효도니, 노인 공경이니 하는 무형적인 것조차 크게 보면 주나라에서 전래된 것이다.

그렇다면 우리는 왜 아무 관련도 없던 주나라의 풍속을 가져다가 이를 금과옥조로 삼게 되었을까? 주나라와 우리, 이 맥락 없는 둘 사이를 연결해준 건 과연 무엇이었을까? 그건 물론 두말할 나위 없이 유교와 공자 때문이다. 공자는 주나라의 권위가 심히 손상을 받은, 그래서 주나라 천자天子의 권위가 무너진 춘추시대를 살았던 사람이다. 옛 질서가 무너진 춘추시대에 제자백가들이 나와 부국강병과 평안한 시대의 방책을 구했으나, 그 가운데 유일하게 보수적인 입장에서 주나라의 옛 질서로 되돌아갈 것을 주장한 사람이 바로 공자이다. 그리고 공자가 가장 이상향으로 여긴 나라가 주나라이다. 따라서 공자와 그의 제자들인 유가儒家는 저서에서 주나라의 습속과 정신을 끊임없이 환기시켰고, 그들이 정권의 주체세력이 되자 모든 치국治國 방식과 생활에 주입시켰다.

그리하여 유학은 마침내 우리나라에도 통치방식으로 전래되고 받아들여져, 신라와 고려에서는 주로 정부의 조직 같은 행정과 의례에 영향을 끼쳤다. 그러다가 고려와 조선의 정권교체기에 이르러 왕과 귀족들에 대항한 신흥 사대부 계층의 새로운 이념으로써 국가의 중추적 역할을 담당하게 되었다. 이 정권교체기의 유학은 특히 성리학이라는 특정의 학문이 주도하게 된다. 성리학은 불교의 전성기였던 당나라 시대가 끝나고 송나라가 들어서며 태동한 유학의 새로운 방향이었다. 이는 주나라의 예법을 근간으로 국가의 통치법과 철학을 발전시켰으며, 결국 성리학과 얽혀 들어온 주나라의 제도가 우리나라에 이식된 것이다.

주나라가 멸망시킨 은상의 호칭과 연대

여기서 주나라에 대해 논의하기 전에 알아두어야 할 사항이 있다. 바로 은상에 대해서이다. 주나라는 그때까지 중원을 지배하던 은상을 멸망시키고 들어선 나라이다. 이 책의 성격상 은상에 대해 상술하지 않겠지만, 혼동할 우려가 있으므로 은상의 국호와 연대에 대해서는 간략하게나마 짚어둘 필요가 있겠다. 필자는 은나라를 '은상殷商'이라 지칭하는데, 이는 사실 절충안이다. 여기에는 약간 복잡한 사정이 있다. 널리 알려져 있지만, 사실 '은殷'은 지명이고

'상商'은 나라 이름이다. 그러므로 나라 이름을 지칭한다면 당연히 '상'이라 해야 한다. 그런데 '은'이 상나라에서 가장 오랜 기간 도읍의 역할을 한 지명에 불과하지만 주변 국가들은 '상'나라를 '은'으로 지칭했다. 그래서 우리에게도 '상'나라보다 '은'나라가 익숙하다. 따라서 이 책에서는 절충안으로 '은상'이라 표기하는 것이다.

500년 이상 존속한 것으로 알려진 '상나라'는 몇 차례 도읍을 옮겼는데, '은'이란 곳은 상나라의 19대 왕인 반경盤庚이 도읍한 곳의 이름이다. 이곳은 지금의 하남성河南省 안양현安陽縣 소둔촌小屯村 일대로, 1928년 이래 여러 차례 발굴 작업이 이뤄지기도 했다. 상나라가 역사시대에 편입된 것도 여기서 발굴된 갑골문의 해석과 『사기』에 실린 역대 제왕의 이름이 일치하기 때문이다. '은나라' 또는 '상나라'가 아닌 '은상'의 엄밀한 의미는 '은'이란 곳에 도읍한 '상나라'이지만, 여기서는 전체 '상나라'를 아우르는 개념으로 사용했음을 밝힌다.

하나라, 은상, 주나라의 연대에 관해서는 확실하게 이야기하기 어렵다. 이를테면 무왕이 주왕을 토벌하여 주나라의 천하를 만든 것조차 학자마다 의견이 갈려 100년 이상의 차이를 보이기 때문이다. 그렇기에 서주 초기의 연대표조차 확실한 것이 없으며, 이를 고증하는 것만 모아도 방대하기 이를 데 없다. 지금 중국에서는 무왕이 주왕을 토벌한 연대를 기원전 1046년으로 정했으니, 이를 기준으로 살펴볼 수밖에 없다. 하나라는 대략 기원전 2000년~기원전 1600년까지, 은상은 기원전 1600년~기원전 1046년까지, 주나라는 기원전 1046년~기원전 771년까지로 춘추전국시대가 되기 전인 서주西周시대라고 보면 될 것이다.

주나라의 푸르고 투명한 하늘

주나라를 이해하기 위해서는 마땅히 거쳐가야 할 인물이 몇 있는데, 그 가운데는 우리에게도 많이 알려진 사람들이 포함된다. 문왕文王과 무왕武王, 그리고 주공周公과 강상姜尙이 바로 그들이다. 이 가운데 세 사람은 부자관계로, 그 중심인물은 단연 문왕이다. 문왕은 주나라가 은상을 멸망시키고 패권을 차지할 수 있는 기초를 닦았다. 그는 주나라의 수장이었고, 당시 천하의 패권을 쥐고 있던 은상 주왕紂王이 '서쪽을 다스리는 어른'이란 뜻의 서백西伯으로 임명할 만큼 세력을 인정받았지만, 개인적으로는 무척이나 불행한 삶을 살았다. 그 불행의 단초가 주왕의 폭정이라고 하지만, 이는 주나라가 은상을 멸망시킨 후 이루어진 '승자의 기록'인지라 전부 사실이라고 믿기는 어렵다. 하지만 이 기록에 따르면, 문왕은 주왕의 의심 때문에 7년 동안 격리 감금되는 고초를 겪었다. 게다가 주왕이 문왕의 장남인 백읍고伯邑考를 죽여 그 시신을 고아서 아버지에게 먹였다는 이야기도 전해진다. 문왕은 나중에야 그 사실을 알고 그때까지 먹은 것을 다 토해냈다고 한다. 여하튼 문왕은 뇌물로 감금사태를 해결하고 풀려난 뒤, 주왕에 대한 원한으로 은상을 멸망시키고자 결심했다.

그러기 위한 바탕과 터전은 오랜 기간 문왕이 닦았지만, 그런 염원을 실제로 완성한 사람은 아들인 무왕이었다. 그러나 은상을 멸하는 궁극의 공을 세운 무왕은 오래 재위하지 못하고 어린 자식인 성왕에게 임금의 자리를 물려주었다. 이때 어린 성왕을 섭정하여 나라를 위기에서 구한 인물이 무왕의 동생인 주공이다. 주공은 문왕의 넷째아들로, 위에서 언급한 네 인물 가운데 공자가 가장 극찬한 인물이다. 비록 왕은 되지 못하고 제후에 그쳤을지언정 남긴 이름으로 보면 문왕이나 무왕보다 나은 것 같다. 세종 때 지어진 〈용비어천가龍飛御天歌〉는 주나라 왕실과 조선의 목조부터 태종까지 여섯 선조들을 대비시키며 이씨 왕가의 가계를 칭송하고 있다. 하지만 과연 조선이 주나라의 전범에 따라 태평성대를 연 나라였는가는 이제부터 차근차근 살펴가도록 하자.

아직 살펴봐야 할 사람이 한 명 더 남았다. 모든 주나라 사람들 가운데 아마도 우리와 가장 친근한 사람이 있다면 단연 강상, 곧 강태공姜太公일 것이다. 태공이란 이름은 이미 낚시꾼을 지칭하는 보통명사의 지위에 올라 있으며, 낚시꾼의 미덕인 기다림과 인내를 가장 잘 실천한 인물의 대표자로 꼽는다. 본디 주나라 사람도 아닌 강족羌族으로, 환갑을 넘은 나이에 강가에서 미끼도 없는 낚싯대로 낚시질을 하다가 문왕에게 발탁되어 은상을 정벌하는 장수가 되고, 큰 공을 세워 제濟나라의 제후가 된 일은 진정한 성공 신화가 아닐 수 없다. 그렇기에 이 이야기가 3천 년이란 세월을 넘어 아직도 우리 곁에 남아 있는 것이리라.

　사실 강족은 서주의 '희姬'씨 성을 가진 부족과 대대로 절친한 사이였다. 주나라 사람들은 유목과 농사 사이를 오락가락했지만, 강족은 주나라 사람들보다 서쪽에 살면서 유목민으로 생활했던 것 같다. 이들의 성씨가 바로 '강姜'이다. 이들은 누대에 걸쳐 주나라 사람들과 혼인관계에 있었고, 아마 문왕의 18명이 넘는다고 알려진 많은 아들을 낳아준 것도 대부분 이 강족의 여인들이었을 것이다. 그렇다면 강태공은 무왕의 숙부뻘이었을지도 모르며, 말을 타고 이동에 강한 유목민이었기 때문에 농경민족인 주나라 사람들보다 전쟁에 능했을 수 있다.

　그런데 사마천의 『사기』에 나타난 강태공의 기록은 왜 하필 전설과 같은 요소들로 가득할까? 사마천이 살던 시대라 해도 문왕이나 무왕 때가 너무도 먼 옛날이고 기록도 빈한해서일 수 있겠지만, 강태공이 동해에 살았다거나 낚시를 하다 문왕을 만났다는 건 허구에 가깝다. 하지만 이 설화에서 거꾸로 짐작해볼 수 있는 바는 이렇다. 은상시대에 강족은 은상과 원수관계에 있던 부족이었으며, 은상에서 벼슬을 하던 문왕은 자기 수하인 강태공의 신분을 세탁할 필요가 있어, 그의 출신을 변조해 이야기를 퍼뜨렸을 가능성이 있다. 더군다나 그 동해가 반드시 지금의 중국 동쪽 바다를 가리키는 것은 아니다. 해海란 당시로는 큰 강의 발원지를 뜻하는데, 커다란 호수를 의미하는 물 수水와 어미 모母가 결합한 글자다. 주나라의 위치는 지금의 동해와는 많이 떨어진 서쪽 내륙이었다. 아마 강태공이 살았던 여禹라는 땅도 황하의 상류쪽 지류의 한 곳이었을 가능성이 있으며, 그 내륙에 호수가 있었을지 모른다.

어떻든 주나라가 있던 곳은 위수渭水와 경수涇水라는 황하 지류의 상류지역으로 황토고원이었으며, 당시 은상이 지배하던 중국의 중심부에서 서북쪽으로 치우친 궁벽한 곳이었다. 그러나 비가 많이 오지 않는 그곳은 기막힌 색깔의 하늘을 갖고 있었다. 종교적 심성을 불러일으킬 만큼의 마력을 지닌 푸르고 투명한 하늘은 우리나라에서는 가을날 며칠만 허용되는 바로 그런 하늘이었다. 그 하늘이 신과 같은 위력을 발휘하여 주나라 사람들에게는 거의 종교나 마찬가지인, 이 세상의 길흉화복을 관장하고 세상의 모순을 깨트려 올바름으로 나아가게 하는 신적인 존재로 자리잡았다. 이것이 바로 주나라 사람들의 '천명天命'이란 관념이다. 이는 하늘의 명령에 따라 세상을 바로잡자는 정치사상으로 발전한 뒤, 유학자들의 개념화를 거쳐 조선에서 건국 철학으로 자리매김하게 된다.

정도전, 이성계를 설득하다

알다시피 조선은 유교 국가이다. 그런데 정도전의 기획에 따른 새 나라 건국에 어째서 이성계가 성큼 나서게 되었을까? 사실 태조 이성계가 그저 바지저고리는 아니었다. 정도전이 건국을 위한 전체 계획을 제시하기는 했을지라도, 혼란한 시기일수록 권력은 무력에서 나오는 법이다. 당시 이를 실제로 장악하고 있는 건 이성계였고, 고려 조정에서의 주도권도 이성계의 손아귀에 있음이 확실했다. 그렇지만 이성계는 유학이나 성리학보다는 오히려 불교와 가까운 인물이었다. 그런데 정작 그가 세운 것은 유학의 원리에 따라 주나라를 이상으로 삼는 나라였다. 이성계가 불교에 본격적으로 의지한 것이 아들들의 비극을 목격한 후인 노년의 일이라 하더라도, 무학대사를 지근거리에 둘 정도로 불교에 친숙한 사람이었음은 분명하다. 이성계 본인의 유학에 대한 이해가 어느 정도였는지는 별로 알려진 게 없지만, 그렇게 깊지는 않았을 것으로 추측된다. 문신들과의 교류를 통해 유학에 대해 어느 정도는 이해하고 있었겠지만, 글공부를 했던 서생이 아니라 어디까지나 무인 출신이었기 때문이다.

그렇다면 무엇 때문에 정도전의 유교 혁명에 동의했을까? 아마 이성계 자신도 고려 말기의 불공평한 세상에 염증을 느꼈고, 이를 바꾸어야 한다는 당위에 적극 찬동했으리라고 보는 게 타당할 것이다. 이성계는 혼란기의 고려에서 대단한 관운을 누린 무장이었지만, 그렇다고 해서 결코 주류는 아니었다. 쌍성총관부에서 고려로 귀화하여 무장이 된 아버지를 따라온 이성계는 탁월한 군사 능력으로 무장들 가운데 빠른 신분상승을 이루지만, 중앙의 왕족이나 귀족이 보기에는 여전히 미천한 신분의 촌티나는 비주류였을 뿐이다. 그런 그에게 상류층만 모든 것을 누리고 대접받는 고려 사회는 문제투성이였을 것이고, 그러한 불합리함을 뒤집어버려야 한다고 보았기 십상이다. 그 뒤집는 방법이야 유교든 불교든 크게 상관이 없었던 셈이다. 그래서 그는 정도전의 개혁노선을 받아들여 새로운 나라의 구상을 공유하게 된 것이다. 다만 새로운 왕조에서 자신이 임금에 오르는 일은 여전히 곤혹스럽고 망설여지는 대목이었다. 따라서 정도전은 이성계를 설득해야 했다. 그래야만 유교 혁명을 이룰 수 있었다.

정도전은 우선 현실의 불합리함을 뒤집어엎을 방법으로 유학을 국가 이념으로 삼도록 이성계에게 그 매력을 주지시켰을 것이다. 이성계가 현실에서의 역성혁명에 주저하는 모습을 보이자, 그는 다른 무기를 하나 더 내놓는다. 그것은 바로 주나라의 천명사상天命思想이었다. 은상의 운명이 다하여 주왕과 같은 폭군이 나타났으며, 그렇기에 이제는 주나라가 바른 법도로 세상의 패권을 쥐고 다스릴 때가 되었다는 것이 바로 하늘이 내린 명령, 즉 천명사상의 요지다. 고려는 이미 천명을 다했기에 이제는 조선이 그 천명을 이어받아야 한다는, 조선의 정체성을 확립해주는 근본 원리를 정도전은 이성계에게 주입하고 설득했다. 그리하여 이성계는 고려를 뒤엎고 자신의 왕조를 만들어야겠다는 용기를 낼 수 있었다.

비록 태조의 손자 세대인 세종 때 쓰여진 것이기는 하지만, 이미 혁명을 성공시키고 한참이 지난 후 〈용비어천가〉에 주나라의 왕실 계보를 끌어와 조선과 비교하면서 건국의 이유를 댈 만큼 역성혁명의 합리화는 절실한 것이었다. 실제로 전주 이씨의 조상들이 고향인 전주를 떠난 것은 그리 아름답지 못한 일 때문이었으며, 그 뒤로 이성계의 조상들이 친원 세력으로 몽골인에게 머리를 조아리며 신하가 된 사실 역시 별로 아름답지 못한 이야기다. 그러나 이런 이야기조차도 주나라 조상들의 기산岐山 이주 이야기를 끌어들여 미화했다.

〈용비어천가〉가 주나라의 계보에 빗대어 이씨 왕가를 미화한 데는 또 다른 의도가 엿보인다. 주나라 태왕인 고공단보古公亶父에겐 아들이 셋 있는데, 맏아들인 태백泰伯은 왕위를 버리고 멀리 장강 하류로 건너가 오吳나라를 세운다. 그래서 오나라의 왕족은 희씨 성이다. 둘째인 우중虞仲 역시 동쪽으로 가서 새로운 나라를 만든 것으로 보인다. 셋째인 계력季歷이 왕위를 이어받아 왕계王季가 되고, 왕계의 아들이 바로 문왕이다. 그리고 문왕은 주나라를 은상과 대등할 정도의 세력으로 발전시켰다. 이는 셋째아들이던 세종이 왕에 오른 것과 매우 흡사한 이야기다. 이것이 〈용비어천가〉를 지은 또 하나의 이유였는지 모른다.

어쨌거나 조선의 건국과 더불어 중심 이념으로 자리잡은 유학과 성리학은 이때부터 맹위를 떨치기 시작한다. 불교 국가에서 강제로 유교 국가로 탈바꿈하며, 공자의 말씀을 금과옥조로 삼아 모든 습속과 예의범절을 이에 꿰맞추려 노력했다. 시작은 태조 때부터였지만 골격이 완성된 것은 세종·성종대에 이르러서였고, 조선 중기부터는 이런 영향이 백성들 생활 전반에 자리잡게 되었다. 그리고 그 영향이 지금 우리의 생활에까지 미치고 있다. 하지만 우리는 유학과 성리학에서 전범으로 내세우는 이상향으로서의 주나라에 대해 어렴풋이 알 뿐, 역사적 실체로서의 주나라 자체에 대해서는 거의 아는 바가 없다. 주나라가 왜 그런 혁명을 꿈꾸었으며, 왜 그런 예의와 제사를 통해 전범적인 종법제도를 확립했을까? 그저 중국 고대사의 일부로 소개는 되어도 대개 피상적인 서술로 그치기 마련이고, 이를 전공한 학자들도 거의 없는 실정이다. 우리가 아직까지 주나라의 일부 습속을 '당연하게' 받아들이고 있음에도 말이다.

주나라는 원래 중원과는 거리가 떨어진 서쪽 변방의 약소국이었다. 황하의 상류에 위치한 이 나라는 은상 때에도 존재하고는 있었다. 그 시원은 미미했으나, 점차 동쪽으로 이주하면서 강한 세력으로 발전한 것으로 보인다. 하지만 주나라 사람들은 중원의 부족과는 다른 점이 많은 서쪽의 부족이었다. 따라서 은상 시대에 중원으로 접근하며 세력을 키워왔지만, 어디까지나 소수 세력이었다. 그럼에도 소수가 다수를 지배하며 고대 국가의 전범을 세우고 중원에 정치 질서를 구현해냈다는 사실은 정말 놀라운 일이다. 또 그 형태가 유학으로 전해져 동아시아에서 3천 년에 가까운 세월 동안 중심적인 이념으로 자리하게 되었다.

이제 이러한 주나라와 우리의 조선 사이에 놓인 문제들은 과연 어떤 상황들이었나를 생각해보고자 한다. 즉 주나라의 역사는 왜 그런 식의 제도를 확립했으며, 조선은 이를 무엇 때문에, 또 어떻게 받아들였는가, 그리고 지금의 우리가 그것을 알고 이해하는 게 어떤 의미가 있는지 생각해보려 한다.

2

주나라의 탄생
그리고
천명사상

흔히 하夏·은殷·주周의 3대를 이야기할 때 이들의 계승관계 때문에 은상이 하나라를 멸망시키고, 주나라가 은상을 멸망시킨 것으로 여긴다. 맞는 말이기는 하지만, 이때의 나라 개념이 후대의 것과는 조금 다른 탓에 틀리기도 하다. 즉 하나라 시절에도 은상과 주나라는 있었으며, 은상 시절에도 하나라가 존속하고 주나라도 있었던 것이다. 주나라 시절의 송宋나라라는 제후국은 은상 후예의 국가였으니 나라 이름은 바뀌었어도 은상은 다른 제후국으로 존재한다.

결국 이 시기의 나라란 것은 부족공동체가 커진 형태로 이해할 수 있다. 물론 전체 국가가 하나의 성씨라고는 할 수 없지만, 전반적으로는 부족공동체의 성격을 유지하고 있었다는 뜻이다. 지금은 보통 '성씨'라고 뭉뚱그려 말하지만, 성과 씨의 근본은 조금 다르다. 우리가 주나라는 희씨 성이라고 할 때 그 성은 공통의 조상에서 갈라져 나왔음을 뜻한다. 주나라로 이야기하자면 후직后稷의 자손들은 모두 희씨 성이다. '씨氏'는 '성姓'보다는 아래의 개념이다. 곧 한 조상이라도 세대가 여러 번 지나면 같은 성 가운데서도 친소가 갈리고 전체에서의 지위도 달라진다. 그래서 '성'들 사이의 정치적인 관계에 따른 분화를 '씨'라 하는 것이다. 본디 평등한 관계였지만 같은 '성' 안에서 계급적 분화가 일어났으며 그에 따라 권력과 재산의 차이도 발생했다. '족族'은 원래 군사적인 것이다. '족'자의 '방方'은 깃발이고 '시矢'는 병사라 같은 깃발 아래의 군사조직을 뜻한다. 그러나 당시의 군대는 같은 '성'들로 구성되었는데, 더구나 군사조직도 지연과 친족 위주로 편성되었기에 친척의 단위와 같은 뜻을 지니게 된 것이다. 여러 관계로 살펴볼 때 은상과 주나라 시절의 나라들은 전부 이런 씨족 관계의 국가들이다. 그렇기에 주나라의 시작은 적어도 신석기 시대의 마지막 시간대로까지 거슬러 올라간다.

사마천司馬遷의 『사기史記』에 따르자면, 주나라 사람들의 시조는 바로 '후직'으로 요堯임금과 순舜임금, 하나라의 우禹왕과 같은 시대의 인물이다. 그 시대가 정확히 언제인지는 몰라도 대략 신석기 시대 농업혁명의 마지막 무렵이었을 것으로 짐작된다. 후직 혼자서 농사에 알맞지도 않은 지역에서 농업을 이루어내지는 않았을 것이나, 어쨌거나 그는 '농업의 신'으로 회자된다. 그런데 후직의 아들인 부줄不窋이 하나라의 정치가 쇠미해졌던 시절 농사를 짓지 않고 융적戎狄들(중국 서북부에서 사는 유목민족) 사이에서 떠돌았다는 기록이 나온다. 이후에 주나라의 태왕인 고공단보가 기산岐山 밑으로 이주하기 대략 300~400년 전 부줄의 손자인 공류公劉의 시대에 이르러 다시 농사를 짓기 시작했다고 한다. 그리고 그냥 농사만 지은 게 아니고, 씨족들을 조직해 군대를 만들어 농사를 짓지 않을 때에는 이웃 나라와 전쟁을 벌이기도 한 것 같다.

이 설화는 주나라 민족이 유목과 농업 사이를 오갔다는 사실을 말해준다. 농업을 하다가 유목으로 돌아가는 것도 어려운 일이고, 유목을 하다 다시 농사를 짓는 것도 결코 쉬운 일일 수 없다. 요즘으로 치면 공장에서 일하다 농사를 짓다 하는 극한의 직업 변동이라 할 수 있는데, 모름지기 지금의 그것보다 더 힘든 과정이 아니었을까 싶다. 그렇다면 과연 무슨 일이 있었기에 그랬을까? 틀림없이 생존과 관련된 피치 못할 어떤 핍박에 의해 농사와 유목을 오가게 됐을 것이다.

유목은 단순히 가축을 기르는 게 아니다. 농사를 짓더라도 대개는 가축을 기르지 않느냐는 정도로 생각하기 쉽지만 오산이다. 유목은 집을 들고 이사를 다니는 것이고, 농사는 땅에 붙박혀 있는 것이다. 두 가지는 서로 도구들도 다르고, 사는 방식도 다르다. 유목민의 특성과 농경민의 특성은 그 심성부터 다르고, 혼인이나 가족관계에도 각기 고유한 방식들이 존재한다. 개인의 몸조차도 이런 적응은 쉽지 않다. 곡식을 소화시키는 것은 그 전분에서 당을 섭취하는 것이지만, 유목민은 동물의 젖을 짜서 그 안의 단백질과 유당을 섭취한다. 유당분해 효소는 유아기를 지나면 몸에서 생산되지 않는다. 따라서 어려서부터 젖을 접해오지 않은 사람이 먹으면 소화불

량이 되기 쉽단 얘기다. 또한 유목하던 사람은 소화기가 유당과 단백질 흡수에만 익숙해져 곡식의 전분을 소화시키기도 힘들다. 개인의 몸도 이럴진대 부족 전체가 몇 세대를 거치면서 유목과 농사를 오갔다는 것은 그만큼 생존의 환경이 가혹했다는 증거이고, 그렇게 가혹한 환경이었기 때문에 부족의 세력도 작았을 것이다.

주나라의 이주, 신의 한 수가 되다

주나라의 발원지인 서쪽 하북의 황토고원은 우리나라에도 봄이면 어김없이 불어오는 그 모래바람이 황사를 날라 수백 미터 이상 두텁게 쌓아놓아 이루어진 땅이라 비옥하기는 하지만, 강수량은 많지 않아서 농사 조건으로는 마지막 한계선에 위치한 땅이다. 그렇기에 조나 기장처럼 가뭄을 이길 수 있는 곡식만 재배할 수 있었을 따름이다. 그나마 강수량조차 매년 일정하지도 않고, 크게는 몇백 년 단위로 기후가 조금씩 바뀌기도 한다. 고기상학에 따르면, 기원전 7000년 전부터 기원전 4000년 사이에 이 지역 바깥에 있는 초원지대는 확장과 축소를 반복했다고 한다. 이는 강수량이 줄었다 늘었다를 반복했다는 이야기고, 농사를 지을 수 없을 만큼 강수량이 감소하면 힘들어도 다시 유목으로 생존을 해결하는 수밖에 없었다는 뜻이다.

사실 후직이 '농사의 신'이라 알려져 있지만, 그가 주나라의 선조란 점에서는 이런 별칭이 어울리지 않는다. 농사는 당연히 이곳보다 더 농경에 적합하고 조건이 좋은 곳에서 시작되었을 터, 적어도 비도 얼마 내리지 않는 이곳은 아니었을 것이다. 그러나 이곳에서는 농경이란 게 워낙 큰 변혁이었기에 깊은 인상을 남겼을 것이고, 이렇게 그들 부족 안에서 '농경의 신'이었다가 훗날 중국 전체의 '농업의 신'으로 바뀌었을 가능성이 크다. 이 주나라 후직의 자손들이 농업과 유목 사이를 오가며 힘겹게 생존했다는 사실은 부족의 인구 확대가 좀처럼 쉽지 않았음을 암시하기도 한다. 먹을 것이 있어야 살아갈 수 있다는 점에서, 결국 특정 부족의 인구 증가는 대개 가용한 식량자원에 비례하기 마련이다. 간신히 연명하는 정도의 식량 생산으로는 인구가 늘기 어렵다. 그러나 농경에 비해 유목의 이점은 뛰어난 기동력이다. 게다가 늘 가축을 끌고 다니기에 필요시 이를 식량자원으로 이용할 수 있었으니, 전쟁에서만큼은 농경민들보다는 훨씬 우위에 있었으리라 짐작할 수 있다.

어떻든 본디 주나라의 국력이 중원의 은상이나 다른 여러 부족보다 뒤처져 있었고, 그 인구도 적은 비교적 약체에 속했음은 사실이다. 그렇게 서쪽의 황토고원에서 전전긍긍하며 연명해오던 주나라의 희씨 성들은 그 두터운 황토층 아래에 고난과 인내의 씨앗을 심어놓고, 그 씨앗이 싹을 틔우고 자라 무성해질 미래를 기다린다. 그 시기부터 주나라 사람들은 차츰 동쪽으로 그 터전을 이동해가며 자신들의 세력을 키우기 시작했다.

주나라 역사에서 공류가 다시 농사를 짓기 시작했다고 하지만,

몇 대가 지나도록 공류 후손들에 대한 이야기가 뜸한 것을 보면 당시 주나라의 성세가 그리 대단하진 않았던 듯하다. 그러다 공류의 9대손으로, 주나라에서 대단한 조상으로 여기는 이가 출현하니 그가 바로 고공단보이다. 고공이 나중에 태왕太王으로 추증되었으니, 주나라 임금의 시작이라 할 수 있겠다. 더군다나 그는 문왕의 할아버지이기도 하다. 고공단보가 이렇게 높은 위치를 차지하고 있는 까닭은 그가 주나라가 번성할 터전을 잡았기 때문이다. 공류의 시대에 주나라의 터전은 대체로 경수涇水의 상류 유역이었으나, 고공단보의 시대에 남하하여 위수渭水 연안의 기산으로 이주한다. 물론 이 기산 이주 이전의 주나라 본거지가 다른 곳이었다는 이야기도 있지만, 그건 그리 중요하지도 않고 믿을 만한 결정적인 증거도 부족하다. 그리고 경수의 상류 유역 역시 중요한 정치 중심지가 아니었던 것만은 분명하다. 경수의 상류 시역이 대략 수백 미터에서 천 미터 정도의 황토고원이고, 새로 이주한 기산 아래는 그보다 고도도 낮고 땅도 비옥한 곳이니 보다 농경에 적합한 곳으로 이주한 셈이다. 이 기산은 큰 산은 아니지만 우리나라에서는 태산泰山만큼이나 유명하다. 우러러보던 주나라의 근원이 바로 이 기산에서 유래했기 때문이다.

인근에 살던 적인狄人 또는 견융犬戎의 핍박 때문에 이주를 하게 되었다는데, 이는 공류 이후로 농업이 수백 년에 걸쳐 정착되는 과정에서 인근의 유목민들과 갈등이 컸다는 사실을 암시한다. 유목민과 정착한 농경민과의 갈등은 사고방식의 차이 때문에 일어난다.

농경민은 땅을 중시하고 거기에 대한 애착이 끔찍하여, 유목민들이 그 땅을 가축들과 함께 짓밟고 다니는 것을 용납하지 못한다. 반면에 유목민들의 시선은 언제나 자신들의 전 재산인 가축들에게 집중되어 있다. 그 재산은 역병과 같은 재난으로 순식간에 사라질 수도 있으며, 만일 그렇게 될라치면 자신들의 생존은 곧 풍전등화의 운명이 되고 만다. 그럴 때면 약탈과 살인도 예사로 저지르고 보는 것이 유목민의 습성이다. 이런 차이가 생기고 난 뒤에는 서로에게 적대감이 커질 수밖에 없으며, 이 갈등이 주나라 사람들의 이주를 부추겼을 것이다.

물론 고공단보가 이주를 했다 해도 주나라 사람들 전부가 떠난 것은 아니다. 무릇 농사꾼이라면 원래 농사를 짓던 땅을 떠나기 꺼려하는 법이니, 주력이 이사했다 하더라고 일부는 옛 거주지에 남아 나중에 같은 성씨의 협력자가 되어주기도 했을 것이다. 어쨌거나 이 이주는 주나라의 위상을 크게 높이는 결과를 가져왔다. 그 첫째 이유는 당시 중원을 차지하고 있던 은상의 중심부와 가까워진 때문이다. 중원으로의 진출이 용이한 지역에 터를 잡은 셈이니 말이다. 둘째로는 은상의 집권자들이 주나라 사람들의 이주를 무척 반겼다는 사실이다. 은상이 이들을 반긴 이유는 은상 서쪽의 용맹한 유목민 강족羌族 때문이다. 은상과 강족 사이의 전쟁은 줄곧 있어왔고, 이는 은상에게 큰 우환이 아닐 수 없었다. 그런데 주나라 사람들이 은상과 강족 사이에서 완충 역할을 해주고, 그들의 동진을 막아준다면 이보다 더 좋을 수 없는 일일 터였다. 이로써 주나라는 은상에게 크게 대우받으며, 지위가 격상되기 시작했다. 당시 패권을 쥔 은상의 대우를 받았다는 사실은 결국 중원의 정치에 참여하기 시작했다는 뜻이나 다름이 없다. 그로부터 3대가 지나지 않아 손자인 문왕 때는 이미 은상에서 구후九候·악후鄂候와 함께 삼공三公의 하나인 서백의 지위에까지 올라가게 됐으니 말이다.

나라는 자리를 잘 잡아야 번성한다. 기산으로의 이주는 신의 한 수였다. 비옥한 토지는 생산력을 늘려 인구 증가와 국력 신장에 한몫했으며, 지정학적 위치의 유리함은 중원의 주나라를 중심 국가의 반열에 오르게 했다. 여기에 은상 세력의 분열과 장기 집권으로 인한 피로감은 주나라의 세상이 오게 하는 데 커다란 역할을 한다.

이제 문왕의 시절로 나아갈 차례가 왔다.

문왕이 기초를 닦은 주나라

고공단보로부터 손자인 문왕에 이르기까지의 세월은 짧았지만 주나라는 굳건한 터전을 마련할 수 있었다. 다른 부족과의 혼인을 통한 결속도 안정을 다지는 일에 기반이 되었을 것이다. 그 상대는 은상이 두려워하던 강족이라 여겨지며, 훗날 강태공이라 불리던 강상도 바로 강족 출신이었을 것이다. 이들은 중원 서쪽의 강성한 씨족이었으며, 그렇기에 여러 세대에 걸친 혼인으로 주나라는 안정적으로 발전할 수 있는 울타리가 생겼다.

주나라의 입장에서 서쪽에 강족이 있었다면 동쪽에는 당시 중원을 지배하며 패권을 유지하고 있던 은상이 있었다. 은상은 무력도 막강했거니와 인구도 많아서 주나라보다 적어도 15배 이상은 되었으리라 추정된다. 당연히 다스리는 지역도 광범위해 주나라 영역의 30배 정도는 되었다. 그러니 주나라로서는 은상과 더불어 평안하게 잘 지내기 위해서도 특단의 외교적 조처가 필요했을 것이다.

사실 이 시절의 주나라는 이 미묘한 줄타기를 아주 잘 해냈던 것 같다. 은상 방어전략의 고민인 귀방鬼方 가운데 가장 두려운 존재 강족을 제어해주고, 그렇게 해서 은상으로부터는 아주 특별한 대우를 받는다. 특별대우라 함은 결국 독립적인 제후로 인정을 받고, 은상에서 벼슬을 하는 것이다. 주나라가 이 중원의 실세인 은상을 거스르지 않기 위해서는 은상과 동일한 종교도 가져야 했다. 그 종교는 바로 은상의 조상신을 받드는 일이다. 이 기산 아래의 주나라 유적 가운데 점을 친 기록인 복사卜辭를 보면, 은상의 성탕成湯·태갑太甲·제을帝乙과 같은 왕에게 제사를 올리며 이들이 보우해주기를 빌었다는 내용이 나온다. 여기서 성탕과 태갑은 은상에 있어서 성군의 반열에 드는 임금들이니, 주나라가 이들에게 제사를 올렸다는 사실은 은상의 조상신을 받아들였다는 것으로 이해할 수 있다.

다만 여기서 조금 의외의 인물은 제을이다. 제을은 앞의 두 임금처럼 성군의 반열에 들지도 않거니와 문왕과 동시대의 임금인 때문이다. 같은 시대의 은상 임금에게 제사를 올리고 점을 쳤다는 것은 이미 주나라가 은상의 패권 안에서 존속했음을 암시한다. 물론 이를 조금 다른 각도에서 볼 수도 있다. 일단 주나라와 주변과의 혼인 관계를 살펴보자.

앞에서 주나라는 기산으로 이주한 이래로 강족과 혼인관계를 맺었다고 했다. 거친 유목민족과 공존하기 위해 가장 좋은 방법은 피를 섞는 것이다. 그러나 다른 한편으로, 새로이 이주한 지역은 거대한 은상의 영역과 밀접한 관계를 유지하지 않을 수 없는 지역이다. 제을이 문왕과 동시대의 사람이라면, 또한 문왕이 이 지역의 어른인 방백方伯으로서 '서백'의 칭호를 얻었다면, 이들은 보다 친근한 관계여야 했다. 그런 증거는 『시경詩經』에 나온다. 「대아大雅」의 〈대명大明〉이란 시에 보면 문왕의 부인은 은상에서 시집을 온 것으로 되어 있으며, 문왕의 아버지인 왕계王季 또한 은상에서 부인을 맞아들여 아들 문왕을 낳았다 하니, 문왕의 어머니와 부인이 모두 은상 여자인 셈이다. 다시 말해 고공단보가 기신으로 이주해서도 강족과의 혼인관계는 지속되었지만, 바로 그 다음 세대는 실력자인 은상과도 혼인관계를 맺었다는 말이다. 물론 당시에는 일부일처가 아니니, 부족장이라면 얼마든지 여러 여자와 결혼할 수 있다. 강족과도 결혼하고, 은상과도 결혼할 수 있다.

하지만 주된 결혼 관계는 반드시 있게 마련이다. 왕계가 은상의 여자와 결혼하고, 그 아들이 부족장을 이어받았다면 강족보다 은상이 우위에 선 것이다. 그렇기에 제사를 지내고 점을 친 복사에서 문왕과 거의 동시대의 인물인 제을이 등장하는 것이다. 현재의 임금이란 숭배의 대상이자 가장 우러러 존대해야 하는 인물이기도 하므로.

고공단보에서 왕계, 그리고 문왕으로 이어지는 3대에 걸쳐 주나라는 눈부신 상승세를 보였다. 그 기반에는 기산 아래 비옥한 토지의 생산성도 한몫했을 것이지만, 강족과 은상 사이의 절묘한 줄타기로 안정을 구가한 것도 큰 몫을 했을 것이다. 비록 문왕은 은상출신의 어머니와 부인을 두고 있었지만 말이다.

문왕은 여러 문헌에서 성군으로 추앙을 받는 사람이다. 문헌에서 그가 '어진 임금'이었다는 묘사를 보면 구체적으로는 주나라의 기초를 세운 사람이고, 예禮를 지키고 백성을 사랑하여 나라를 일으켰으며, 올바른 경제정책으로 농업을 크게 일으켜 백성을 잘살게 하고, 주변국 제후들이 그의 인품과 태도에 저절로 복속하게 되는 성인이었다는 것이다. 춘추시대의 공자가 다시 돌아가자고 했던 주나라의 기초를 만들고 대표하는 인물이 바로 문왕이다. 그래서 공자가 편찬했다고 하는 『시경』에는 그를 칭송하는 시들이 한 부분을 차지하고 있으며, 주로 공자와 유학자의 입을 통해서지만 3천 년도 더 지난 인물이 아직도 끊임없이 사람들 입에 회자되는 놀라운 생명력을 지니게 되었다. 물론 이런 칭송들을 다 믿을 수는 없는 노릇이다. 승자의 기록은 대부분 미화되기 때문이다. 이성계와 그 선조들이 세종에 의해 부끄러운 사실조차 미화되듯이, 문왕에 대한 사적들도 성공한 그의 후손들을 통해 전해진 것이기에 많이 윤색되었을 가능성이 크다.

그러나 한편, 문왕의 생애에는 잔혹하고 외롭고 뼈저린 신산의 고통도 함께하고 있었다. 문왕이 주나라를 다스린 기간은 대략 36년간에서 50년간 정도로 알려져 있다. 상당히 오랜 동안 주나라의 영수였던 것이다. 주나라 초기의 연대와 시기에 대해서는 수많은 이견과 학설들이 있는데, 지금의 문헌이나 남아 있는 기록으로는 완전한 기년紀年을 밝히기 어렵기 때문이다. 대체로 문왕은 은상의 제을帝乙과 함께한 시기가 가장 길었으며, 문왕의 아버지 왕계는 문정文丁과 동시대의 사람이다. 왕계가 은상의 왕족과 결혼을 했다지만, 은상이 주나라와 동맹을 한 것은 주로 유목민족들인 외적의 방어를 위해서였지 주나라가 예뻐서는 아니었기 때문이다.

왕계의 이름은 계력이고, 그에게는 멀리 장강 하류로 나아가 오나라를 세운 태백이란 형이 있다. 춘추전국시대에 나타나는 오나라는 바로 주나라와 인척관계에 있으며, 성씨가 같은 희姬씨이다. 형이 왕위를 잇지 않은 것이 특이한 사실로 기록되어 있음을 보면, 주나라는 여타 나라와는 달리 적어도 고공단보부터는 장자 상속의 전통이 어느 정도 성립되어 있었던 것 같다. 여하튼 삼남이지만 부족장을 계승한 왕계는 은상을 위해 유목족의 토벌에 일생을 바쳤지만, 은상의 왕인 문정에게 감금되어 굶어 죽었다. 그 때문에 문왕은 이른 나이에 주나라의 영수가 되었다. 은상을 위해 몸 바쳐 일했는데 은상에게 죽임을 당했다면 이것도 뭔가 이상한 일이다. 기록이 없어 자세한 내막은 알 수 없지만 이들 사이에는 뭔가 특별한 긴장관계가 있었을 것이다.

그 이전에도 이상한 일은 있었다. 문정의 선대 임금인 무을武乙(은상의 왕위 계승은 꼭 부자관계가 아니라 여러 유력 가문이 돌려가며 하는 경우도 있었고, 형제 사이의 계승도 있었다)은 주나라의 경내에서 사냥을 하다가 벼락에 맞아 죽었다는 기록도 있다. 사냥을 나왔다가 벼락 맞아 죽는 일은 흔한 일이 아니다. 자기 영토에도 수많은 사냥터가 있고, 당시 왕의 사냥이란 게 일종의 군사 연습이나 작전임을 감안한다면, 주나라 근처에서 사냥하다가 벼락에 맞아 죽었다는 사실은 그 이면에 모종의 수치스러운 일이 감춰져 있을 수도 있다. 어떻든 동시대였던 주나라의 문왕과 은상의 제을 사이가 가장 평화스러웠던 것 같다. 아마도 문왕의 부인이 제을과 같은 씨족으로 가까운 관계였을 수도 있다. 어쨌거나 이 시기에는 폭풍전야의 평화스러움이 있었다.

이런 평화관계에 금이 가기 시작한 것은 제을의 후임으로 주紂임금이 등극하고 난 뒤부터다. 이 시기에 문왕은 주왕에 의해 유리羑里에 감금되기도 하고, 그러면서 자기 아들을 죽여 삶은 국물을 먹기까지 했다는 것이다. 하지만 이 끔찍한 이야기는 은상을 멸망시키고 나서 주왕의 잔인한 심성을 극화시키기 위해 윤색된 것일 수도 있다. 사실 주왕의 포악무도함에 대한 이야기는 끝이 없어서 불로 지지는 포락지형炮烙之刑이란 표현도 등장하고, 달기妲己란 여자에 빠져 잔인한 짓도 서슴지 않았다는 이야기도 있다. 그렇지만 이역시 승자의 기록일 뿐이다. 실제로 주왕은 동방 원정을 충실히 수행한 임금이었으며, 이 무리한 원정 때문에 국력이 심히 쇠하여 같은 지배계층의 삶마저 피폐하게 만든 나머지 지지를 못 받았을지언정, 폭군이기만 한 것은 아니었다고 보인다. 게다가 당시 형벌의 잔혹함이야 노예제 사회에서는 어느 정도 용인되던 것이었고, 성정이 잔악하기만 했다면 그 힘든 동방 원정에 성공하지도 못했을 것이다. 어쨌거나 주왕이 다른 은상 지배층의 지지를 폭넓게 받지 못한 것만은 사실인 듯하다.

주왕의 등극 이후 문왕이 은상과의 일전을 불사할 태세로 돌아선 시점이 확실히 유리에서 벗어난 뒤부터인지는 몰라도, 문왕의 집권 말년에는 군비를 확충하고 스스로 왕위에 올라 주변의 작은 나라들을 복속시키기 시작한다. 더군다나 서쪽에 치우친 형세를 만회하기 위해 동쪽지역 풍豐에다 전진기지도 세운다. 후세 역사가들은 이곳이 훗날 주나라의 도읍인 호경鎬京 인근이기에 성곽이 있는 군사기지로 생각했지만, 성이나 왕궁의 유적은 나타나지 않은 것으로 보아 아마도 단순한 보급기지였던 것 같다.

문왕이 은상을 친다는 게 결심만으로 되는 일은 아니다. 주나라의 역량으로 따지면 은상은 적어도 10배 이상이나 되는 큰 나라였으며, 주위를 복속시키고 작은 나라와 연합을 맺는다 하더라도 문왕으로선 천하의 영역에서 엄청나게 몸집이 큰 공룡에게 싸움을 거는 일이었다. 어찌 보면, 결코 이루어질 것 같지 않은 야망이었다. 하지만 하늘은 그 기회를 주었다. 당시 중원의 동쪽을 강력한 동이족東夷族들이 차지하고 있었던 것이다. 동이족이라 하면 중원의 '동쪽에 사는 오랑캐'라고 간단하게 생각하지만, 사실 이런 이름으로만 규정하기에는 무리가 있다. 동이족의 범위는 상당히 넓고, 씨족의 분기도 엄청나게 많아 사실 한 갈래에서 분기한 것인지조차 확실치 않은 고대 민족의 통칭이다. 중원의 동북인 요동부터 산동반도와 회수淮水에 이르는 드넓은 동쪽에 일찍부터 자리 잡고 중원의 여러 부족들과도 관계를 맺고 있었던 것이 바로 이 동이족이다.

은상은 이 동이족들에게 끊임없이 위협을 받고 있었는데, 주왕이 이를 진압하느라 과도하게 힘을 쏟은 것이다. 힘에 부치는 싸움은 내부의 분란까지 불러왔다. 작은 개가 지친 호랑이를 이길 수 있는 순간이 온 것이다. 그렇지만 누가 알았으랴. 문왕이 바로 그 승리를 목전에 두고 눈을 감고 말았으니 말이다.

무왕이 중원을 장악하다

열심히 터를 닦고 집을 짓지만 정작 자신은 그 집에 들어가 살지 못하는 경우가 종종 있다. 바로 문왕이 그랬다. 은상을 멸하고 주나라의 세상을 만들겠다는 생각에서, 주변의 세력을 규합하고 스스로 힘을 키우며 열심히 노력했지만 결국 문턱을 넘지는 못했다. 물론 고공단보나 은상의 왕에게 죽임을 당한 아버지 왕계도 은상을 극복하고자 했을 수는 있다. 하지만 당시엔 세력의 차이가 현저했기에 이룰 수 없는 꿈이었다. 그러나 은상이 서쪽의 적은 주나라에 맡기고 동쪽의 동이족 진압에 힘을 쓰자, 그 기회가 차츰 다가왔다. 여전히 중과부적일지언정 문왕 때에 와서는 그래도 은상 세력의 30퍼센트까지는 부지런히 따라갈 수 있었다. 문왕이 은상 정벌을 구체화하기 시작한 것은 스스로 주나라의 왕임을 선언하고 난 다음 대략 7년 동안이다. 그는 이 기간에 매우 치밀하게 준비를 해나간다.

그 준비란 앞서 이야기했듯이 주변의 작은 나라들의 분쟁을 조정하며 그들의 지지를 받는 일이 첫 번째 일이었고, 두 번째는 견융犬戎이란 유목민족에 대한 방비였다. 그들에게 힘을 보여주어 은상을 칠 때 뒤에서 역습을 당하는 일이 없어야 했다. 여기까지는 서백으로서의 임무이자, 동쪽의 동이족과 싸우느라 정신없는 은상의 우환을 덜어주는 일이기도 했다. 하지만 차츰 한 걸음씩 더 나아갔다. 범위를 동쪽으로 확장하기 시작한 것이다. 동쪽의 기耆와 한邗이란 나라를 점령하면서 동쪽으로 은상의 어깨까지 다가간 것이다.

그리고 드디어 은상의 바로 지근에 있는 숭崇나라를 공략하기 시작했다. 숭은 은상의 위수 거점이라 할 아주 중요한 위치에 있었다. 여기를 공략했다는 것은 이제 은상 정벌의 의도를 거침없이 드러낸 셈이다. 숭은 또한 문왕이 유리에 갇힐 때 둘 사이에서 이간질을 해 원한도 있던 나라였다. 하지만 이 숭나라는 성벽이 높고 방어도 튼튼해 공략이 쉽지 않았다. 첫 번째 원정에서 30일 동안을 공격하고도 함락시키지를 못했다. 결국 두 번째 원정에서 힘겹게 함락하고 은상의 도읍에 아주 가깝게 다가가서 직접적인 무력시위를 할 수 없었다. 이제 은상과의 일전은 누가 보아도 피할 수 없는 명약관화한 일이 되었다.

물론 숭나라를 가졌다고 모든 준비가 완벽한 것은 아니다. 주나라의 도읍이자 중심지인 기산이 서쪽에 치우쳐 있기에 은상을 공략하기에는 보급선이 너무 길다는 문제가 있었다. 당시의 전투는 두 마리 말이 끄는 수레에 장수가 올라타 창처럼 생긴 극戟으로 싸우고, 보졸은 이 수레를 따르며 싸우는 형태였다. 이 수레의 숫자가 바로 전투력의 숫자였다. 그렇기에 백승지국百乘之國이라 함은 군사력에 있어 이런 수레 100대를 동원할 수 있는 나라를 말하는 것이다. 이 말과 병사들을 먹여야 전쟁을 수행할 수 있으니 이들을 위한 보급은 필수였다. 보급선이 길어지면 전투에서 절대적으로 불리해지는 것은 그때나 지금이나 마찬가지다. 이 문제를 해결하기 위해서 문왕은 풍豐에 전진기지를 세우고 일종의 군수기지를 겸하게 했다.

이로써 문왕은 은상을 치기 위한 만반의 준비를 마쳤다. 이제 결전만 치르면 될 터였다. 그러나 문왕의 운명은 여기까지였다. 은상을 점령하기 위한 모든 준비를 마치고는 갑자기 숨을 거두고 말았다. 아무리 젊은 나이에 수장에 올랐어도 문왕의 재위 기간이 대략 30년에서 50년 미만이니, 당시로는 무척 나이 많은 노인으로 그럴 수도 있는 일이었다. 또한 아들인 무왕武王도 이미 중년의 나이였을 것이다. 아비 혼자 그 준비를 해오지는 않았을 것이니, 이미 무왕의 경험도 녹록치 않았으리라. 아마도 죽기 전에 무왕을 불러놓고 자신의 꿈을 대를 이어 이루어달라고 당부했을 것이다. 물론 아비와 함께한 무왕의 꿈도 다르지는 않았다. 오히려 아비보다 더 끓는 젊음의 피는 그 염원을 더욱 간절하게 했을 것이다.

어쨌거나 결전을 앞둔 수장인 문왕의 죽음은 분명 위기였다. 무왕이 즉위한 다음 이 문제를 확실히 매듭짓지 않을 수 없었다. 그 구체적인 방법은 맹진孟津(지금의 하남 맹현이다)의 회맹會盟이었다. 이름에서 알 수 있듯이 맹진은 위수의 교통요충지다. 모두가 모이기 쉬운 이런 장소에서 문왕 때부터 같은 편이 되기로 서약한 여러 제후들을 불러, 그들의 뜻을 물을 필요가 있었다. 또한 이는 은상에 대한 일종의 세력 과시이기도 했다. 이 맹진에 800여 제후들이 모였다고 한다. 하지만 이 800여 제후라는 건 훗날 부풀린 숫자인 것 같다. 당시로는 서쪽의 궁벽한 곳에 이렇게 많은 제후들이 있었을 수도 없으며, 중원의 맹주였던 은상이라 할지라도 모으기 힘든 숫자였기 때문이다. 어쨌거나 세력의 과시라면 하나라도 많은 수의 제후가 필요했을 것이고, 주나라가 패권을 쥐게 되면서 자연스럽게 그 숫자도 과장되었을 것이다. 이 회맹이 있은 2년 뒤, 은상을 치는 목야牧野의 전투에 참가한 제후가 서쪽의 여덟 나라밖에 안 되었던 점을 미뤄봐서도 그렇다.

이 맹진에서 무왕은 제후들이 보는 앞에서 제사를 올리며 하늘에 대고 맹세한다. 그 내용은 『상서尚書』의 「태서泰誓」에도 나오거니와 『맹자孟子』, 『좌전左傳』, 『묵자墨子』, 『예기禮記』 같은 여러 책에도 인용된다. 무왕은 아버지인 '문왕은 죄가 없으며, 아들인 자신이 반드시 주紂를 토벌하여 원수를 갚을 것'이라 맹세한다. 그러나 무왕은 이렇게 제후들 앞에서 선언하고도 은상 정벌에 막바로 나서지 않고 2년의 세월을 더 보낸다. 여기에는 은상의 현인이 무왕의 정벌을 말렸다느니, 백이와 숙제가 무왕에게 간언하여 2년을 더 지냈다느니 하는 이야기도 전해지지만, 아마 실상은 아직 때가 무르익지 않아서일 것이다. 때가 무르익지 않았다는 것은 군사력의 문제보다는, 은상 안에서 주왕의 지위와 평판이 아주 바닥까지 내려가지는 않았다는 의미인지도 모른다. 아무튼 2년이 더 시나 무왕이 천하를 호령하는 바로 그날이 찾아오게 된다.

묘당과 사직단에 숨은 사연

동방 원정에 지친 주왕은 술과 여자에서 위로를 찾았던 것 같다. 망하는 왕조에 여색女色은 예정된 곡절로 언제나 등장하지만, 사실 여느 다른 왕들이 여색을 멀리했다는 이야기를 들은 바도 거의 없다. 그저 국가의 멸망과 마지막 임금에게 음주와 여색은 하나의 필연적 장치로 등장하는 것인지도 모른다. 하夏나라의 걸桀왕에게 주지육림과 말희妺嬉라는 패망의 장치가 필요했듯이, 주왕에게도 달기妲己라는 가학적 취향을 지닌 사디스트 여인이 필요했던 셈이다.

마지막 제왕의 여인 이야기 말고도, 은상 사람들이 주나라 사람들보다 술을 즐긴 건 확실한 듯하다. 주나라가 중원을 차지한 다음에도, 술을 좋아하는 은상 유민들의 음주에 대해서는 어떤 제재도 하지 않는다. 다만 희씨 성의 동족들에게는 지나친 음주에 대해 경계를 내릴 뿐이다. 이는 유물을 보아도 입증되는바 은상의 청동기에는 술을 마시거나 데우는 그릇의 종류도 많고 수량도 풍부하지만, 주나라의 경우에는 술 그릇 종류나 수량이 은상의 것보다 훨씬 적다. 그리고 결정적인 단서는 작爵이라고 부르는 술잔의 크기다. 당시의 술은 중원과 그 주변 지역의 주요 농산물이던 좁쌀과 기장으로 만든 묽은 술이었다. 당연히 증류주도 아니니 그저 알코올 함량 3~4도의 밍밍한 술이다. 그래선지 은상의 '작'은 거의 1000cc 맥주잔보다 더 큰 사이즈가 많다. 그러나 주나라의 술잔은 500cc도 채 되지 않을 작은 것이 주를 이룬다. 그렇다고 몽골의 발명품인 증류주도 몰랐던 시절이니 술이 더 독해지지도 않았을 터, 약한 술을 큰 잔에 가득 부어 취하려 애썼던 은상 사람들의 욕심이 충분히 느껴지는 잔들이다.

술은 그렇다 치고 주왕과 달기가 포악한 형벌로 사람들을 진저리치게 만들었다는 사실도 역시 어느 정도 인정해야 할 것 같다. 역사서의 기록만 그런 게 아니라, 실제로도 주왕은 은상의 다른 부족이나 친척들에게도 많이 소외를 당했던 것 같다. 주나라 무왕이 은상의 주왕에게 온갖 죄를 뒤집어씌울 때 아무도 그를 가엾게 여기거나 두둔하지 않았으니 말이다. 은상의 왕위 계승은 부자, 특히 장자의 계승뿐만 아니라 형제간이나 주요 부족들 간의 윤번제 계승도 있었는데 주왕의 경우에는 부족별 윤번제의 상황이었던 것 같다. 그렇기에 주왕이 인심을 잃자 다른 부족의 수장들은 그에게서 급속히 멀어져갔다.

이윽고 맹진의 회맹에서 하늘에 제사를 올리며 은상의 주왕을 토벌하겠다고 맹세한 이후 대략 2년이 지난 어느 날, 무왕은 주나라의 군대와 서쪽 8개 제후국의 군사를 이끌고 은상의 주왕이 살고 있는 천읍상天邑商이라 불리던 곳을 향해 출병한다. 천읍상은 은상의 사람들이 하늘의 뜻을 받들며 살고 있는 자신들의 나라를 가리키는 말이다. 거의 10년이 나 가도록 준비하고 준비한 군대의 출병이었다. 이날이 어느 해인지 어느 달인지는 몰라도 그날은 알려져 있다. 물론 우리가 지금 세고 있는 달력의 그 날짜는 아니다. 당시의 날짜 세는 법은, 그 뒤로도 오랫동안 중국 문화권에서는 그러하지만, 60간지를 이용해 날짜에 이름을 붙이는 것이다. 그러니 60일이 한 묶음이 되어 날짜 이름이 정해지는 셈이다. 그날은 갑자甲子일이었으니, 분명 새로 시작하는 날로 택일하여 침공의 역사적인 날을 정한 것이다. 이 날짜는 역사서와 청동기 명문에서 분명히 밝히고 있는 날이다.

10년을 벼르고 벼른 그날의 전투는 그러나 너무도 싱거웠던 것 같다. 무왕과 주왕이 군사를 이끌고 부딪친 곳은 주왕의 도읍지인 조가朝歌의 교외지역 목야牧野란 곳이었다. 무왕은 300승의 수레를 끌고 이날 아침 여기에 당도한다. 여기서 한 서약은 『상서』의 「목서牧誓」에 기록되어 있는데, "주왕은 어리석게도 여자의 말만 듣고 조상에게 제사도 지내지 않고 (…) 부모와 아우들도 버리고 (…) 백성들에게 포악한 짓을 했다"는 것이다. 또한 무왕을 도와 제후들이 파견한 수레가 4000승이고, 이에 대항하는 주왕의 군사는 70만이었다고 한다. 그러나 이는 사실 터무니없는 숫자다. 무왕의 군사가 서쪽의 연합에서는 가장 큰 군사인데도 300승에 지나지 않는데, 그 10배가 넘는 제후들의 군사가 왔다는 것은 서쪽 나라들의 형세를 미루어보건대 있을 수 없는 일이다. 주왕의 70만 대군도 당시 중원 전체 인구를 대략 100만 정도로 추산하는데, 남녀노소 없이 그 70퍼센트가 전투에 참가했다는 것도 마찬가지다. 치열했던 전투 탓에 나무들이 핏물 위로 둥둥 떠다녔다는 표현도 있지만, 이 또한 심한 과장이다.

충실한 기록이 남아 있지 않아 전투의 상세한 상황은 알 수 없지만, 한 가지 분명한 건 아침에 시작된 전투가 해질녘에 이미 끝났다는 사실이다. 당시의 전투란 게 말을 타고 기병들이 날렵하게 오가는 게 아니라 말에 달려 있는 수레를 타고 이리저리 벌이는 둔중한 모양새였음에도, 하루 안에 승부가 났다는 것은 전투의 형세가 시작하자마자 금세 한쪽으로 기울었다는 뜻이다. 그날 저녁에 이미 주왕은 자신의 형세가 불리함을 깨닫고 자결하고 말았으며, 무왕은 전투의 갑옷도 벗지 않고 묘당에 가서 제사를 올렸다.

물론 그 묘당은 당연히 은상의 조상을 모시는 묘당이었으니, 제사를 올린 대상도 은상의 조상신인 성탕·태갑·제을 등 예전부터 기산에서 제사로 모시던 바로 그들이었다. 그들 은상의 조상들에게 주왕의 죄상을 낱낱이 고하고, 자신은 폭군 주왕을 벌하기 위해서 할 수 없이 무력을 동원했다고 밝혔다. 이는 무왕이 은상 사람들에게 정복자로서의 모습을 보여주려는 게 결코 아니다. 어찌어찌 해서 주왕의 군사를 이기기는 했지만, 큰 틀에서 보자면 아직 주나라는 은상 사람들 전체를 대적하기에 중과부적이다. 무왕은 영리하게 도 온갖 죄를 주왕에게 씌우고, 나머지 은상 사람들에게는 '당신네 들은 죄가 없고, 나는 다만 당신 조상들의 명령에 따라 주왕을 벌하 려 여기 왔다'고 이야기하고 있는 것이다. 그렇기에 그네들 조상에 게 제사를 올려 이를 고하는 것이다.

무왕이 정작 자기 조상인 문왕과 할아버지 왕계, 고공단보와 그 위 조상들에게 이 일을 품고하는 제사를 올린 것은 그 갑자일로부터 닷 새나 지난 무신일戊辰日이었다. 그것도 은상의 묘당에서 말이다. 자기 조상에 대한 제사가 닷새가 지난 후라면, 무왕이 은상의 도읍을 점령 하고도 그곳 민심을 진정시키는 데 얼마나 전전긍긍했는가를 짐작 할 수 있다. 아직까지는 자기 조상보다 은상의 조상을 더 우선순위에 두어야 했던 것이다. 훗날 주나라 사람들이 기산의 훨씬 동쪽에다 낙 읍이란 새로운 도시를 건설하고, 여기서 은상의 사람들과 함께 살 때 에도 그들은 은상의 조상을 내치지 못했다. 궁궐의 동쪽에는 은상의 조상을 모시는 묘당을 짓고, 서쪽에는 자신의 조상을 모시는 묘당을 따로 지어 두 조상들에 대한 제사를 이어갔던 것이다.

약한 정복자의 묘수

무왕이 은상의 주왕을 제압한 뒤 은상의 조상들에게 제사를 통해 자신의 행동을 고한 일은, 중원을 다스리기 위해 어쩔 수 없이 정복지의 조상에게 기대야 했던 때문이다. 목야에서의 한나절 전투로 세상의 주인이 되기는 했지만, 여전히 이 도읍에는 우군의 숫자는 얼마 되지 않고 사방에는 은상 사람들로 가득했다. 그렇기에 우선 '당신들의 조상이 나에게 이 싸움을 이기라고 했다'는 메시지를 심어주려 했다. 곧 '나는 내 뜻에 따라 이곳에 와서 싸움을 한 게 아니라, 당신들 조상이 못된 짓을 하는 주왕을 나더러 없애라 했다'고 에둘러 이야기하는 것이다. 이 말을 뒤집으면, 은상 사람들 가운데 주왕 빼고 다른 사람들은 죄가 없다는 말이기도 했다.

이 은상의 묘당에서 제사를 올리며 고하는 일에는 당시의 세계관과 종교가 녹아 있다. 곧 무왕은 자신이 이 세상을 다스리게 된 것이 '하늘의 뜻'이고, 은상 조상들의 뜻인 천명天命이라고 세상에 알리는 것이다. 그러면 이때 '천'이란 과연 무엇인가? 청동기에 새긴 금문金文을 보면 클 대大자 위에 큰 동그라미 하나가 더해진 형상이다. 클 대자가 사지를 한껏 크게 벌린 형상이라면, 가운데가 비거나 채워진 동그라미는 해 또는 하늘을 뜻한다. 사람들이 사는 이 세상 위의 해가 떠 있는 곳이 바로 하늘이란 것이다. 한데 이 하늘이란 개념에는 또 다른 연원이 있다.

그것은 바로 '제帝'라는 글자가 설명하는 또 다른 세계다. 이 글자를 지금 우리는 황제를 이르는 제왕이란 뜻으로 쓰고 있지만, 이는 나중에 진秦나라 시황제가 이 글자를 빌어 왕보다 더 높은 뜻으로 쓴 이후의 것이다. 갑골문과 청동기에 쓰인 금문에도 이 '제'자는 무수히 나온다. 그러나 갑골문과 금문의 서체는 서로 많이 다르다. 갑골문의 경우가 길쭉한 역삼각형 모양의 단순한 형태라면, 금문의 경우에는 거기에 여러 장식적 요소들이 들어가 무척이나 화려한 방상형의 모양을 하고 있다. 그런데 이 글자는 갑골문이나 금문에 아주 자주 등장한다. 무슨 뜻을 가진 글자이기에 그렇게 자주 등장하는 것일까?

한문의 가장 기본적인 원리는 상형象形이다. 상형이 기본이 된 다음, 다른 뜻이 파생되는 경우가 더 많다는 것이다. 그렇다면 '제'의 처음 형태는 무엇을 상형한 것이었을까? 뜻밖에도 '열매꼭지'다. 형태로는 아주 그럴 듯하고 뜻으로는 약간 갸우뚱하게 되지만, 의외로 사려 깊은 함축적 은유가 숨어 있는 말이다. 나무에 열매가 달리면 그 꼭지가 땅에 떨어져야만 씨에서 싹이 움트고 새로운 세대가 자랄 수 있다. 곧 생

갑골문과 금문에 나타난 '천天'과 '제帝'

大의 갑골문　　　大의 금문

天의 갑골문　　　天의 금문

帝의 갑골문

帝의 금문

帝의 금문 이체자異體字

지금의 대大에다 한 획만 더하면 천天이 되듯이 이 두 글자는 갑골문이나 금문에서 원래 같은 갈래의 글자였다. 지금 우리가 '대인大人'이라 하듯이 본디 뜻은 다 큰 성인을 뜻하는 것이고, 천 자의 사람 위의 둥근 원이 하늘을 가리킨다. 제帝는 나무를 세운 모습으로 어떤 제의의 상징인 것 같다. 이체자로 열매의 꼭지 모양을 한 것도 있다. 그 본래 뜻은 '아주 먼 조상'으로 해석한다.

명을 연장해 후손으로 가는 시초가 그 열매꼭지인 것이다. 이 열매꼭지가 떨어지지 않으면 열매 안의 씨에서는 싹이 틀 수 없으니, 씨앗보다 어쩌면 생명의 이음에 더 중요한 역할을 하는 게 열매꼭지인 셈이다.

이 은유의 의미를 음미하면 이 '제'자는 바로 생명의 연속으로써 조상을 뜻한다. 다만 여기서의 조상이란 그저 몇 대를 거슬러 올라가는 가까운 조상을 뜻하지는 않는다. 자신이 이야기조차 거의 들은 적이 없는 한참 윗대의 조상을 뜻하는 것이니, 거의 조상신이나 다름없다. 심지어 그 먼 조상들은 어떤 동물이었다는 토템과 관련되는 경우도 있다. 은상 시대의 청동기를 장식하고 있는 도철문饕餮紋과 같은 문양들은 바로 이 토템의 산물이다. 그 가운데 문양이 괴수 모습을 하고 있는 것은 여러 부족의 토템이 하나로 합쳐지면서 그렇게 되었을 수도 있다. 이 조상들은 영험하여 후손들을 보우하며, 언제나 올바른 길로 인도한다고 여기고 있다.

이 시절의 조상신에 대한 제사와 점치는 일들은 모두 이 '제'들의 영험함에서 온 것이다. 그들의 영험함은 구멍 뚫은 거북의 껍질이나 소의 넓적다리뼈를 불로 태우면, 조상신들은 그 갈라진 흔적으로 미래의 올바른 길을 점지해준다. 그렇기에 제사와 점복이 중요한 것이고, 이를 행하는 사람은 가장 지체 높은 왕이거나 특별한 권한을 가진 사람들인 것이다. 따라서 이 시절의 복사卜辭와 제사를 지내는 가장 중요한 기물에 새겨진 금문에는 수많은 '제'자들이 출현할 수밖에 없다. 물론 이 조상신들은 모두 은상의 조상이다.

또한 그 조상신들인 '제'는 그들이 존재하는 거처와 관련해서 '천天'과 깊은 관련을 가질 수밖에 없다. 가장 큰 하늘에서 살면서 그들을 보우하기 때문이다. 그렇게 해서 이 '제'와 '천' 두 글자는 차츰 서로 비슷한 뜻을 가지게 된다. 그렇기에 그들의 왕이 조상들에게 제사를 올리며 살고 있는 곳은 천읍天邑이고, 이 '제'들에게 계시를 받는 사람도 왕이다. 그런 제사를 지내는 곳도 하늘과 맞닿은 아주 특정한 장소에서만 할 수 있는 것이다.

그런데 이제 무왕이 그 천읍에서 은상의 '제'들을 향해 제사를 올리며 읍소하고 있다. 주왕이 나쁜 사람이었기 때문에 자신이 나서서 할 수밖에 없는 일이었다고 말이다. 더불어 이 모든 게 천제天帝들의 뜻을 자신이 받들어 행한 것임을 은상의 모든 사람들에게 선포하고 있는 것이다. 그리고 그것이 바로 천명天命이었던 것이다. 그 천명을 내린 것도 주나라의 조상이 아닌 은상의 조상들이란 것이다. 그러니 자기 조상이 내린 명령을 수행하는 무왕과 주나라 사람들에게 은상의 유민들은 따르고 복종해야 할 의무가 있다고 역설하는 셈이다. 이것이 바로 주나라의 '천명사상'이다. 물론 무왕의 입장에서는 그 '천'은 기산 아래의 푸르고 희박하며 눈이 시릴 정도로 아름다운 주나라의 하늘이었을 것이다. 다만 형세가 여의치 못해 은상의 중심에서 그들의 하늘에 있는 조상신에게 제사를 올리지만, 언젠가는 그 하늘이 반드시 주나라의 '제'들이 살고 있는 하늘로 환치되기를 간절히 원하고 원했을 것이다.

이렇게 한 세상을 바꾸는 일이 힘들었다. 그 정당성을 유지하기 위해서 자신의 신이 아닌, 피점령 민족의 신을 내세워야만 했다. 왕조를 새로이 바꾼다는 일은 결코 쉽지 않은 일이었다. 이 경우가 더 특별했던 것은 소수가 다수의 힘을 누른, 아직 완전치 못한 점령이었기 때문이다. 그러나 이 천명사상은 유가의 정치사상에 흡수되어 있다가 훗날 여러 차례 힘을 발휘하게 된다. 비록 그 하늘의 개념이 신하와 백성으로 점차 바뀌기는 하지만, 왕조 교체기마다 이 천명사상은 아주 톡톡히 그 역할을 해낸다. 그리고 소수나 다수에 관계없이 세상을 바꾸는 사람들은 자신들이 하늘의 뜻을 받든 것이라 우기기 시작한다. 그리고 아주 오랜 세월이 흐른 뒤인 14세기의 동쪽 나라 고려에서 또 한 번 그 위력을 발휘하게 된다. 이제 그 이야기로 옮겨가보자.

3

조선의
천명

〈용비어천가〉에 보면 "해동 육룡이 나르샤 일마다 천복天福이시니"라는 구절이 나온다. 이 시가책은 세종 때에 만든 것이고, 여기서 해동 육룡이란 목조穆祖 이안사李安社로부터 태종太宗 이방원李芳遠에 이르는 세종의 여섯 직계 조상을 뜻한다. 천명이란 말을 직접 쓰지는 않았지만, '천복'이라 하여 하늘이 내린 복 때문에 조상들이 잘되고 이에 따라 왕조의 창업이란 과업을 완수했다는 뜻을 담고 있다. 사실 천명을 받았다 하면 이성계 한 사람의 일이나, 조상 전체에 대해 두루뭉수리로 '천복'이란 표현을 했을 수도 있다. 어쨌거나 이 말은 고려의 왕씨 왕조를 무너뜨리고 조선의 이씨 왕조를 세운 것은 '천명'이었다는 점을 짚고 넘어간 구절이라 볼 수 있다.

그렇다면 이성계 본인은 과연 자신이 구 왕조를 무너뜨리고 새로운 왕조의 창시자가 된 것에 대해 어떻게 생각하고 있었을까? 과연 그도 그 '천명'을 자신이 받았기 때문에 정당하게 왕이 되었다고 생각했을까? 결론부터 말하자면 그조차도 자신이 왕이 된 게 천명인가에 대해 반신반의했던 듯하며, 처음부터 그렇게 적극적으로 왕이 되어야겠다고 마음을 먹었던 것 같지도 않다. 다만 떠밀리다보니 어느 날 왕이 되었고, 권력을 잡은 뒤 피비린내 나는 권력 투쟁에 치를 떨며 어린 시절의 기억이 있는 함흥(함주)으로 숨어버렸던 것이다.

그렇다면 그에게 '천명'을 머릿속에 심어주고, 이 세상을 바꾸고자 한 사람은 누구였나? 두 말할 필요 없이 정도전鄭道傳이 그 역할을 맡았다. 1383년은 이 두 사람이 만난 해이다. 정도전은 공민왕 시절에 관직을 맡았다가 3년의 귀양살이 이후 6년의 방랑생활을 하던 때였다. 사실은 관직에서 벗어난 지 거의 10년이 다 된 마흔두 살의 백수가 고려의 동북쪽을 지키는 함주咸州의 동북면도지휘사東北面都指揮使인 마흔아홉 살 현역 장군을 찾아간 것이다. 이들 둘의 만남 가운데에는 정몽주가 있었던 것 같다. 정도전과 정몽주는 이색李穡의 문하에서 동문수학한 사이로, 정도전이 바야흐로 고려를 버리고 조선을 세우려고 하기 전까지는 정몽주와 고려 개혁에 뜻을 같이한 동지이기도 했다.

어쨌거나 영락한 선비와 장군의 만남은 심상치 않았던 것 같다. 이성계 휘하 군대의 늠름하고 질서정연함을 본 정도전은 '이런 군대로 무슨 일을 못할 것이냐'고 하자, 이성계는 재차 무슨 뜻이냐고 되묻고, 이에 정도전은 '왜구도 물리칠 수 있겠다'고 얼버무린다. 하지만 그들은 권문세가들의 질곡으로 신음하고 있는 고려의 실상에 낙담하고, 이를 개혁할 수 있는 방안에 대해서 서로 깊이 공감했음에는 틀림없는 듯하다. 가을에 함주를 찾았던 정도전은, 이듬해 봄에 다시 함주로 가서 이성계를 만났다. 서로의 뜻이 맞고 만남이 긴요치 않았다면, 그 먼 길을 한달음에 달려가지 않았을 것이고, 이성계도 정도전의 관직 복귀를 그렇게 적극 추진하지 않았을 터이다. 그리고 그들의 만남이 그리 한가하지 않았음은 정도전이 처음 함주로 간 가을에 군영 앞의 소나무를 빗대 지은 시 한 편에도 드러나 있다.

아득한 세월 속에 소나무 한 그루가
수없이 겹쳐 있는 푸른 산속에 자라는구나.
언제 다시 와서 볼 수 있을지 알 수 없지만,
인간 세상의 옛 자취들을 굽어보고 있구나.
蒼茫歲月一株松, 生長靑山幾萬重.
好在他年相見否, 人間俯仰便陳蹤.

비록 이 시가 겉으로는 소나무에 빗대어 이성계의 늠름함을 찬양하고 있기는 하지만, 속으로는 이 푸른 소나무가 언젠가는 하늘의 천명을 받들어 이 세상을 변화시킬 것임을 은근히 암시하고 있다. 이제 두 사람은 서로 뜻이 맞은 것이다. 이성계는 자신이 그 일을 감당할 수 있을지는 아직 확신이 없지만, 정도전이 그런 혁명을 이끌어 갈 수 있는 재목임은 확신하고 있는 것이다. 그리고 정도전은 한漢나라를 유방劉邦이 세운 것이 아니라, 책사인 장량張良이 유방을 이용해 세웠다고 할 만큼 자신에 대해 평소 자신감이 가득한 사람이었다. 이제 이 두 사람의 만남은 10년도 채 되지 않은 세월 속에 조선이란 새로운 왕조의 탄생으로 이어진다.

그렇다면 정도전은 어떤 사람이기에 고려에 대해서 반감을 가지고 혁명을 꿈꾸었던 것일까? 그는 어떻게 주나라의 천명을 끌어다가 고려를 멸망시키고 새로운 왕조를 세울 꿈을 꾸게 되었을까? 그는 그 천명이란 것을 과연 어떻게 배우고 체득하게 되었을까? 사실 정도전의 태생 연도는 확실하게 알려져 있지 않다. 그저 여러 기록으로 미루어 대략 1342년 무렵 태어났지 않았을까 하고 짐작하는 정도다. 그의 아버지 정운경鄭云敬은 대대로 봉화奉化 향리鄕吏를 하던 집안의 출신으로 고려를 지배하던 권세가와는 거리가 있었다. 다만 정운경은 과거에 급제하여 중앙의 관리로 활동하게 된 자수성가한 사람이다. 하지만 집안이 돈 많거나 권세가 있는 것은 아니었기에, 지배계층 안에서는 늘 변두리로 떠돌던 존재였던 것으로 보인다.

그런 아버지의 친구인 이곡李穀과의 인연으로, 정도전은 이곡의 아들 이색의 제자가 되어 학문을 닦았다. 그 역시 아버지의 뒤를 따라 스물한 살에 진사가 되어 벼슬을 시작하지만, 당시의 주류인 권문세가에는 한참을 미치지 못하는 울분이 가득한 선비였음을 짐작하기는 어렵지 않다. 이후 고려조에서 고관으로 승진해갈 때도 자기 외가의 한미한 집안 내력이 항상 그의 발목을 잡았는데, 이 역시 당시 권문세가들의 신분 중시 행태를 미루어 짐작케 한다. 곧 향리의 집안이라 하더라도 어려운 향촌의 사정 때문에 때때로 미천한 신분과의 혼인도 불가피했지만, 이를 꼬투리 삼아 자기들의 고귀한 혈족에 대비해 차별하려 한 것일 수 있다. 여하튼 정도전은 사실 자신이 기댈 것은 공부와 학문밖에는 없는 비주류 세력이었기 때문에, 그런 불합리로부터 새로운 세계에 대한 갈구가 분출되는 것은 필연이었다 할 수 있다. 그리하여 그가 기댄 곳은 유학의 가르침이었다. 유학은 곧 공자의 가르침이고, 당시는 안향安珦 이래로 차츰 성리학이 기반을 확대하던 때였다. 이제 그의 공부를 따라가며 그의 천명에 대한 생각을 좀 더 확실하게 알아보자.

정도전의 조선 설계 모델은 주나라

정도전을 성리학자라고 부른다 해서 어색하지는 않지만, 한편으로 그의 성리학은 우리에게 익숙한 성리학과 다른 무엇이 있는 것 같기도 하다. 성리학이라 함이 국가의 질서를 바로 세우고 불교를 멀리하는 것이라면 정도전의 성리학은 이에 아주 잘 들어맞지만, 주희朱熹의 이기론理氣論적 관념 철학이나 예학禮學이라면 그다지 잘 맞는 것 같지 않다는 뜻이다. 이는 우리나라 성리학의 역사와 관련이 있다. 성리학이라 해서 다 같은 것은 아니기 때문이다.

중국의 유학은 한나라와 당나라 때의 자구 해석을 중심으로 한

훈고학訓詁學 전통에서 벗어나 송나라 때 성리학으로 태동하게 된다. 한나라와 당나라까지는 유학이 정치와 행정에서 쓰임이 없지는 않았지만, 사실 전체 백성과 지배계층의 정신을 대표하기에 이르지는 않았다. 곧 한나라에서 위진남북조까지는 사회정신의 주요한 흐름이 도교道敎로 대변되는 신선들의 세상에 있었다. 신비로움과 무위자연 사상으로 대변되는 도교는 이 시기에 종교로써 삶의 지향점을 제시했고, 지배층과 백성들에게 우선적 가치관이 되었다. 이어진 당나라는 불교의 전성기였다. 위진남북조부터 유행하기 시작한 불교는 도교를 대체하며 백성들과 지배계층의 정신을 지배했다. 불상과 사원이 넘쳐났고, 현세의 삶과 내세의 윤회에 대한 관념이 삶을 지배했다. 이 시기에도 관료를 뽑는 과거시험이 있었고, 정치와 행정에서도 유학은 필요한 존재였지만, 지배층과 백성들의 삶과 정신은 온통 불교에 빼앗긴 시기였다.

송나라에 들어오면서 유학자들은 이러한 도교와 불교의 가공적·환상적 세계를 대신하여 유학이 지배하는 세상이 되어야 한다고 믿었다. 그렇기에 불교를 밀어내고 유학이 세상과 인간의 윤리에서 지배적인 교조가 되기를 원했다. 주돈이周敦頤, 정호程顥, 정이程頤, 장재張載, 소옹邵雍의 노력으로 성리학의 기초가 완성되었으며, 주희 대에 이르러 이들 학문을 집대성함으로써 하나의 철학과 정치사상을 넘어서 종교의 지위까지 아우를 수 있는 체제를 갖추게 된다. 사실 성리학은 도교나 불교에 비하면 훨씬 합리적이고 실용적인 면모를 갖춘 사상체계이다. 그저 공리공론이나 신선, 윤회와 극락 같은 공허한 이야기가 아니라 삶과 인간관계에 대해서 이야기하고 있는 것이다.

그러나 반드시 그런 것만은 또 아니어서, 주희의 성리학에는 많은 사변적인 내용들도 담겨 있다. 이理와 기氣에 대한 것을 태극太極으로 상징한 이야기가 그렇고, 예의에 관한 철학들 역시 그렇다. 주희는 관료로 성공하지 못하고 시골에서 교육으로 일생을 보내서 그런지 몰라도 상당히 추상적이고 사변적인 데 관심이 많았다. 그는 성리학자이지만 주역과 도교가 버무려진 오행五行사상에도 관심이 깊었다. 관심만 깊은 게 아니라, 오행의 '화수목금토'로 이름에 돌림자를 배열하여 넣은 것도 바로 주희의 발명이다. 주희는 자기 자손들의 항렬에 따른 오행의 배열을 정해주었다. 지금 우리 이름에도 항렬에 따라 이미 '화수목금토' 오행의 어떤 변이 들어가야 하는지가 정해져 있는 것은 바로 이 주희로부터 시작된 일이다. 우리가 이름을 그렇게 짓기 시작한 게 주희의 학문이 온 나라를 지배하게 된 조선 중기부터였다.

하지만 정도전의 성리학에는 조선 중기부터 나타나는 그런 사변 철학적 면모는 없었다. 물론 그 이유가 정도전의 취향에서 비롯된 건 아니다. 고려 때의 성리학은 아직 그 단계에 머물러 있었기 때문이다. 성리학은 북송에서 시작되었는데, 당시 중국과 고려 사이에 요遼나라가 가로막고 있어서 중국의 새로운 학문이 고려로 유입되는 데는 시차가 있을 수밖에 없었다. 그리고 다시 금金나라에 쫓긴 송나라가 남쪽으로 밀리며 장강長江 유역의 변경汴京(지금의 항주杭州)

으로 수도를 옮김으로써 남송이 되었기에, 교류는 뱃길로만 이어져 있었다. 그러고는 몽골의 침략으로 남송조차 멸망하고, 고려도 몽골의 힘에 항복하고 말았다. 몽골이 세운 원元나라야 말 위에서 세운 나라이니 학문에, 더군다나 황제를 가르치려 드는 유학의 하나인 성리학에 관심이 있을 리 없었다. 몽골의 간섭을 받는 고려도 여기서 자유로울 수 없었다. 곧 전파 속도가 매우 느려진 성리학은 뒤늦게야 고려에 도달할 수밖에 없었던 것이다.

고려에서 성리학을 가장 먼저 도입했다는 안향은 정도전보다 고작 100년 앞선 사람이다. 성리학은 당시로도 신생 학문의 울타리를 갓 벗어난 상태였던 것이다. 불교 국가에서 유학의 진흥이 손쉬웠을 리 없고, 그의 스승인 이색도 고려의 성리학자로는 초창기 학자에 해당하는 사람이다. 게다가 성리학의 보급을 막은 것은 서적의 부족 탓도 있었다. 원나라 자체가 학문이나 유학을 장려하지 않았으니, 중국에서도 서적 구입이 쉽지 않았던 것이다. 안향의 경우야 원나라에 유학해서 성리학에 접했지만, 국내파의 경우에는 중국에서 수입되는 서적에 기댈 수밖에 없었다. 그렇기에 기본적인 사서삼경의 주석서를 빼고 나면, 철학적 사변을 담은 주희의 책은 아직 도입도 되기 전이었다. 실제로 『근사록近思錄』과 같은 주희의 책들은 세종 때에 이르러 왕명으로 명明나라에 간 사신들을 통해 구입한 책이었다. 철학적 사변과 예법 논쟁과 같은 일들이 벌어진 건이런 책의 수입을 통해 이론을 갈고 닦은 조선 중기 이후의 일이다.

그렇다면 정도전이 주로 읽은 성리학 책들은 과연 무엇이었을까? 정도전은 유학자이자 성리학자로는 당시 손에 꼽을 정도로 학식이 깊은 사람이었다. 그렇기에 과거에 급제한 뒤로는 학문과 강학이 연계된 성균박사나 태상박사 같은 관직에 주로 머물러 있었다. 더군다나 그가 남긴 수많은 저작들이나 조선의 기초가 된 제도 및 왕궁과 도성에 붙인 이름들을 보면 그 대단한 학식에 감탄하지 않을 수 없다. 이렇게 대단한 학자였기에『논어』·『맹자』·『대학』·『중용』과 같은 사서는 물론이고,『시경』·『상서』·『주역』·『예기』·『춘추』·『주례』와 같은 경서들에도 아주 정통했을 것이다. 그러나 이 가운데서도 가장 중요한 두 권을 꼽으라면, 아마도『맹자』와『주례』가 그의 일생에 가장 큰 영향을 준 책일 것이다.『맹자』는 그의 천명사상을 공고하게 해주었으며,『주례』에는 천명을 실천하기 위해 백성을 편안케 하는 기본 설계도가 들어 있었다.

조선을 설계한 정도전으로 하여금 주나라의 천명사상을 실천적 이념으로 받아들이게 한 것은 바로『맹자』였다. 맹자는 공자의 가르침에 따르는 유가이자 정통인 적자라 할 수 있다. 하지만 맹자가 이야기하는 천명은 앞선 무왕의 천명과는 조금 다르다. 이는 무왕으로부터 맹자까지는 이미 7백여 년이란 시간이 흘렀으며, 정치·사회적인 변동도 상당했기 때문에 어쩌면 당연한 노릇이다. 무왕의 천명은 조상들의 음덕이자 조상신들의 노여움이었다. 그것도 자신들의 조상이 아닌, 당시 지배자인 은상의 조상들이었다. 그 천명에는 백성이란 뜻의 '민民'이 비집고 들어갈 틈도 없었다. 은상이나 주나라에서 농사를 짓는 농노나 자신들의 일을 돕는 성씨가 다른 시종꾼들은 관심의 대상조차 되지 못했다. 이를테면 주역의 21번 괘인 '서합噬嗑'의 내용을 보면, 제사 지내는 고기를 훔쳐 먹었다고 다리와 코를 잘리는 형벌을 받는 장면이 나온다. 그 주인공은 아마도 대부大夫가 아니었을까 짐작된다. 그 당시 조상에 대한 제사는 지엄한 것이었으며, 실제로 이를 준비하는 건 하급관리인 대부의 몫이었다. 그러나 그들은 신성한 제사 음식을 먹을 수 없었을 뿐만 아니라, 준비를 하다 조금 제사상 음식을 건드렸다고 잔혹한 형벌을 받을 정도의 약자였다. 그러니 대부보다 아래 계층인 '사士'는 더 말할 것도 없다. 음식을 조리하는 것도 아니고, 그저 주변에서 심부름이나 하면서 경비나 섰을 것이다.

하지만 맹자가 활약하던 전국시대는 달랐다. 주나라 왕의 권위는 이미 바닥을 친 나머지, 그저 쪼그라든 나라에서 상징적인 역할만 하고 있었다. 제후들은 스스로 왕처럼 행세하며 자기 세력을 확대하고, 약한 나라를 병합하기 위해 수단과 방법을 가리지 않았다. 이제 자기 나라를 부강하게 하고 제후의 위엄을 높일 수 있는 사람이라면, 그 신분이 어떠하든 가릴 처지가 아니었다. 스스로 능력이 있다는 사람들은 제후 앞에 나아가 부국강병을 논하고, 그렇게 발탁된 사람이 나라의 2인자 자리까지 차지하기도 했다. 전국시대는 그런 시절이었기에 유가인 맹자는 이 '천天'의 개념에 '민民'을 더하게 된다. 곧 백성이 하늘이니 백성을 잘 보살피지 못하는 군주라면 이를 바꿀 수 있다는 뜻이다. 이제 하늘은 조상이 아니라 이 땅에 뿌리박고 사는 백성들이 되었으니, 위정자나 그를 보좌하는 관리들은

'의義'와 '인仁'으로 이 세상을 보살펴야 한다는 것이다.

고려의 지방에 기반하고 있는 호족들과 권문세가의 귀족들에 치인 가난한 사대부 출신의 정도전에게는 이런 맹자의 천명은 그야말로 귀에 쏙 들어오는 하늘이 내린 소리였을 것이다. 권신들의 속 좁은 문벌과 가계의 고귀함을 따지는 태도 따위가 못마땅한 게 문제가 아니었다. 겉으로는 우아한 척하면서 뒤로는 국가와 백성은 생각지도 않고 자신들의 사리사욕에 몰두하는 고려의 권문세가는 이미 이기심의 막장을 향해 달려가고 있었다. 정도전의 눈에는 이들이야말로 전국시대에 '의'와 '인'을 저버린 제후들이요 그에 영합한 간신들로 보였을 것이니, 이제 새로운 천명이 고려를 지배해야 한다고 믿었을 것임은 자명한 일이다.

그렇다면 관직에서 쫓겨나고 권문세가의 멸시를 받던 사대부 출신의 유랑객인 정도전이야 그렇다손 치더라도, 그와는 달리 조정의 혁혁한 무장이었던 이성계는 또 어떻게 이런 정도전의 생각에 호응하게 되었을까? 이성계가 당시 대장군 최영 바로 밑의 혁혁한 2인자였기는 하지만, 겉보기와는 달리 귀족들에게 상당한 차별을 받고 있었던 것으로 보인다. 우선은 이성계도 최영이나 다른 권문세가 출신의 관리들과는 달리 그다지 빛날 것 없는 집안이었으니 말이다. 그들 권문세가의 눈으로 보면 미천한 출신의 무식한 무장일 따름이었다.

이성계의 고조부인 이안사李安社는 전주 출신으로 대대로 무장의 집안이었던 것 같다. 그는 전주의 토호였지만 전주 지방 관리들과의 마찰로 동해안의 삼척으로 이주하였으나, 거기서도 전주의 그 관리와 마주치자 다시 의주宜州로 이주해버린다. 그 후 원나라가 철령 이북에 쌍성총관부를 설치하자, 그는 여기에서 천호千戶를 거느리는 '다루가치'가 되어 원나라에 귀화함으로써 몽골 이름까지 갖게 된다. 그 뒤로는 이 지역에 계속 거주하면서 여진족까지 다스렸다. 그리하여 자신의 세력 기반은 아들 이행리李行里에게까지 이어지고, 여진족과는 혼인관계도 맺었던 듯하다.

〈용비어천가〉에 나오는 육룡의 계보

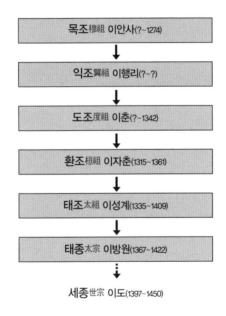

육룡이란 세종이 아버지 태종으로부터 6대조까지를 높여 부른 이름

그러나 이행리의 손자이자 이성계의 부친인 이자춘李子春 때에 와서 공민왕이 반원反元정책을 택해 쌍성총관부를 수복하려 했다. 이때 이자춘이 고려의 동북면병마사에게 협력하여 쌍성총관부 지역을 탈환할 수 있도록 도왔는데, 당시 이십대 청년이었던 이성계는 당연히 아버지를 돕게 된다. 이 일로 이자춘은 고려에서 벼슬을 하게 되었고, 무예를 갖춘 이성계 역시 이 혼란기에 여진족과 고려인들로 이루어진 사병을 거느린 채 장수로서의 위상을 다지고 두각을 나타내기 시작한다. 이성계는 1361년 만호萬戶 박의朴儀의 반란을 진압했고, 그해 홍건적들이 수도 개경을 함락시키자 스스로 병사를 이끌고 와 개경을 되찾는 데 큰 공을 세웠다. 또한 원나라 장수 나하추의 침입을 물리치고, 공민왕을 폐하려고 원나라 황제의 명령으로 침입한 덕흥군과 최유의 1만 군대를 최영과 함께 물리치기도 했으며, 여진족의 난을 평정하기도 하고, 왜구 퇴치에 공을 세워 고려에서 자신의 입지를 확실히 다지게 된다.

이성계는 이렇게 뛰어난 활약과 출중한 장수로서의 능력 때문에 관직에서는 승승장구하지만, 사실 고려의 조정 안에서는 외로운 섬이었을지 모른다. 대놓고 하지 않은 권문세가의 차별이라 해서 그가 눈치 채지 못할 정도는 아니었을 것이며, 그저 자기들 안전을 위해 그와 그의 군대가 필요했을 뿐 그는 여전히 변방의 무식한 장수이자 이민족의 피를 지녔을지도 모르는 한미한 가문의 자제였던 것이다.

그래서 그는 늘 권문세가 출신 최영 장군 밑의 2인자에 그칠 수밖에 없는 운명이었다. 절대로 그 위로 올라설 수 없는 벽을 느끼고 있었을 것이다. 게다가 군영이라도 벗어나면 귀족 출신 문인 관리들의 백안시를 더 절절히 느꼈을 것이다. 그런 보이지 않는 위선과 차별의 벽들을 애써 무시하며, 오로지 군대의 통솔에만 온 힘을 쏟던 그가 어느 날 운명처럼 정도전을 만난 것이다. 그는 이제까지 보아오던 권문세가 출신의 관리들과는 확연히 달랐다. 한눈에 서로의 도량을 알아봤을 것이며, 동지의식의 싹이 넝쿨로 자라 둘을 하나로 엮어주었을 것이다. 그렇게 하여 둘 사이엔 군건한 믿음이 쌓여갔을 것이며, 아울러 정도전이 『맹자』를 통해 얻은 천명의 깨달음을 차츰 받아들이게 되었을 것이다. 둘의 눈에는 고려 귀족의 위선과 독선이 이미 한계에 다다른 듯 보였을 것이다.

천명의 실현으로써의 개혁과 혁명

　천명에 대한 생각을 두 사람이 공유했다 하더라도 그 실현은 그야말로 엄청난 일이었다. 500년을 이어온 나라를 송두리째 바꾼다는 게 그저 머릿속의 개념만 가지고 이룰 수 있는 일은 결코 아니었다. 그렇기에 이런 천명이 움틀 수 있는 '위화도 회군'이라는 기가 막힌 기회를 얻은 뒤에도, 두 사람은 머릿속에서 10년이란 세월 동안 천명이란 글자를 썼다 지웠다 하며 오락가락해야 했다. 아마도 새로운 왕조를 창업한다는 것, 자신이 새로운 왕이 되어야 한다는 것 때문에 더 고민한 사람은 이성계였던 것 같다. 정도전이 곁에서 끊임없이 이성계를 설득하고 회유하지 않았다면, 아마도 이성계는 스스로 왕이 될 생각은 하지 않았을 것이다. 만일 그랬다면 그의 인생이 화려하지는 않았을지언정, 왕이 된 것보다 조금은 더 행복했을는지도 모르겠다. 적어도 자식들이 싸움을 해서 서로를 죽이려는 꼴은 보지 않아도 됐을 테니 말이다.

1383년에 정도전이 이성계를 찾아간 이후 위화도 회군의 쿠데타까지는 5년이란 시간이 걸렸다. 정도전은 그 이듬해 관직에 복귀한다. 정도전의 관직 복귀에는 이색의 문하에서 함께 수학했던 정몽주가 힘을 쏟은 듯하다. 그리고 이성계도 이제는 정도전에게 든든한 힘이 될 수 있었다. 정도전은 관직에 복귀한 다음 정몽주의 서장관으로 명나라의 당시 수도인 금릉金陵(지금의 남경南京)에 다녀온다. 이는 우왕의 왕위 계승을 명의 황제에게 승인 받기 위함이었지만, 이때 정도전이 쌓은 국제 역학관계에 대한 지식은 훗날 이성계의 국제 정세 판단에 도움을 주었을 것이다. 학식과 문장이 뛰어난 정도전은 그 뒤에도 왕의 교서를 쓰는 일과 지방관을 역임하다 요직인 성균대사성成均大司成에 오른다. 이렇게 승승장구할 수 있었던 데에는 이즈음 수문하시중守門下侍中으로 이미 정승의 반열에 오른 이성계의 추천이 있었기에 가능했다. 이성계가 정도전을 밀어주는 둘 사이의 연합관계가 본격화한 것이다.

그러고는 1388년에 시중侍中 최영崔瑩은 우왕에게 건의하여 철령 이북의 원나라 지배지역을 달라는 등 갈수록 무리한 요구를 하는 명나라의 요동을 정벌하기로 결정하고, 이성계를 장수로 보내려 한다. 이성계는 작은 나라가 큰 나라를 치는 것은 무리이고, 여름철이라 비도 많이 내려 물도 불고 역병도 돌기 쉬워 전투하기에 마땅치 않으며, 왜구의 준동도 염려되니 불가하다고 건의하지만 받아들여지지 않았다. 결국에는 왕명을 받들어 군사를 이끌고 출발하지만 장맛비 속에서 압록강 위화도에 머물다가 끝내 회군을 결심하기에 이른다. 반역죄를 무릅쓴 힘든 결정이었을 것이다.

이 결정에 정도전의 조언이 있었을 것이라는 추측은 있지만 확실하지는 않다. 설사 정도전에게 의견을 들었다 해도 그것은 출병하기 전의 일이다. 이성계가 출병 전부터 회군을 계책하며 떠나지는 않았을 것 같다. 더군다나 군 통수권의 절반은 보수파인 조민수曺敏修가 가지고 있었다. 그를 설득하지 못하면 회군이란 쿠데타는 결코 가능하지 않았다. 제아무리 어떤 조언이 있었다 하더라도 이 위험한 결정은 결국 이성계가 한 것이다. 이성계는 요동 정벌 자체에는 반대하지 않았다. 시기의 문제가 있다고 했을 뿐. 훗날 정도전과 이성계는 요동 정벌을 다시 계획하는데, 이를 봐도 정벌 자체에 반대했다고 여기기는 어렵다.

끊임없이 쏟아지는 장맛비에 물이 불어난 강 한가운데 섬에서, 비에 갇혀 오도 가도 못하는 심경이었을 것이다. 이 비를 뚫고 요동의 전투에서 승리하고 돌아가기 힘들다는 사실을 이성계와 조민수 두 무장은 인식하고 있었을 것이다. 전투에 지고 가서 죄를 짓느니 차라리 거꾸로 돌아가는 게 낫다는 생각이 들었을 것이다. 더군다나 나라의 최정예부대 대부분은 이 두 장수의 손아귀에 있었다. 우왕의 간청에 따라 개경에 남은 최영은 부스러기 군사들만 거느리고 있는 셈이었다. 그렇게 주사위는 던져졌으며, 압록강을 다시 건너 개경으로 진격한다. 그리하여 개경을 함락시키고, 최영을 잡아 귀양을 보내고, 우왕을 폐위시킨다. 실질적 패권을 쥔 것이다. 드디어 정도전의 머릿속에 있던 천명이 바야흐로 빛을 발할 수 있는 기초가 마련된 것이다.

이성계가 정권을 접수하고 정도전이 처음 받은 관직은 밀직부사 密直副使였다. 일종의 왕의 비서실장 격이지만, 거꾸로 모든 정무를 조정하고 왕을 감시하며 조종하기에 안성맞춤인 자리였다. 이성계와 함께 쿠데타를 일으킨 조민수도 맡았던 적이 있는 자리지만, 이제 그때와는 다른 중요한 직책이 된 셈이다. 이 자리에서 정도전이 처음으로 획책한 일은 전제개혁田制改革이었다. 이는 가장 시급하기도 했거니와, 천명을 수행하는 데 금과옥조가 될 수 있는 가장 중요한 일이었다. 고려의 중심 세력인 귀족과 호족들의 힘은 땅과 거기서 일하는 노예에서 나오는 것이다. 그것을 농민에게로 돌려놓지 않고는 천명이 설 수 있는 공간이 있을 수 없었다. 그렇지만 힘을 빼앗기면서 그냥 맥없이 손 놓고 있을 사람은 없다. 이윽고 기득권층과 신흥세력 사이에서는 토지개혁을 두고 치열한 전투가 벌어지게 된다.

이로 인해 정도전은 모든 기득권층과 반목하는 사이가 되고 만다. 스승인 이색과는 창왕을 폐위하고 공양왕을 세우면서 반목하기 시작하지만, 온건개혁파이자 동문수학한 동지 사이로 그의 관직 복귀를 이끌어준 정몽주와도 사이가 벌어지기 시작했다. 단순히 귀족들만이 아닌 유생들도 자신의 기반이 사라지는 데에야 정도전과 등을 돌리게 될 수밖에.

정도전이 집권 후 가장 역점을 둔 사업이 전제개혁이지만, 그래서 세상의 권력을 쥐고 있던 권문세가와 호족들의 경제적 기반을 국가와 백성에게로 돌려놓으려 했지만, 이 일이 생각처럼 쉽게 진행될 리 없었다. 아무리 쿠데타로 칼자루를 쥐고 있었지만, 자기 재산을 몰수해서 다른 이에게 준다는데 이에 선선히 응할 사람은 없는 법이다. 기득권층의 반발은 거셌고 그 때문에 정도전은 실각 위기에까지 처하게 된다. 심지어는 고려 말의 난맥상에 지쳐 개혁에 동조했던 세력까지 그랬다.

그 반대세력의 가장 대표적인 인물이 정몽주이다. 이색의 문하에서 동문수학하고, 관직에서 물러나 야인이었던 정도전을 이성계에게 소개시켜주었다고 추정되며, 또한 다시 관직을 이어갈 수 있게 도와준 동지였다. 더군다나 이성계의 위화도 회군을 지지했으며, 정도전의 개혁도 지지하고 응원했던 사람이다. 이 정몽주를 위시한 사대부 계층마저 자신들의 지위를 위태롭게 하는 정도전의 지나치게 이상적인 정책에 반대하게 된 것이다. 이로써 개혁파의 입지는 말도 못하게 좁아지고 말았다. 특히 이성계의 고충은 이루 말할수 없었다. 정도전의 주장에 공감하고, 뜻을 같이해 전제개혁을 밀어붙였지만 사방에서 비난만 쏟아지게 된 것이다. 이런 비난을 참다못한 이성계는 모든 벼슬을 던지고 고향인 함흥으로 돌아가려 한다. 쿠데타와 개혁이 일순간에 벼랑 끝으로 몰리게 된 것이다.

사실 당시는 군권을 이성계가 수장으로, 정도전과 조준趙浚이 좌우총제사가 되어 장악하고 있을 때였지만, 이성계가 없는 병권이란 위태롭기 짝이 없는 것이었다. 이성계가 물러나면 구세력의 반격이 더욱 드세질 것은 명약관화한 일, 정도전은 은퇴하여 함흥으로 내려가겠다는 이성계를 극력 만류하여 저지했다. 하지만 구세력의 반격은 드셌다. 대사헌이었던 김주金湊의 탄핵으로 시작된 구세력의 반격 때문에 정도전은 평양부윤平壤府尹으로 밀려났다가 결국에는 관직까지 삭탈당하고 봉화로, 또 나주로 귀양을 가는 처지가 되었다. 그의 아들들도 서인庶人으로 강등까지 되었다. 게다가 그의 가계를 계속해서 문제 삼았다.

하지만 큰 죄가 아니라서 1년 만에 귀양에서 풀려나긴 했다. 그리하여 고향인 영주로 돌아갔지만 구세력의 반격은 쉽사리 그치지 않았다. 더군다나 1392년 음력 4월에는 이성계가 해주에서 말을 타다 낙마하는 바람에 부상을 당하여 조정의 일에 개입할 수 없는 처지가 되었다. 그러자 시중인 정몽주는 이성계·정도전·조준·남은 등의 개혁파를 소탕하기 위해 간관諫官으로 하여금 다시 탄핵안을 올리게 했다. 이 치열한 싸움은 이성계·정도전의 개혁파와 사실상 동지였던 정몽주의 싸움으로 치닫고 있었다. 정몽주의 태도가 변한 것은 전제개혁의 문제도 있었지만, 이즈음에는 역성혁명의 조짐을 알아챘던 듯하다. 정몽주는 고려 안에서의 개혁을 원했던 것이지, 왕조를 무너뜨리고 이성계가 왕까지 되는 건 결코 용납할 수 없었던 것이다. 이 1392년의 여름이 끝날 때까지 개혁파와 수구파의 싸움은 치열했다. 이성계는 아직 자신이 왕위를 차지하겠다는 결심을 하지 못했으며 정도전은 밀려났다. 혁명의 최대 위기였다.

정몽주의 화살은 이성계가 아닌 정도전과 조준, 그리고 남은에게 집중되어 있었다. 마음이 굳지 않은 이성계가 이 세 사람이 없으면 힘을 쓰지 못하리라는 것을 잘 알고 있었기 때문이다. 영주에 있던 정도전은 결국 예천의 감옥에 갇히는 신세가 되었다. 정몽주는 정도전을 죽여야 한다고 간언했지만 공양왕은 이를 허락하지 않았다. 아마도 이성계가 두려웠을 것이다. 그의 최측근인 정도전을 죽였다가 어떤 보복을 당할지 무서웠을 것이다. 그러다가 정몽주는 이성계의 아들 이방원이 보낸 자객들에게 죽어 개성의 저잣거리에 효수되고 만다. 이 결정적인 행동이 정도전을 구한 것이다.

정몽주가 죽고 나자 수구파는 힘을 잃었다. 다시 개혁파를 탄핵하려 들다가는 언제 죽을지 모르는 세상이 된 것이다. 결국 공양왕은 정도전을 원점으로 다시 돌아오게 하는 수밖에 없었고, 정도전은 완전히 복권되었다. 정도전은 더 이상 수구파의 반격을 당하고 있을 수만은 없음을 깨달았다. 철두철미한 개혁을 위해서는 고목의 뿌리까지 완전히 들어내는 수밖에 없었다. 다시 말해 고려라는 이름으로는 이제 더 이상의 개혁이 불가능하다는 것이었다. '천명'에 기대어 왕조를 바꾸는 수밖에 없었다. 다만 그 방법에 있어서는 무력에 의지했던 주나라 무왕과는 달랐다. 사실 병권을 쥐고 있는 건

이성계와 정도전이었고, 상대방에게는 힘이 없으니 구태여 무력을 쓸 필요조차 없었다.

정도전은 무왕의 그것보다 훨씬 더 이상적인 방법을 고안해낸다. 중국 전설상의 가장 태평성대인 요순시대에 요왕이 순에게 왕위를 물려주는 '선양禪讓'이란 방법을 재현하는 것이다. 요堯임금은 혈연을 떠나 가장 능력 있는 순舜임금에게 자신의 자리를 물려준다. 이는 혈연 아닌 가장 도덕적인 정권교체였다. 물론 겉으로 이를 흉내낼 뿐이지 실제로는 강탈이나 다름없었다. 공양왕은 인재를 찾지도 않았거니와 자신의 임금 자리를 물려줄 마음도 전혀 없었다. 그저 힘이 없으니 죽기 싫어 정도전의 말을 들었을 뿐이다. 정도전은 그렇게 공양왕에게 옥새를 빼앗아 이성계에게 들고 갔다.

역사의 수레바퀴에 뿌려진 피

그렇게 조선은 건국이 되었으며, 이성계는 왕이 되었고, 정도전은 재상이 되어 국가의 모든 실질적 권한을 한 손에 쥐고 새 국가의 설계자가 된다. 그는 정책 결정과 인사, 그리고 새로운 제도의 확립, 군사, 왕의 교육과 외교문서와 역사 편찬 등 전방위로 모든 일에 관여하고 힘을 쏟는다. 그는 사려 깊은 학자였으며, 당대 최고의 지식인이었고, 신념이 투철한 이상주의자였으며, 또한 지략이 넘치는 무장이자 실질적인 행정가이기도 했다. 그가 짧은 시간에 이루어놓은 수많은 업적을 보면, 사실상 조선은 이성계가 아닌 정도전의 나라였다. 호방한 성품인 이성계는 그다지 왕의 자리를 탐탁해한 것 같지도 않고, 또한 새로운 나라를 어떻게 이끌어야 하는가에 대한 구체적 복안이 서 있지도 않았다. 새로운 나라의 진정한 설계자는 이성계가 아닌 정도전이었다. 정도전이 평소 '장량이 유방을 이용하여 한나라를 세웠다'고 한 것은 뼈 있는 말이었던 셈이다.

우선 나라의 이름을 지은 이가 바로 정도전이다. '조선朝鮮'이란 나라 이름이 새로운 것은 아니다. 지금은 고조선古朝鮮이란 이름을 삼국시대 이전의 조선과 이성계의 조선을 구분하기 위해 쓰지만, 고조선이란 명칭을 처음 쓴 것은 일연一然이 위만衛滿조선과 구분하기 위해서였다. 그러니 먼 옛날 이 나라에서는 자기 나라를 고조선이라 부르지 않고 '조선'이라 불렀다. 고려의 이름이 고구려에서 유래했듯이, 정도전의 생각은 삼국시대 이전 우리 민족이 세운 나라 이름에 꽂혔던 것이다. 그러나 당시 조선이란 나라에 대한 개념으로는 두 가지 갈래가 있다. 하나는 단군檀君이 세운 조선이고, 또 하나는 주나라 무왕이 기자箕子를 제후로 책봉冊封했다고 하는 그 조선이다. 사실 정도전이 이를 어찌 생각했는지는 알 수 없다. 그러나 그는 확실한 유자儒者였기에 기자조선이 당연히 우선순위에 있었을 듯하다.

기자는 문왕·무왕 시절 은상의 현인으로 이름난 사람이다. 『상서』에 대한 주석과 해설을 담은 『상서대전尙書大傳』에 따르면, 기자는 무왕이 은상을 멸망시킬 때 주왕에게 간하다 감옥에 갇혔으나 무왕이 석방시켜줬다. 그러나 그도 은상의 사람인지라 무왕이 차지한 은상을 떠나 조선으로 갔으며, 이에 무왕이 그를 조선의 제후로 책봉했다는 것이다. 또한 『사기』에는, 무왕이 기자에게 물어 홍범구주洪範九疇라는 개략적인 치세의 법률을 받고는 조선의 제후로 책봉해줬다는 기록이 있다. 물론 이는 유가에서 전하는 내용이되, 홍범구주란 유가의 모태가 된 교조 같은 것이니 정도전은 이를 사실이라 믿어 의심하지 않았을 것이다. 그렇기에 주나라를 닮은 나라를 건설하고자 하는 그에게는 유가가 성인으로 추앙하는 기자가 다스린 '조선'이라는 국호는 더없이 좋은 이름이었다. 그리고 새로운 나라의 국호는 대국인 명나라에게 승인받아야 했다. 명나라도 유교 국가이기에 이 이름으로 승인 받는 게 유리하다고 생각했을 법하다.

그러나 사실 기자가 단군이 세웠던 조선에 가서 왕이 되었을 가능성은 그리 크지 않아 보인다. 위의 『상서대전』이나 『사기』의 역사 기록이란 것도 그리 믿을 만한 건 못 된다. 이 역사책이 기록된 것은 기자의 시대로부터 천년 가까운 시간이 흐른 뒤인 한나라 때의 일이다. 그러니까 오늘날에 삼국시대 때 이야기를 기록하는 경우와 같으니, 실제로 얼마나 정확한 이야기겠는가. 더군다나 객관적이지도 않다. 『상서대전』을 지은 복생伏生이나 『사기』를 쓴 사마천은 한나라 때의 대표적인 유학자들이니 유학에서 현인으로 여기던 기자를 깎아내리기는 어색했을 것이다. 상식적으로 생각해봐도 아무리 당시 선진국의 높은 사람이기는 하지만, 조선은 당시 요하遼河 일대에 자리했을 터인데 수천 킬로미터 떨어진 왕국으로 많은 군대를 이끌고 오지도 않았는데, 선진국의 현자라는 이유로 잘 대우해주었을지는 모르지만 '이 나라를 다스려주십시오' 하고 부탁했을 리도 없을 것 같아서다. 설사 이게 사실이라면 조선이 있었던 지역에서 은상이나 주나라에 필적할 청동기 문화가 발굴이 되어야 할 터인데, 아직까지는 이 지역에서 대단한 청동기 유적 발굴 소식이 들리지 않았다. 따라서 아마도 기자조선이란 건 훗날 와전된 이야기일 가능성이 높다.

어쨌거나 새로운 왕조를 세운 정도전은 불철주야 노력하여 새 나라의 기틀을 잡아간다. 관료제도를 정비하고, 고려 말에 실패했던 토지제도도 손을 본다. 군권을 쥐고 군사도 개편하며, 새로운 도읍을 정하는 일과 그 도읍의 건설에도 혼신의 힘을 다한다. 사실 이성계와 무학대사 등 한양의 터전을 잡는 일에 얽힌 이야기는 많이 전해오지만, 그보다 더 중요한 것은 정도전의 설계였다. 한양이란 도읍의 설계는 그 핵심이 유교 전통을 철저하게 따른 주나라 낙양을 본보기로 삼았다. 그리고 그 유교 전통에 따라 모든 궁궐의 문과 마을의 이름을 지었다.

그렇다. 정도전은 단순한 개혁자나 유학자가 아니라 이 땅에 주나라와 같은 이상적인 국가를 세우는 것을 궁극의 목표로 삼았다. 그리하여 도덕성이 높은 왕은 군림하되 통치하지 않고, 대신 유학으로 철저히 무장한 사대부들이 다스리는 그런 유교의 전범적인 국가를 만드는 것이 목표였다. 그래서 나라의 하늘인 백성들이 잘먹고 즐겁게 잘사는 그런 나라를 만들기 위해서, 하늘의 명령을 받아 혁명을 이룬 것이다. 정도전은 이 천명이 진정으로 존재한다고 생각했을 것이다. 그에게는 천명이 그 어느 종교보다 위대했을 것이다. 그리하여 이를 받들고 한 치의 의심도 없이 이 나라와 백성을 위한 길을 걸어야 한다고 생각했다. 그렇게 사심 없는 결단으로 새로운 나라의 기초를 반석 위에 세웠기에 조선은 역사에 유례 없는 500년의 왕조를 지속할 수 있었다. 지금 이 나라의 정치와 자본이 모두 개인의 이익을 지향하는 것과 정말로 대조되지 않는가.

그러나 그런 이상적인 국가를 만들기 위해 불철주야 노력하기를 몇 년, 그는 결국 왕위 계승이라는 암초에 부딪쳐 좌초한 배의 신세가 되고 만다. 사실 정도전이 복권되어 천명을 실천할 수 있게 된 데는 이방원의 정몽주 살해사건이 가장 큰 역할을 했다. 하지만 아버지의 인정을 받지 못한 이방원은 조선이 개국한 뒤에도 개국공신에서 탈락하고 만다. 그리고 왕위 계승에 대해 정도전은 '장자가 계승하되, 장자가 어질지 못할 경우에는 동생이라도 상관없다'는 기본적인 원칙을 견지하는 정도였다. 아마도 이성계는 이 지난한 혁명 과정을 시종 함께한 두 번째 부인의 자식에게 이 왕조를 잇게 하고 싶었으니, 그 가운데서도 자신이 총애하던 방석에게 세자의 자리를 주었을 것이다. 그리고 이 일에 대해서 정도전은 별로 개의치 않았을 것이다. 왜냐하면 그의 관심사는 주나라와 같은 조선의 완성이었지, 임금이 누가 되느냐가 아니었을 것이기 때문이다. 여하튼 혁혁한 공을 세웠음에도 공신에 끼지 못하고, 야심이 있음에도 한참 아래 동생에게 세자의 자리를 빼앗긴 이방원으로선 자신이 왕위를 잇기 위해서 처단해야 할 첫째 순위의 인물은 당시 전권을 휘두르고 있던 정도전이었다.

그렇게 하여 정도전이 주나라를 본받아 세우고자 했던 유교의 이상국가는 잠시 다른 길을 걸을 수밖에 없었다. 다시 왕권이 우선인 나라로 바뀌었으며, 정도전의 이상은 잠시 접힐 수밖에 없었다. 그러나 그가 죽었다고 해서 그가 뿌린 씨앗이 결실을 맺지 못한 것은 아니었다. 잠시 지연되었을 뿐이다. 유교를 숭상하던 세종이 즉위하고, 다시 유교국가의 이념은 번창하여 마침내 이 땅에 주나라의 현신을 세우는 데 성공한다. 결국은 사대부들이 다스리는 조선으로 점차 이행하고, 신념을 잃은 왕과 부패한 사대부들은 다시 나라를 곤궁에 빠뜨리게 되지만 말이다.

이제 정도전을 결국 죽음에 빠뜨린 장자 혹은 연장자 계승이라는 종법제도의 근원을 찾아서, 다시 시공간을 뛰어넘어 주나라로 되돌아가볼 차례다. 종법제도는 천읍상을 차지한 무왕과 주나라 희씨 성들이 거대한 중원을 다스리기 위한 치열한 싸움 속에서 탄생한 것이다. 단순히 제사를 올리고, 재산을 상속하는 문제에 방점을 둔 제도가 아니었다. 이제 다시 그때 그곳으로 돌아가보자.

4

종법 탄생의
비밀

주나라 무왕은 목야의 전투에서 승리하고 천읍상에서 은상의 조상들에게 제사를 올렸지만, 그렇다고 마음 편히 지낼 수 있는 것은 아니었다. 사방을 온통 둘러싸고 있는 은상의 유민들뿐 아니라, 천읍상 주변으로는 은상에 복속되었던 여러 다른 민족도 있었다. 당시 중원은, 성城을 중심으로 한 여러 마을들로 이뤄진 작은 나라가 각 지역마다 들어서 있는 형국이라 보면 된다. 그리고 정복과 전쟁으로 인한 포로와 노예들이 존재했다. 또 혈족이 아닌 사람들이 같은 성에 사는 경우도 있긴 했지만, 기본적으로는 하나의 혈연집단이 같은 성에 모여 사는 경우가 많았다.

'읍邑'은 지연적 관계로써 성城을 중심으로 한 지역사회를 뜻한다. 물론 대개는 한 성씨가 주도적인 위치에 있으나, 다양한 성씨의 피지배계층이 함께할 수도 있다. 이것이 주나라 초기 지연 공동체의 일반적인 형태였다.

무왕이 목야의 전투를 승리했다고 해도 전체 중원에는 주나라에 복종하지 않는 수많은 성읍들이 있었으며, 이는 주나라가 천하의 패권을 공고하게 하는 데 방해가 되었다. 그래서 부득이하게 목야에서 이긴 6일째 되는 날부터는 부지런히 주변의 복종하지 않는 나라의 성읍들을 직접 또는 다른 장수들을 보내 정벌해야 했다. 이 일에 거의 두 달에 가까운 시간이 걸렸으며, 그리하여 99개의 나라들을 정벌했고 수많은 포로들도 잡아왔다. 이렇게 주변을 순조롭게 진압할 수 있었던 이유는 무왕의 군대가 주왕을 토벌하면서 힘과 전력을 많이 소모하지 않았기 때문이다. 목야 전투를 하루의 전쟁으로 끝낼 수 있었기에, 주변의 반항하는 작은 나라들을 정벌할 여력이 충분했던 것이다. 지역이 넓고 방향이 제각기였기에 두 달 가까운 시간이 걸렸을 뿐이다.

이들 은상이 다스리던 지역에서 주나라의 패권에 저절로 복속된 나라들이 652개이다. 보통 5천 명 이하의 작은 나라들이 대략 750개 정도 이 지역에 있었는데, 당시 전체 인구 6~7만 정도밖에 되지 않는 주나라가 이렇게 수많은 나라와 거기 사는 사람들을 통제하는 데는 한계가 있을 수밖에 없다. 그래서 무왕은 이들을 적절히 통제할 방법을 찾아야만 했다. 특히 가장 힘든 것은 은상의 유민들이었다. 그들은 이 지역을 오래 다스렸고, 비록 무왕의 군대에 굴복했다 할지라도 녹슬지 않은 실력을 갖추고 있었으며, 무엇보다도 주나라 희씨 성의 사람들보다 압도적으로 인구가 많았다.

그러니 무왕으로선 은상의 유민들을 어떻게 처리할지를 결정하는 게 가장 먼저 해야 할 일이었다. 일단은 우두머리를 잃은 그들을 안정시켜야 했다. 그래서 주왕의 아들인 무경武庚을 제후로 임명하여 주왕이 다스리던 그 일대를 계속해서 다스리게 했다. 이 조처는 합당한 것이었다. 주왕이 죄가 있다며 천명을 들어 그의 군대를 무찌르고 처단했지만, 어디까지나 그것은 주왕 개인의 죄악이었다. 직접 대항하여 싸운 사람을 포로로 하고 노예로 삼기는 해도, 있던 나라를 마음대로 없애는 것은 천명을 앞세운다 해도 섣부른 일이었다. 또한 그 나라의 사람들을 모두 포로나 노예로 삼기에는 숫자가 너무 많아 현실적으로 가능한 일도 아니었다. 그렇기에 주왕이 죄인일지라도 그의 아들은 아직도 그곳을 다스릴 자격이 있는 사람이라고 인정해야 했다.

하지만 무경의 입장에서 본다면 무왕은 자기 아버지를 무찌르고 죽게 만든 원수인 셈이다. 그러니 원수의 아들에게 나라를 돌려준 무왕의 마음도 편할 수 없었다. 언제 어떻게 무경이 군사력을 회복해서 다시 주나라를 칠지도 모르는 일이니 말이다. 그래서 우선 무왕은 자신의 세 동생에게 은상 주변에 나라를 세워 그 제후가 되게 하고 무경과 은상 유민을 감시하게 했다. 이른바 '삼감三監'인데, 셋째인 선鮮과 다섯째인 도度와 여덟째인 처處가 이 임무를 맡았다. 이것이 봉건封建의 시작이요 종법宗法이 행해지는 최초의 순간이었다.

그러나 사실 이는 오로지 은상 세력이 다시 준동하지 못하도록 하려는 책략이었을 뿐이다. 이 책략에는 무엇보다 신뢰가 가장 중요했고, 그렇기에 무왕은 자신이 가장 믿는 세 동생에게 그 일을 맡겼을 뿐이다. 그리고 무경이 다시 세력을 일으키지 못하도록 감시자 셋을 붙인 것 이외의 또 다른 안전장치도 필요했다. 그게 바로 은상 인재들을 주나라 도읍으로 이주시키는 정책이었다. 은상 사람으로 높은 관직을 지낸 이들을 자신들의 본거지인 주나라의 도읍으로 이주하게 해서 주나라의 신하로 삼는 것이다. 물론 이들의 이주를 위해 여러 가지 편의와 혜택도 제공했다. 땅과 노예도 제공하고, 필요하다면 재물도 주고, 직업도 줬다. 그리하여 이제는 은상이 아닌 주나라의 조정을 위해 봉사하도록 했다. 은상의 손발을 잘라서 자신에게 이식을 시키는 셈이니, 남의 힘은 빼앗고 자신의 힘은 키우는 일이기도 했다. 이주자들은 주나라의 근거지에 있으니 적들에게 둘러싸인 형세라 함부로 반란을 꿈꿀 수도 없다.

이런 사실은 출토된 청동기 사장반史墙盤에 새겨진 긴 글 속에 그 증거를 남기고 있다. 이 그릇의 주인공인 '사장'은 공왕共王 때의 사람으로, 무왕 때부터 그 시기까지의 긴 역사와 자기 가계에 대해 적어놓았다. 그의 조상은 대대로 은상의 사관이었지만 무왕 때 주나라의 수도인 호경鎬京으로 옮겨와 주나라의 사관이 되었고, 그도 이 직업을 이어받아 주 왕실의 사관을 지낸다. 이런 경우가 흔했음은 이 기산 지역에서 은상 형식의 청동기가 많이 발굴된 사실로도 알 수 있다. 자신과 가문의 역사 그리고 벼슬을 부여받은 기록인 까닭에 더없이 귀중한 물품인 이 청동기는, 어디로 이주하더라도 반드시 가져가야 할 귀중품이자 자손 대대로 물려줄 가보家寶다. 물론 이주한 보답으로 주나라의 왕에게 다시 청동기를 받은 경우도 있겠지만, 그릇의 형태나 문양에 차이가 있어 그 청동기가 주나라의 것인지 은상의 것인지는 후대에도 구분할 수 있다. 따라서 은상의 청동기 귀중품이 이 지역에서 많이 발굴된다는 사실은 많은 은상의 대신들이 주나라로 이주했음을 보여준다.

물론 무왕의 이런 조처들이 완벽한 것일 수는 없었다. 이미 중국의 범위는 중원을 넘어 확대일로에 있었고, 은상의 주왕이 동방원정으로 국력을 소진한 바도 있다. 따라서 중원만이 아닌 다른 지역으로도 주나라는 자국의 권위를 전파하고, 그 여타 지역까지 복속시킬 필요가 있었다. 그래야 자신들의 새 왕조를 굳건히 할 수 있을 테니 말이다. 하지만 사람도 부족하고 시간도 부족했다. 그러니 우선 급한 대로 주변만 정리하는 수밖에 없었다. 이런 판국에 무왕은 은상을 정복한 뒤 오래 살지도 못했다. 은상을 무너뜨린 지 불과 3년만에 이 모든 대업을 완수하지도 못하고 병사하고 만 것이다.

봉건의 시작과 삼감의 난

무왕의 '삼감' 설치를 주나라 최초의 봉건제 실시 사례로 볼 수 있을까? 삼감, 즉 이 세 나라의 이름 '관管' '채蔡' '곽霍'은 춘추전국시대까지 이어지는데, 수많은 소국들이 명멸하지만 봉건으로 세운 나라들의 수명은 무척이나 길었던 셈이다. 봉건이란 자신과 관련이 깊은 친인척, 곧 자신에게 늘 충성을 보여줄 사람들에게 땅과 백성을 내어주고 제후국을 만들어, 자신의 왕국에 충성과 협조를 하게 만드는 형태였다. 작은 나라들이 별처럼 무수히 흩어져 있는 이 중원에서, 인구는 희박하고 개발되지 않은 수많은 수풀과 산림이 있었다. 이렇게 산과 강으로나 경계를 지을 만큼 인구밀도가 떨어지는 넓은 영토에서는, 중앙집권적 성격의 나라보다는 그런 형태가 보다 적합한 통치체제였을 것이다.

그렇다 해도 주나라 초기의 '삼감'을 봉건의 본격적인 시작으로까지 보기는 어려울 것 같다. 왜냐하면 아직 국가 조직이 제대로 갖춰진 상태가 아닌지라 각 지역에 대한 봉건은 이제 막 태동 단계였을 뿐이다. 또한 삼감 지역은 당시 정치·경제적으로 중심지였으니 새로운 봉건으로 보기도 어려우며, 사실 봉건이라기보다는 은상 유민의 감시에 방점을 둔 경우였기 때문이다. 말하자면 일정한 지역에서 만일의 사태에 대비하게 한 주둔군 성격이었을 가능성이 짙다. 완전한 봉건이라면 국가의 기반을 세울 여러 조건들을 갖추었어야 하지만, 이를 단기간에 충족시킬 수는 없었을 것이다.

오히려 봉건의 시작은 강태공, 즉 강상이 제나라를 세운 데서 찾아야 할 듯싶다. 강태공은 은상을 점령하고 얼마 있다가 자신의 봉읍지인 제나라로 떠났다고 역사서는 기록하고 있다. 당시 제는 중원의 변방이자 동이족의 세상이었다. 은상의 주왕이 이를 평정했다고는 하지만, 다시 세상이 바뀐 때이니 배후의 안정이 중요한 문제였을 것이고, 강상이 군사적으로 가장 실력자였던 터라 이를 맡았을 가능성이 크다. 이후 그는 산동반도에 가서 제나라를 세우고, 다시 주공과 협력하여 '삼감의 난'에서 비롯된 위기를 넘기는 데 일조하게 된다. 여기서 봉건을 이해하기 위해 문왕으로부터 이어지는 주나라 왕족의 가계도를 다시 살펴보자.

문왕의 자식들은 남자만 무려 18명이나 되었다고 한다. 장남인 백읍고伯邑考에서 18남인 순백郇伯까지가 사서에 나오는 문왕의 자식들이지만 실제로는 이보다 더 많았을 수도 있다. 이렇게 많은 자식들이 한 부인에게서 태어나기는 힘든 일이다. 문왕은 중원의 세력과 초원의 세력 사이에서 긴박감 넘치는 줄타기를 해야 했으므로, 그 긴장의 해소책이 바로 혼인 정책이었다. 따라서 이 아들들은 여러 부인들에게서 태어났으며, 대체로 그 자식들의 중요도는 부인 출신지의 중요도와 어느 정도 일치했을 것이다. 다만 지금은 사료가 없어 이를 다시 복원할 수 없을 뿐이다.

이런 가운데 문왕이 왕위를 무왕에게 물려준 것을 보면 주나라에는 장자계승이라는 특별한 전통이 있었으리란 추정이 가능하다. 지금의 우리 생각으로는 장자계승이 특별한 일처럼 보이지 않겠지만, 이것이 고대부터 지극히 일반적인 현상은 아니다. 한때 유목을 했고, 유목민들과 가까이 지냈던 주나라 사람들이라면 오히려 형제상속이 일반적일 수도 있다. 하지만 고공단보부터 계속해서 장자 상속이 지켜지고, 무왕이 둘째이기는 하지만 첫째가 일찍 죽었으므로 장자 상속의 원칙이 지켜졌다고 보아야 한다. 은상의 경우에도 장자 상속은 보편적이지 않았으며, 같은 성이지만 10개의 힘 있는 씨족이 두 무리로 나뉘어 교대로 왕위를 이어받는 복잡한 왕위계승을 하고 있었다. 이렇게 은상과 주나라는 계승의 문화에 있어서는 사실상 많이 달랐다고 볼 수 있다.

무왕이 젊어서 죽었기 때문에 그 적장자인 송誦이 어린 상태에서 왕위를 이어받게 되니, 실질적인 정치는 무왕의 동생인 주공周公 단旦이 수행하는 임시체제로 나아가게 된다. 이전에도 적자(정실부인이 낳은 아들) 계승이 꾸준히 행해진 것을 보건대, 아마도 적장자의 계승은 주나라 희씨 성의 오랜 관행인 것 같다. 무왕의 바로 밑 동생인 선鮮은 삼감의 하나인 관管에서 감독의 임무를 수행하고 있었으니, 그 다음 아우 주공이 섭정을 하게 된 것이다. 그러나 그렇게 간단한 문제는 아니었을 것이 애초에 주공은 왜 삼감에서 빠지고 셋째, 다섯째, 여덟째가 '삼감'이라는 은상의 유민과 무경을 감시하는 임무를 맡았을까 하는 의문 때문이다.

물론 이 문제에 대해서는 역사의 기록도, 새로이 발굴된 사료도 없으니 그저 짐작하는 수밖에 없다. 즉 이들이 배다른 형제였을 가능성을 추측해볼 수 있겠다. 문왕에게는 은상 출신의 부인도 있었고, 강족 출신의 부인도 있었다. 가령 은상의 유민과 무경의 동태를 감시하는 '삼감'의 경우는 모계가 은상 출신인 이에게 맡겨졌을 가능성이 높지 않을까 싶다. 어머니의 영향을 받아 은상의 습속에 보다 친근할 것이고, 무경과의 관계도 다른 형제들보다 나을 테니 감시하는 입장에서 쓸데없는 마찰을 피할 수 있다고 판단했을 가능성이 있다. 더군다나 강족 출신 어머니를 둔 무왕과 주공은 목야의 전투와 모든 전쟁에서 큰 역할을 담당했던 강상과는 관계가 밀접했고, 따라서 강상에게는 더 중요한 임무를 부여하지 않았을까 하는 짐작이다.

이런 짐작이 근거가 없지 않은 까닭은 바로 무왕의 사후에 벌어진 '삼감의 난' 때문이다. 무왕의 뒤를 이은 성왕 희송姬誦의 왕위를 섭정인 주공이 빼앗으리라는 소문을 퍼뜨리며, 무경과 연합하여 삼감이 반란을 일으킨 것이다. 주공에게 삼감들은 아우거나 형이며, 희송은 조카이다. 그런데 이들 삼감이 불만을 갖고 무경과 연합했다는 사실을 보건대, 여기엔 감시대상과 연합하여 반란을 일으킬 만큼 형제관계보다 더한 뭔가가 있지 않을까 싶다.(물론 이 주장엔 아무런 증거도 없고, 앞으로 새로운 역사적 증거가 나올 가능성도 희박하다.) 어쨌거나 이 반란은 신생국 주나라의 생존을 거센 바람 앞의 등불 신세로 만든다.

성왕이 어린 탓에 반란을 진압하는 모든 일을 주공이 감당하는 수밖에 없었다. 이에 주공은 새로운 조력자를 다른 동생들 가운데 골랐다. 훗날 태보太保 소공召公으로 알려진 희석姬奭이 바로 그 동생이었다. 무왕의 장례가 끝나자 희석은 군사를 이끌고 옛 은상의 도읍으로 진격하여 반란자들을 소탕한다. 반란군은 궤멸하지만, 무경은 군사를 이끌고 북쪽으로 도주하고, 희선姬鮮 관숙管叔은 이 싸움 도중에 죽고, 나머지 두 동생도 사로잡히게 된다. 그렇다고 이 반란이 이것으로 조용하게 결말이 나지 않아, 얼마 전 진압되었던 동쪽의 여러 민족과 손을 잡고 은상의 유민들이 대항하기 시작했다. 동쪽 세력과 서쪽 세력 사이의 기나긴 싸움이 시작된 것이다.

주공은 동쪽 원정에 착수했다. 동쪽은 서쪽에 살던 주나라 군대에게는 낯선 땅이었다. 강태공이 세운 제나라가 있었지만, 동이족 사이에 간신히 자리 잡아가던 중이라 큰 도움이 되지 못했을 것이다. 소공이 무왕 때 동북의 연燕나라 제후로 임명되었다지만, 소공은 가지 않고 대신 간 그의 아들이 정착한 지 얼마 되지 않아 이 또한 큰 도움이 되었다고 보기는 어렵다. 이런 터라 이 전쟁은 무왕의 목야 전투 때와는 상황이 많이 달랐다. 그때는 그저 주왕의 군대만이 공격 표적이었다. 그러나 이제 그 중원을 넘어 동쪽으로 나오자 북쪽, 동쪽, 남쪽의 모든 방향이 적들로 가득 차게 된 것이다. 전선은 어마어마하게 길어졌으며, 상대해야 할 부족들도 무척이나 많았다. 주나라의 건국은 이제 진정으로 가혹한 시련을 맞이하게 된 것이다.

중원 통치의 두 가지 길

주나라는 본디 중원의 서쪽에 자리 잡은 나라였다. 그래서 동쪽의 은상에게 억눌린 채 설움을 겪고, 신하의 예를 다하는 종속된 처지였다. 그러다 은상을 극복하고 중원의 패권을 차지했지만, 일단 삼감과 주왕의 아들 무경의 반란에 맞닥뜨렸고 이를 진압하자 이제 그 동쪽에 동이족들이 나타났다. 서쪽에 있을 때는 융적戎狄들만 신경 쓰며 살았지만, 중원의 동쪽에는 동이족들이 퍼져서 살고 있었다. 앞서 이야기했듯이 동이족이라 하면 고구려를 떠올릴지 모르지만 사실 굉장히 다양한 부족들의 통칭이다. 주나라가 중원으로 진출하게 됨으로써 그동안 보지 못했던 새로운 세력을 만난 것이다.

동이족과 주나라는 그동안 직접 접촉은 없었지만 간접적인 영향은 주고받았다. 어찌 보면 주나라가 은상을 꺾을 수 있었던 데에는 동이족들이 은상 주왕의 힘을 뺀 덕이라 할 수도 있다. 그렇지만 이제는 은상의 일부 세력과 연합한 동이족은 또 다른 막강한 적이었으며, 이 전선은 길고 지형은 낯선 곳이었다. 그뿐만이 아니었다. 북쪽에도 또 다른 융족戎族이 있었으며, 남쪽의 회수 주변의 호방虎方이라 부르는 곳에서는 또 다른 이민족들과 상대해야 했다. 주나라 주공의 군대가 중원의 은상이 다스리던 지역을 넘어서자마자 거의 부채꼴로 다중의 적과 만나게 된 것이다. 주나라의 군비는 은상을 꺾기 위해 오랜 동안 준비해왔기에 막강했지만, 이 동쪽으로의 전투를 치르기에는 보급로가 길었고 군대의 숫자는 적었다. 그러나 이 전쟁에서 이기지 못하면 신생국인 주나라는 패권을 유지하기 어려웠다.

일단 주공은 자신이 믿는 동생 소공을 전쟁터의 배후에 배치하여 전쟁에서 반란자들이 뒤통수를 치는 일이 없도록 단단히 주문하고 동시에 보급을 책임지게 했을 것이다. 그리고 강태공의 아들과 힘을 합쳐 온 힘을 다해 이 동방 원정의 고난을 이겨냈다. 그러나 이 동방의 전역에서 결정적인 역할을 해낸 이들은 불과 몇 해 전 동방 원정을 경험했던 은상의 전사들이었다. 은상 유민은 결국 동이족과 연합한 반란파와 주나라의 군대와 연합한 군대로 나뉘어 서로 싸우게 된 것이다. 물론 은상의 군대는 은상의 장수가 주나라 장수의 지휘 감독 아래 통솔했지만, 자신의 군대 편제는 유지한 것으로 보인다. 물론 전체 군대 구성 가운데 은상의 군대가 더 많다고 할 수는 없지만, 사실 이 은상의 군대가 없었다면 이 전투에서의 승리를 장담할 수 없었을 것이다. 은상의 군대는 이미 동방 원정의 경험이 있었기에 지리에도 밝고 그들을 공략하는 방법도 알았을 테니 말이다.

이 전쟁은 주나라가 중원의 패권을 유지해나가려면 앞으로 어떻게 해야만 하는가를 깨우쳐주었다. 비록 삼감의 난처럼 은상 유민의 반란은 얼마든지 일어날 수 있음에도, 중원의 통치에서 중과부적의 처지인 주나라로서는 은상이 적이 아닌 동반자의 관계이기도 하다는 사실을 말이다. 주나라 혼자의 힘으로는, 그 드넓고 이민족들이 무수한 세상을 다스릴 방법이 없었다. 소수가 다수를 상대로 통치하고, 그 관계가 지속되기 위해서는 특단의 조처가 필요함을 주공은 이 전쟁을 통해 절실히 깨닫게 되었다.

이 특단의 조처는 대개 두 방향에서 진행되었다.

하나의 방향은 은상의 유민들을 안정시키고 그들에게 다시 자치권을 주어 제후국으로 주나라 질서 안에 편입시키는 작업이었다. 일단 반란을 도모했던 무경의 은상 영토는 힘을 분산시키기 위해 둘로 나눴다. 그 가운데 하나는 무경의 숙부인 미자계微子啓를 송나라의 제후로 삼아 은상이 존속토록 조처한 것이다. 그러나 다시 무경의 경우처럼 반란에 휩쓸리지 않도록 하는 조치는 있어야 했다.

그래서 나머지 절반에는 주공의 막내아우인 강숙康叔을 위衛나라의 제후로 임명하는 봉건을 실시했다. 하지만 주공은 강숙에게 은상의 유민들을 자극하지 않도록 당부하고 또 당부했다. 그들의 습속이나 생활을 건드리지 말고, 은상의 유민들을 최대한 존중하라고 한 것이다. 곧 은상이 다시 반란의 음험한 환상을 갖지 않도록 하는 최대한의 유화정책이다. 이는 위나라와 송나라가 바로 이웃하고 있어서 은상의 유민을 절대 자극하지 않는 것이기도 하지만, 또 다른 조처도 있었다.

그것은 동이족과 은상의 접촉을 막아 이들의 연합을 차단하는 것이었다. 물론 강상이 세운 제나라가 동쪽 끝에 자리 잡고 있었지만, 이는 너무 동쪽에 치우쳐 있어 견제력으로 기능하기에는 미흡했다. 그래서 주공도 성왕과 다른 또 다른 소종小宗이 되어 제후국을 만들기로 한다. 여기서 대종大宗과 소종은 주나라의 봉건제도를 이해하는 상당히 중요한 열쇠이다. 대종은 가문의 법통을 이어가는 적장자嫡長子이고, 소종은 적장자 외의 차남부터 그 아래 자식을 뜻한다. 그러니 주나라의 대종은 왕이 되는 것이고, 그 아래 같은 성씨의 제후는 소종이 된다. 또한 제후가 대종이라 하면 그 밑의 적장자의 아우들은 다시 소종이 된다. 이렇듯 상대적인 개념이지만 절대적 대종은 바로 주나라의 왕이다. 하지만 이렇게 계속해서 분기하다 세월이 많이 지나면 개념이 모호해지기 때문에 7대나 5대까지로 한정했다. 곧 제사도 거기까지만 지낸 것이다.

결국 주공 자신은 비록 주나라 조정의 모든 일을 살피느라 여력이 없었기 때문에, 자신의 아들인 백금伯禽을 노魯나라 제후로 세워 이들 동이족 세력을 견제토록 한 것이다. 더군다나 이 노나라의 위치는 그가 행했던 동방 원정의 중심점에 자리하고 있었다. 북과 남쪽 이민족들의 준동도 이 거점을 중심으로 다스릴 수 있기를 기대했을 것이다.

또 하나의 방향은 주나라가 동쪽으로 이사를 가는 것이다. 중원에 주나라의 세력이 있지 않고서는 중원을 통제할 수 없고, 더군다나 중원의 동쪽을 아우를 수도 없었다. 그래서 새 성읍을 건설하는데, 그곳이 바로 낙읍洛邑이다. 훗날 동주東周의 수도 구실을 한 곳이기도 하고, 나중에 당나라를 비롯한 여러 나라의 도읍이 되었으며, 지금도 낙양洛陽으로 존재하는 바로 그곳이다. 낙읍은 주공의 동방 원정에 전진기지 역할을 했던 곳이다. 이는 주나라의 영역을 중원으로 한 걸음 더 나아가게 하는 일이었으며, 그래서 주나라가 여러 민족들의 중심 노릇을 할 수 있게 만들려 한 것이다.

그렇다고 이 성읍을 만들면서 자신들, 곧 주나라의 희성姬姓들만 살도록 한 것이 아니다. 새로운 성읍의 또 다른 주인공은 주나라 이전의 은상 사람들이었으니 도읍을 설계할 때부터 은상 사람들의 거주지역을 따로 만들고, 자신들의 묘당에서 자신들의 조상신에게 제사를 올리도록 모든 자율을 허용했다. 곧 이 새로운 나라는 주나라 사람들과 은상의 사람들이 공동으로 통치한다는 것을 구체적으로 시현해보인 곳이 바로 이 낙읍인 것이다. 묘당이 종교를 뜻한다면, 통치의 또 다른 근간은 군대일 것이다. 이 낙양에는 주나라의 군대와 은상의 군대가 공존했다. 여기에는 은상의 팔사八師란 군대 조직이 있었으며, 주나라는 육사六師의 편제를 유지했다. 물론 지휘권에 있어서야 주나라의 장수가 은상의 장수 위에 있었지만, 군사력까지 반분해서 가질 수 있도록 은상을 배려한 것이다.

이렇듯 주나라는 중원에 새 질서를 세우기는 했지만, 어디까지나 옛 질서를 존중하는 바탕 위에서 주나라가 전체의 패권을 유지하는 방식을 취했다. 사실 자신들의 무력으로 얻은 정권에서 자신들만의 새로운 질서를 세우고 싶은 마음이 왜 없었겠는가. 하지만 주나라 사람들은 구질서인 은상의 영역을 접수하는 순간, 무턱대고 새 질서만 세우는 게 정답이 아님을 곧바로 느꼈던 것이다. 서쪽에서 중원만을 바라볼 때는 중원이 전부인 것 같았지만, 중원에 들어서자 그 북쪽과 남쪽, 그리고 동쪽에도 많은 민족들이 살고 있고, 그들 역시 잠재적 위협임을 깨닫게 된 것이다. 그래서 중원의 안정화를 꾀한 다음에는 그 여러 지역들을 효과적으로 통치할 또 다른 방법 역시 강구해야 했다.

종법, 제사의 법칙이 통치의 법칙으로

중원과 여타 지역을 통제할 주나라의 방식인 '봉건封建'과 '종법宗法'에 대해 본격적으로 이야기하기 전에 다시 한 번 기본 개념을 돌아봐야 할 필요가 있다. 왜냐하면 '봉건'은 현재 서양 중세의 정치제도인 'Feudalism'을 번역하는 용어가 되어 있기도 하거니와, 구시대의 보수적인 성향을 이를 때도 쓰는 용어가 되었기 때문이다. '종법' 또한 마찬가지이다. 부계 중심의 친족관계 계승과 서열만을 뜻하는 말로 변질되어 쓰일 뿐 '제사의 법칙'이라는 본질적인 의미는 사라졌기 때문이다.

사실 주나라 시절에 지금과 같은 의미가 있었을 리 없다. 서양의 중세보다 거의 2천 년 앞선 시기이며, 이 두 '봉건' 사이에는 서로의 존재조차 알 수 없는 머나먼 거리가 가로놓여 있다. 이는 두 지역을 모두 이해하고 난 후대의 역사가들이 양자의 개념을 알기 쉽게 하기 위해 서로의 개념에 대한 환치로 쓰인 번역용어일 뿐이다. 또한 '종법' 자체에 친족관계에서의 계승과 서열의 의미가 담기지 않을 수는 없겠지만 그것은 '종법'이 행해진 결과일 뿐이며, 애초 '종법'이란 오로지 제사의 절차상 제사를 올릴 수 있는 권한과 제사의 대상을 명시한 규정일 뿐이다. 다만 이 시대에는 '제사'가 종교와 정치를 아우르는 가장 중요한 행사이기 때문에, 이 제사에 관한 법칙이 친족 질서를 정하고 세상에서의 신분과 정치적 권력도 대변했던 것이다.

종법의 '종宗'자는 상에 위패를 놓고 제사 지내는 모습을 상형한 글자이다. 그렇다면 주나라가 종법을 처음으로 완성했기 때문에 주나라에서 종법이 중요해진 것일까? 그렇지 않다. 제사를 지낼 때에는 마땅히 제사를 올리는 주인공과 고정된 형식이 있을 터이니, 주나라 이전에도 물론 조상 제사는 있었기에 제사 권한을 규정한 종법은 있었다. 오히려 주나라의 제사 자체가 은상으로부터 배운 습속이라고도 할 수 있으니, 주나라의 종법 역시 은상의 종법을 따랐을 것이다. 더 거슬러 오르면 은상 역시 하夏나라로부터 이 종법을 배웠을 것이다. 하나라는 확실한 문헌과 유물이 없다고 역사시대의 범위에 넣지 않아왔지만, 이제는 하나라 유적지에서 상당수 유물과 복사卜辭가 적힌 갑골들이 나옴으로써 점차 신사시대의 범주 안으로 들어왔다. 곧 한나라 이전에는 나라의 왕이 제사를 올리고 또한 제사를 보조하는 사람이 거북껍질이나 견갑골에 구멍을 뚫고 그 흔적으로 징조를 판단하여 이를 국정에 반영하는 것이 관례였다. 그들은 자신들이 잘된 것은 모두 조상들의 은덕이며, 제사의 진정이 조상들에게 전해져 거북 껍질이나 뼈에 징조로 나타난다고 믿은 것이다. 어차피 오늘날도 일상에서는 수많은 점들이 행해지는 터에 이를 미신이라 폄훼할 필요는 없다. 노예를 부리며 세상을 통치하던 위세 있는 사람들로서는 자신의 잘난 처지라는 행운이 조상들 덕분이라 믿을 커다란 이유가 있었던 셈이다.

그렇다면 이제 그런 조상에 대한 제사를 누가 어떻게 지내는가 하는 문제가 남게 된다. 바로 제사를 주재하는 사람에 관한 규칙, 즉 종법 말이다. 가령 주나라에서도 은상의 조상들에게 제사를 올렸던 일 같은 걸 어떻게 봐야 하는 걸까? 그 제사에서 점을 친 기록인 복사를 분석한 결과에 따르면, 은상 조상에 대한 주나라 사람들의 제사는 은상의 시조인 성탕成湯과 제을帝乙만으로 한정된 듯하다. 성탕은 은상의 첫 왕이니 시조로서의 상징적인 의미가 있는 것이고, 제을은 주왕 바로 윗대의 왕(문왕과 거의 동년배라 할 수 있는 왕)이라 조상 서열로야 가장 낮은 임금인 셈이다. 왜 이렇게 서열이 뚝 떨어진 두 사람에게만 제사를 지낸 걸까.

『예기禮記』에 보면, 천자는 조상의 7대까지 제사를 지내고 제후는 5대까지 지낸다는 규칙이 나온다. 이 『예기』란 책 자체가 전국시대 이후의 저작물이니, 책에서 주나라가 이랬다고 하더라도 그것이 주나라 제사법과 일치할 수는 없을 것이다. 주나라 초기만 해도 '천자'라는 개념조차 없었으니, 이 사실을 곧이곧대로 주나라에 대입하는 것은 곤란한 일이다. 그렇지만 계급별로 신분에 따라 조상의 몇 대까지 제사를 지낼 수 있다는 규칙이 하루아침에 생기진 않았을 것이다.

몇 대 조상까지 제를 올릴 것인가 하는 문제에는 신분에 따른 차별이 존재했을 가능성이 높다. 곧 은상은 애초 자신의 조상들에게는 여러 대까지 제사를 지냈지만, 피지배민족인 주나라에게는 바로 위의 조상 한 사람에게만 제사를 지낼 수 있도록 제약을 가했을 수 있다. 그렇게 해서 주나라 사람들의 제을에 대한 제사가 바로 윗대에게 충성함을 표시하는 절차이기도 했을 것이다. 가령 문왕이 동년배인 제을에게 제사를 지냈다면 굴욕감을 느끼지 않았겠는가. 또한 그 이전의 은상에서 왕에 대한 제사 기록이 발굴되지 않은 것은, 주나라가 은상의 선조에 대해 제사 지낼 권리를 얻은 것조차 서백으로 봉해진 이후라는 해석도 가능할 것이다.

제사를 지낼 수 있다는 것은 특권이자 통치권의 상징이었다. 주나라가 은상의 조상들에게 제사를 지낼 수 있는 것도 일종의 권능이어서, 여타의 작은 나라들이라면 엄두도 내지 못할 일이었다. 은상이나 주나라나 아직은 조상신과 정치가 한데 얽힌 채 덜 분화된 시대를 살았다. 그렇기에 제사를 지낼 수 있는 권리는 곧바로 나라를 통치할 수 있는 권리인 것이다. 따라서 무왕은 은상을 점령하고 가장 먼저 은상의 조상들에게 제사를 올림으로써 통치권 인수를 만천하에 고한 것이고, 자기 조상보다 먼저 남의 조상에게 제사를 올린 것이다.

그렇다고 주나라의 천하가 된 다음 은상의 유민들이 자기 조상에 대한 제사 권리를 박탈당한 것은 아니다. 이제 피지배민족이 되었다 하더라도 어찌 제 조상에게 제사 지낼 권리조차 막을 수 있겠는가. 더군다나 주나라는 중원의 통치를 위해 은상 유민에게 많은 것을 기대는 처지였고, 그래서 가능한 한 그들을 자극하지 않고 유화정책을 써야만 했던 처지다. 삼감의 난이 끝나고, 송나라의 미자계는 제후로서 자신들의 조상에게 제사를 올렸을 것이다. 또한 은상의 유민과 주나라 사람들을 이주시켜 만든 신도시 낙읍에는 은상의 조상들을 모시는 묘당을 마련해야 했다. 은상 사람들은 낙읍의 동쪽에 거주하였기에 그들의 묘당은 동쪽에 있었으며, 주나라 사람들은 서쪽 지역에 살았기에 후직을 비롯한 주나라의 묘당은 서쪽에 있었다. 이것이 예법으로 전해져서 지금의 서울에도 왕궁의 동쪽에는 '종묘'가, 서쪽에는 '사직단'이 자리 잡고 있다.

물론 은상의 유민들도 자기 조상에게 제사를 지내지만, 공식적인 제사의 권리는 주나라의 왕이 차지하게 되었다. 그렇게 통치권이 행사되고, 제후들의 제사에 대한 권리는 당연히 왕의 그것보다 제한될 수밖에 없다. 이것이 주나라가 은상으로부터 이어받은 종법이며, 이 종법으로써 나라의 통치권을 인수한 것이다. 이 종법이 주나라 특유의 장자 상속과 결합하고, 다시 이것이 봉건과 결합하여 주나라의 정치체계와 예법을 만들어냈다. 결국은 종교와 제사, 그리고 자기들 특유의 가족법과 서열, 그리고 중과부적의 상황 속에서 이민족들을 다스리기 위한 수단으로 종법과 봉건을 합친 주나라 고유의 통치제도가 탄생하게 되었다.

봉건은 낡은 것이 아니다

이제 주나라의 가장 큰 특징인 봉건에 대해 알아보자. 봉건이라 함은 왕이 제후를 특정 지역에 임명해서 독립적으로 그 지역을 통치하는 제도를 말한다. 이를테면 큰 나라 안에 작은 나라들 여럿이 촘촘하게 얽혀 있고, 또 그 나라들 사이에 위계와 서열이 존재하는 그런 형태의 정치제도인 셈이다. 주나라가 이런 정치제도를 갖게된 것은 작은 숫자로 큰 영토와 많은 이민족을 다스리기 위함이었다. 곧 주나라 왕을 정점으로 그 일가친척들을 각기 제후로 임명해 지역을 할당하고, 그들이 군대와 사람들을 할당된 지역에 몰고 가서 거점을 마련하고 주위의 더 작은 나라들을 다스리는 방법이다.

이 제후들과 주나라 왕과는 인척관계만이 아닌 군신관계로 얽혀 있으며, 제후는 주기적으로 왕을 찾아뵙는 예를 다해야 했다. 왕 역시 이들 지역을 순수巡狩하며, 때로 포상을 하고 예기를 내리는 방법으로 이들과의 관계를 지속시킨다. 이들 제후국이 곤경에 처할 때에는 인근 제후국이나 주나라에서 도움을 줄 수 있기에, 비록 적은 숫자로 한 지역을 통치하기는 하되 가족관계 또는 군신관계에 의한 협력으로 언제든지 군사적 우위를 지닐 수 있는 방법이기도 하다.

종법이 은상 시대 또는 하나라 때부터 내려오는 것이라면, 이 봉건은 주나라 특유의 것으로 이해해야 한다. 왜냐하면 은상에서는 같은 성씨를 특정 지역에 분봉하는 일은 없었기 때문이다. 은상 시절에도 중원에는 수많은 크고 작은 나라들이 있었다. 그들은 중원의 패권을 유지하기 위해 작은 나라들이 대항하거나 불손하면 정복하거나 징벌했다. 그러나 특별히 자신의 씨족을 보내서 그곳을 통치하고 장악하지는 않았다. 은상이 가장 인구도 많고 강성했기 때문에 구태여 봉건이란 제도를 쓸 필요가 없었다는 게 옳을 것이다. 다만 은상의 씨족들은 분기도 많고, 그들 사이의 세력 균형은 중요했기에 순서를 정해 제사를 주재하는 종법의 장치가 필요했을 것이다. 그렇기에 은상에서는 종법은 있었어도 봉건은 없었다고 봐야 한다.

그러나 주나라에서는 이 종법을 봉건과 연계시키기 시작했다. 주나라 특유의 장자 계승 전통과 함께 종법의 제사권이 바로 통치권이었으니, 왕과 제후의 제사권을 규정해서 분봉함으로써 종법과 봉건이란 제도를 하나로 만든 것이다. 이 봉건의 시작은 사실 무왕 때였으니, 제나라와 같은 일부 제후국이 생긴 것이 바로 이때다. 하지만 본격적으로 봉건이 이루어진 것은 성왕成王과 강왕康王 때로, 유가에서 통상 봉건의 기획자로 주공周公을 꼽는 이유이기도 하다. 그러나 '삼감의 난'처럼 형제들의 반란 때문에 오랜 전쟁에 시달린 주공이 왜 이렇게 다시 혈족에 의존한 봉건제도를 다시 도입해야 했을까?

'삼감'의 설치는 일종의 군사 주둔이지 본격적인 봉건이라 보기는 어렵다. 그리고 '삼감의 난'을 진압하는 과정에서 거꾸로 그 중원에서 부챗살처럼 퍼져나가는 동쪽의 드넓은 땅과 무수한 이민족을 보게 된 주공은 마음이 바뀌었을 것이다. 문제는 그 넓은 지역에 대한 통제권을 강화해야 한다는 점이었고, 주나라가 단지 은상이 다스리던 중원을 차지한다고 해서 그 문제가 해결되지 않는다는 점도 깨달았으리라. 넓은 세상에 나가서 자신이 가진 세력의 초라함을 되돌아보았다고 해야 옳을 것이다. 그래서 내놓은 방책의 하나가 은상의 유민들을 대우해서 함께 가는 것이었고, 하여 송나라를 세웠으며, 새로운 동방 거점인 낙읍에서도 거의 공동 통치의 수준으로 대접했던 것이다. 또한 형제들이 반란을 꾀했다 해도, 결국 믿고 기댈 만한 사람은 역시 일가붙이였다. 그렇게 장자 상속의 주나라 습속을 더한 종법과 봉건을 결합하여, 각지에 분봉하는 봉건제도를 이루게 되었다고 추측할 수 있다.

여기서 하나 유의해야 할 점은 장자 상속이 주나라의 습속이지만, 남자 위주의 승계는 당시의 전반적인 특색이라는 점이다. 물론 남성 위주의 상속은 농경사회부터 시작하고, 은상과 주나라도 농경사회의 연속이니 상속과 승계의 원칙도 이에 따랐다 할 수 있다. 은상의 종법에 있어서도 여자의 승계는 없었고, 모든 왕권은 남자에게만 돌아갔으며, 주나라도 마찬가지였다. 이는 청동기 시대의 특징인 군사문화와 관련이 있다고 짐작한다.

청동기는 인간이 만든 최초의 금속으로 그 재질의 유연성과 효용성은 많은 혁명적 공헌을 했지만, 그 최초의 용도는 무기였다. 전장에서 싸울 전사가 가장 중요한 시대는 전투에 효용이 높은 남성 위주의 사회일 수밖에 없다. 이런 현상의 개연적 증거로는 청동기가 일찍이 농기구로 쓰인 적이 없다는 데 있다. 오로지 무기와 수레와 말에 쓰이는 도구, 그리고 제사 용도의 그릇 빼고는 다른 쓰임새가 없었다는 사실을 기억해야 한다. 청동기가 농사나 다른 생활에 쓰이지 않았다는 사실은 집권층이 농사짓는 일이 아니라 무력으로 지배하는 데만 열중했다는 뜻이다. 따라서 무사로는 신체적으로 적합하지 않았던 여자는 무사 계층에서 밀려나고, 자연히 제사를 주관하거나 나라를 대표할 수도 없게 되었던 것이다. 만일 이들 사회가 보다 평화적이었다면 이렇게까지 남성 위주로 치우치지는 않았을 것이다.

어쨌거나 봉건의 경우 역시 희씨 성의 제후가 가장 많았지만, 다른 성씨의 제후도 적지 않았다. 물론 태공망이 세운 제齊나라나 은상의 송宋나라야 처갓집이라 할 수 있다. 곧 주나라가 중원을 다스리기 전부터의 처갓집이니, 크게 보아서는 일족의 봉건 범위 안에 넣을 수 있다. 그러나 이들 말고도 이성異姓 제후들이 있었다. 이성 제후들이 있었다는 것은 이미 크게 세력을 잡은 나라들의 경우에는 부득불 제후국으로 수용하는 수밖에 묘책이 없었다는 이야기이기도 하다. 가령 전국시대를 지나 천하를 통일한 진秦나라는 영嬴씨의 제후였고, 또 다른 진陳나라는 규嬀라는 성씨의 제후가, 초楚나라의 경우에는 간芉씨의 제후가 있었다.

이렇게 이성 제후들이 다스리는 나라들도 꽤 많았다는 것은 봉건을 하면서도 순수하게 주나라의 희씨 성만으로는 할 수 없을 만큼 중원과 그 변방에는 이미 정착해서 막강한 위세를 갖춘 성씨들이 존재했다는 뜻이다. 그러나 주나라로서는 이 이성 제후들을 인정하고 제후로 봉건하는 절차는 밟았지만 그대로 방치할 수는 없었다. 그래서 희씨 성을 가진 여자들이 이들 제후의 안방을 차지하도록 강요하는 수법을 구사한다. 이전에 강姜씨하고의 혼인이 지리적이고 역사적인 관계였고 은상과의 혼인은 강요에 의한 것이었다면, 이제는 주나라가 다른 성씨들에게 혼인을 강요하는 그런 시대가 된 것이다. 그렇게 주나라의 봉건은 차츰차츰 범위를 넓혀가게 된다.

그 봉건 범위는 중원을 가로지르는 긴 띠처럼 황하의 서쪽부터 동쪽까지 이어진다. 북쪽으로 연燕나라가, 남쪽으로 초楚나라가 있었지만 크게 이 범위를 넘은 것은 아니다. 이 시기에 봉건 제후를 임명한 나라가 71개국이고, 그 가운데 희씨 성을 가진 제후국이 53개국이니 거의 3분의 2 이상을 친인척 제후로 채운 셈이다. 사실 봉건은 성왕成王과 강왕康王 시기에 집중적으로 이루어지고, 그 이후에는 그 수효와 범위에서 지극히 미미했다. 따라서 주나라의 국체는 이 성왕과 강왕의 시기에 완성되었다고 보아야 할 것이며, 그 설계자는 주공周公이었다. 주나라를 역대 왕조들 가운데 가장 모범적이었다고 생각하는 유가에서 주공을 시조로 삼는 데는 이렇게 유가의 원칙을 만들어낸 까닭도 있는 것이다.

대종과 소종, 맏이에게 복종하라

봉건의 중심으로 희씨 성이 차지하는 비중이 커진 만큼, 이들 사이의 주종관계를 정하는 것도 매우 중요해졌다. '삼감의 난'처럼 숙질 간의 반란이 벌어지는 사태는 막아야 했다. 주공은 이 문제를 해결하기 위해 주나라의 전통인 장자계승과 은상 때부터 행해져 오던 제사 권한인 종법제도를 결합해서 아주 든든한 제사와 정치에 관한 규범을 제창한 것이다. 그것이 바로 서주西周를 이끌어간 규범이자 확고한 틀로 작용하게 되었다. 곧 대종大宗과 소종小宗을 구분하는 종법제도로 굳어졌다. 대종이라 함은 문왕과 무왕, 그리고 성왕으로 이어지는 장남의 계통이다. 이들은 조상에 대한 전체의 제사권을 운용하며, 대대로 주나라 왕실의 수장이 되어 여러 제후들을 이끈다. 장손이 아닌 경우에는 이 권한을 가질 수 없다. 따라서 이 제도를 만든 주공조차도 소종으로 그쳐야 하는 것이다. 결국 주나라의 왕을 빼고 난 제후들은 모두 소종이 된다. 소종의 경우에도 그 제후의 권한은 장남만이 계승할 수 있다. 이들 소종들은 제한된 제 사권만을 지닌다.

이 법칙의 가장 중요한 부분은 장남의 제사권 계승이다. 이를테 면 숙질의 관계일지라도 차남 이하의 숙부는 장남인 조카를 넘어설 수 없고, 나이가 위이든 항렬이 위이든 상관없이 대종에게 복종해 야 하는 것이다. '삼감의 난'은 숙부들의 나이 어린 조카에 대한 반 란으로도 볼 수 있기에, 아예 아주 엄격한 위계질서를 만들어버린 것이다. 사극에서 자주 듣게 되는 말로 '소자小子'라는 표현이 있다. 이 용어의 유래는 아주 오래된 이 주나라 때의 것으로, 청동기에 새 긴 금문 명문에 많이 나오는 말이기도 하다. 이 말의 원래 뜻은 '작 은아들'을 뜻하는 것이 아니라, 바로 이 적장자인 대종의 승계자를 뜻하는 말이다. 본디 소종의 적장자들은 이 '소자'라는 말을 쓰면 안 된다. 그러니 이 말은 적통을 지닌 장자가 아버지나 할아버지에 게 자신을 호칭하는 겸양어이자 한편으로는 엄청난 위력을 지닌 용 어였던 것이다. 그즈음으로 치자면 세상에는 오로지 단 한 사람만 이 자신을 이렇게 부를 수 있었던 것이다.

이렇게 많은 친척들을 분봉해서 지역 거점으로 배치한 까닭은 소 수가 다수를 통치하기에 가장 적합한 방식이었기 때문이다. 제후로 임명된 사람은 자신의 가솔들과 군대를 이끌고 분봉을 받은 임지 로 떠나야 한다. 그곳에는 먼저 거주하고 있던 주민이 있을 것이다. 일단 그들을 제압해야만 했다. 이미 주공이 모든 적들을 제압한 상태이기 때문에 처음부터 극심한 반발은 있을 수 없다. 하지만 잠재적인 위험이 도사리고 있으므로, 제한된 인원의 군대와 가솔이지만 기반을 잡고 통솔해야 한다. 이때 제후국 안에서 제사의 권한은 마땅히 제후만이 가지고 있다. 그깟 제사 권한이 뭐 대단하냐고 할지 몰라도, 제정祭政이 확연하게 분리되지 않았던 당시에 제사권은 하늘의 권력이라 간주되는 대단한 권한이었다. 이것으로 지역을 다스릴 수 있을 만큼 말이다. 물론 분봉할 때에도 그저 몸만 가진 않는다. 주나라의 종손인 왕이 하사한, 청동기로 만든 거창한 제사용구와 같이 간다. 그래서 제단을 만들고 왕이 하사한 제사용구로 제사를 올린다고 하면, 이미 그 제후는 그 일대를 다스리기에 충분한 권능을 부여받았음이 증명되는 것이다.

그렇게 봉지에 정착해 살면서, 동시에 그 지역의 경제적인 기반을 가지고 힘도 키워야 한다. 그 힘이 모자라면 때로 곁에 있는 친척 제후들에게 도움을 받을 수도 있다. 그 정도로도 안 될 때는 종가의 어른인 주나라 왕에게 호소해 무력으로 행할 일이면 무력으로, 중재나 권한만 가지고 행할 수 있는 일이면 그렇게 도와준다. 그런 식으로 자신들의 힘을 각 지역에 나누어놓고, 그곳의 물질을 토대로 인구와 힘을 키워가면서, 가계家系의 질서로 천하를 다스리는 것이 바로 이 봉건제인 셈이다. 물론 이는 은상으로부터 내려오는 종법제도, 그리고 주나라의 전통인 장자계승과 어우러지고, 또한 이민족과의 결혼 습속이 추가되면서 은상과는 다른 주나라만의 새 질서로 자리를 확고히 다지게 된다.

하늘 아래 모든 제도에 새로운 것은 없다. 현실에 맞추어 이것저것 모아 꾸리면 새로운 질서가 탄생하는 법이다. 주공은 은상의 법칙과 자신들의 법칙, 그리고 서쪽 변방의 소수민족으로서 광활한 영토에 흩어져 있는 다수의 민족을 제압해야 하는 상황을 맞아 그 법칙들에 새로운 생명을 불어넣은 것이다. 이것이 주나라를 지속시키는 힘이 되었으며, 이 법칙은 주나라를 가장 모범적인 왕조로 꼽아 회귀하려 했던 유가들의 책에 실려 그 생명을 오늘까지 이어오게 된 것이다.

주공이 이 종법과 봉건제의 가장 핵심인 이유는 어린 성왕의 숙부로서 모든 일을 자기 마음대로 처리할 수 있는 권한을 지녔으면서도, 어린 조카를 종손이란 대종의 수장 자리에 둔 채 자신은 조용히 노魯나라의 제후로 만족했다는 점이다. 아마 당시 주공 정도의 실력이라면, 형인 무왕의 어린 아들 성왕을 제치고 자신으로 대종을 삼아 나라를 자기 직계로 이어가게 할 수도 있었을 것이다. 그러나 전쟁의 풍진을 온몸으로 맞으면서 주나라의 미래와 규율을 생각했고, 그래서 자신을 버리고 조카인 성왕을 내세웠기에 유가에서는 그를 성인으로 받들게 되었다.

종교와 정치가 확연히 분리되지도 않고, 친인척의 관계에 지나치게 의존한 대목에서 주나라가 원시적이란 느낌도 든다. 하지만 주나라는 은상에 비하면 예법을 통해 세상을 통제하려 했던 이성적인 나라였다. 은상과 비교하면 주나라는 술은 덜 마시고, 예의는 강조한 사회였다. 이런 봉건과 종법은 그래도 몇 대의 후손들에 이르기까지는 잘 버텨주었다. 서주는 이런 종법과 봉건으로 한 시대를 넘어섰으니 말이다. 그러나 친척들도 멀리 떨어져 제후국에서 살다보면 몇 대가 지나서는 서로의 결연의식도 희박해지는 법이다. 이들 친척끼리 패권을 놓고 다투게 된 춘추시대가 그런 모습을 보여준다 하겠다.

이제 봉건은 없어졌지만 종법제도가 다시 조선이라는 시공간에서 어떻게 살아났는가에 대해 말해야 할 때가 되었다. 우리가 지금은 종가니 종손이니 장남이니 제사니 하는 것을 너무도 당연하게 여기고, 이것이 마치 수천 년을 이어온 전통이라 생각하지만 결코 그렇지 않다. 이는 서주의 제도가 유가들에 의해 규격화되는 과정을 거친 뒤 다시 사대부들에 의해 강제로 이식된, 우리에게는 너무도 낯선 문화였다. 사실 우리 가족제도는 그렇지 않았고 장자 중심인 적도 없었기 때문이다. 물론 질서가 있는 것이 무질서보다 나을 수는 있다. 그러나 강제적 질서가 계속되면 고통받는 사람들도 생기는 법이다.

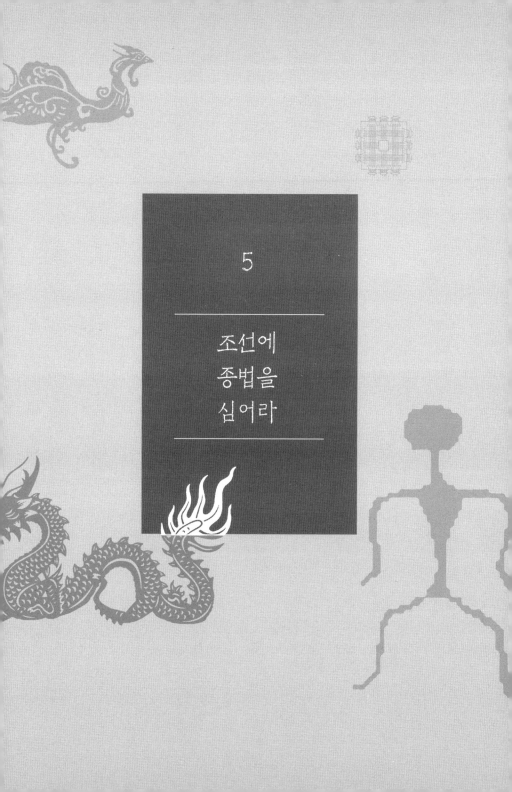

5

조선에
종법을
심어라

조선의 태종 이방원은 정도전을 죽여 사대부 신하들에게 넘어가려던 국가의 권력을 왕에게 다시 되돌리는 데 성공했다. 일단 사대부 신하가 아닌 왕이 다시 나라의 중심으로 우뚝 선 것이다. 그리고 사대부들은 다시 왕에게 복속하는 신하의 위치로 돌아갔다. 이방원의 경우에는 그 역시 정변으로 대권을 잡은 데다 서열도 다섯째여서, 본디부터 이성계의 장자인 대종大宗이 될 수는 없었다. 그래서 처음 '왕자의 난' 이후 바로 실권을 장악했지만, 왕위는 형이 먼저 차지하도록 했다. 그런 뒤에 자신을 후계자로 못박아놓고(1398), 정종에게 왕권을 이양 받는 형식으로 왕위에 올랐다. 물론 이는 형을 존중한 것이라기보다는 자신의 욕심을 감추는 데 목적이 있었을 것이다. 그랬지만 자신은 새로운 대종이 되어야 했다. 더군다나 자신의 왕위는 죽기 네 해 전에 셋째인 세종에게 물려줬으며, 그가 재위한 18년 동안(1400-1418) 왕권 강화를 위해 처남들을 포함한 많은 사대부들의 목숨을 앗았다. 다시 말하면, 주나라를 닮은 유교 국가를 꿈꾼 정도전의 설계도 위에다 핏물을 퍼부은 꼴이었다. 유학의 이념과 정권의 욕심을 양립시키기가 얼마나 힘든 것인지를 제대로 느끼게 한 세월이었다.

그렇지만 세월은 거꾸로 돌아가지 않았다. 태종은 토지정책에 있어서는 결국 정도전의 방책을 따라 귀족들과 절의 사유화된 토지를 차츰 국가의 것으로 만들었다. 정도전이 자기 사병을 거두어가려 했을 때는 반발했지만, 정작 자신이 집권하자 귀족들의 사병을 모두 해체해 왕의 군대로 만들었다. 물론 여기서 이런저런 결단을 내린 것은 태종이지만, 일을 추진하는 사람들은 사대부인 관료들이다. 태종이 자신의 처남을 포함한 사대부들 몇몇을 처형함으로써 본보기로 삼자 그 위세에 눌려 왕명에 고분고분 따르고는 있지만, 정도전이 뿌려놓은 씨앗이 완전히 사라진 것은 결코 아니었다. 다만 잠복하고 있었을 뿐이다.

태종이 정도전과 대척점에 서 있던 하륜河崙을 발탁하여 정사를 폈으며, 이 하륜 또한 사대부였다. 하륜은 태종에게 복종했지만 그의 자손들은 나중에 왕의 편이 아닌 사대부의 편을 들게 된다. 이렇게 태종의 치세 18년이 끝나고, 그의 삼남인 세종이 즉위하게 되었다. 유가의 종법에 따라 장남을 세자로 책봉했지만, 우여곡절 끝에 장남을 제치고 삼남이 왕위를 계승하게 된 것이다. 아직 태종이 죽기 전이었으나 세종은 보위에 올라 정사를 펼쳤다. 이렇게 태종 자신이 장자가 아닌 채로 무력에 의지해 왕위에 올랐고, 또한 장남에게 보위를 물려주지 않았다고 해서 그가 정도전과 달리 종법이 살아 있는 유교 국가를 건설하려 하지 않은 것은 결코 아니다. 태종이 장남인 양녕을 세자로 책봉한 일부터가 이미 유교 국가의 전범에 따르려 했음을 보여준다. 여태까지는 종법을 올바로 수행하지 못했지만, 이제부터는 자신을 정점으로 해서 어떻게 해서든 유가의 종법에 따라 모든 것을 유교식으로 해결해야 했다. 만일 그것이 어그러졌다면 최소한 아들인 세종부터는 다시 유교의 전범대로 돌아가야만 했다.

조선 사대부들, 주희에 열광하다

본디 고려의 풍속은 조선 중·후기와는 사뭇 다른 것이었다. 특히 혼인 풍속에서는 적장손嫡長孫 위주의 주나라식 종법제도와는 전혀 다르다고 해도 과언이 아니다. 일단 주나라의 적장자 승계의 종법에서는 족내혼族內婚은 금기사항 가운데 하나다. 곧 신부는 다른 씨족에게서 데려오며, 씨족의 딸들은 다른 씨족과 결혼을 해야 했다. 이런 씨족들의 결혼관계를 통해 씨족들 사이의 연계를 다지며, 친가·외가의 결합을 통해 자신들의 세력을 키워나가는 것이 주나라식 혼인이었다. 하지만 고려 왕실의 경우에는 족내혼이 일상적 형태였다. 왕가에서 사촌이나 육촌 사이의 결혼은 흔했다. 왕위 승계에서는 장자 상속도 있었지만 형제 상속도 많았다. 또한 여자에게도 재혼은 흔한 일이었고, 왕도 과부를 처첩으로 삼는 일에 구애를 받지 않았다. 여자가 왕이 될 수는 없었지만, 조선 후기처럼 여자가 남자에게 종속되는 그런 관계는 아니었다.

예컨대 혼례 자체가 여자 중심의 의례였다. 지금도 전통 혼례에 남아 있는 풍속으로, 혼례식은 여자 집에서 치른다. 신랑이 가마를 타고 신부 집에 가서 식을 올리고 초례를 지낸다. 여자의 집에서 결혼을 한다는 것은 사실상 데릴사위가 기본 형태였다는 뜻이다. 곧 남자는 결혼을 하고 적어도 몇 년은 처갓집에서 살게 되는 것이다. 이런 습속이 있는 한 가부장적인 가족관계는 있을 수 없다. 이런 데릴사위는 삼국시대 이전 삼한시대 때부터 내려오는 전통으로 알려져 있다. 그리고 이런 전통에 따르는 것은 처갓집 재산이 여자들에게도 상속되었기에 가능한 일이다. 따라서 여자들도 재산을 지니고 있었으며, 오히려 그 재산을 바탕으로 남편을 선별했다고 보아도 틀리지 않다.

이는 상속과 제사의 문제에서도 똑같다. 외손들도 상속은 물론이고 제사를 지낼 수 있었으며, 외손자가 지내는 경우도 있었다. 관직도 가문에서 대대로 받을 수 있는 집안의 벼슬 물림인 음직蔭職을 외가 계통으로 상속할 수 있었다. 이는 적어도 사회생활이 아닌 가정생활과 그 승계에서는 남녀 사이에 차별이 거의 없었다는 뜻이며, 이런 분위기가 전체 사회에 만연해 있었다는 얘기다. 따라서 남녀의 교제도 자유롭고 분방한, 지금의 눈으로도 그다지 고루하지 않은 사회였다. 물론 이런 관직이나 상속에 관한 문제는 상당한 재산이 있는 경우에만 효력이 있긴 했다. 고려의 왕족이 그랬다는 것은 중앙의 귀족들이나 지방의 호족들의 습속도 다름없었다는 뜻이며, 그래서 사회 전체의 분위기는 상당히 자유로웠음에 틀림없다. 상류층의 풍토는 아래 계층에게도 영향을 주기 마련이며, 그들 바로 밑에 있던 사대부들의 풍속도 이와 별반 차이가 없었으리라 볼 수 있다. 곧 그들이 상류계층처럼 그렇게 즐기며 살 여유는 없었지만, 생활의 습속이나 예절은 그리 각박하지 않았다는 뜻이다.

그러나 사회가 바뀌어 사대부 자신들이 지배계층으로 올라서서 새로운 풍속과 예법을 만들어가야 하는 시대가 왔다. 게다가 그들은 여태까지의 정신과 세태 풍속을 지배하던 불교를 과감하게 버리고 성리학으로의 이행을 기치로 삼은 새로운 나라를 만든 터이다. 그렇기에 자신들의 예법부터 다시 규정해야 할 필요가 있었다. 성리학의 기치에 따라, 공자의 가르침인 유교의 방식에 따라 우선 자신과 가정과 나라 일의 절차와 규범들을 가다듬을 필요가 있었다. 그 방식을 적은 유교의 경전들도 있었다. 정도전이 즐겨 보며 새 세상을 꿈꾸던 『주례周禮』·『예기禮記』·『의례儀禮』 같은 책들이 그것이다. 주나라의 예법들을 기록한 책이니, 여기에 나오는 예법을 귀감으로 삼아야 했다.

그러나 이 책들에 나오는 내용과 그들이 처한 현실은 너무도 맞지 않았다. 사대부는 무슨 제후도 아니니 봉지封地도 없는 터인데 제후의 예를 따를 수도 없지 않은가. 더군다나 시간은 이미 수천 년이라는 까마득한 세월의 강을 건넌 다음이었다. 그러니 가정을 다스리는 일부터도 이런 책들을 귀감으로 삼기에는 무엇을 어떻게 해야 할지 모를 지경이었다.

궁즉통이랄까. 마침 이런 고민을 먼저 한 사람을 찾을 수 있었다. 바로 자신들이 떠받드는 성리학을 완성한 사람 주희朱熹였다. 그 역시 주나라를 흠모했지만, 그래서 자신부터 그 예법에 따르고자 했지만, 고전에 나오는 예법을 그대로 실천하기는 어려워 나름대로 다시 구성한 예법이 필요했고, 그래서 자신의 변용법을『주자가례朱子家禮』라는 책으로 저술했다. 당시 새로운 세상에서 새로운 예법을 찾던 사대부들에게는 이 책이야말로 신이 내린 책이었던 셈이다.

그렇다면 이『주자가례』는 어떤 책이며, 왜 이런 책이 필요했고, 또 조선의 사대부들이 이것을 금과옥조로 받아들인 이유는 무엇이

주희의 『주자가례』

송나라 때 사회의 신진세력으로 자리잡은 유가 사대부들은 주나라 제도를 전범으로 삼았는데, 골치아픈 문제에 직면했다. 역사 상 봉건제도를 취한 주나라의 제후들은 이미 역사의 무대에서 사라졌고, 사대부들에겐 바로 윗대(1대)의 제사만 허락했다. 이러한 문제를 깔끔하게 재규정한 이가 주희이다. 그는 제사의 중심을 사대부의 가문으로 가져오고 4대 조상까지 제사범위를 확대했다. 조선의 사대부들도 이런 『주자가례』를 규범으로 받아들이고자 했으나, 이를 조선 사회에 실제로 적용하기란 쉬운 일이 아니었다.

었을까?

우선 북송北宋의 유학을 총정리한 주희를 알려면, 송나라가 그 이전의 나라들과 무엇이 다른가 하는 문제부터 되짚어야 한다. 중국의 통일왕조로 한漢·당唐에 이어 등장하는 것이 송나라다. 종교적으로 이야기하자면 한나라 시대는 도교의 신선사상이 지배했고, 당나라는 불교가 지배한 시대였다. 한·당에서 유가의 방식이 통치에 쓰이지 않은 것은 아니지만, 그저 부분적이며 말단적인 나랏일에 관여된 정도였을 뿐이다. 불교를 주조로 삼아 중원뿐만 아닌 주변 국가에도 엄청난 위세를 떨친 당나라는 그들의 문화마저 수용하여 종교문화적 용광로 역할을 했다. 그러나 절도사를 중심으로 한 군벌과 중앙의 관료제 아래, 귀족들의 농단이 횡행해 패망의 길로 빠져들고 만다.

당나라가 망하고 오대십국五代十國(중원의 후량·후당·후진·후한·후주의 5왕조와 중원 이외의 전촉·오·남한·형남·오월·초·민·남당·후촉·북한의 10나라)의 혼란기를 거쳐 송나라가 세워질 무렵에는 귀족 세력들이 완전히 몰락하고 뒤를 이어서 국정을 맡게 된 것이 중농 출신의 사서인士庶人 사대부들이었고, 이들은 앞 세대의 집권층과는 달리 철저하게 유학을 기반으로 한 계층이었다. 가진 재산은 별로 없어도 머릿속에 지식은 있는 계층이었다. 이들에게는 그 지식이 소중한 재산이었다. 따라서 송나라는 제대로 과거를 통해 관리들을 등용시키는 문인들의 정권이 되었다. 물론 수·당 시절부터 과거는 시행되었지만, 그땐 사실상 귀족들이 과거 등용자들을 배척할 권리가 있었기 때문에 진정으로 문인들이 집권했다고는 할 수 없었다. 따라서 이들 사대부는 새로운 송나라에서 자신들의 권력을 행사하는 명분을 얻고자 했으며, 당연히 그들의 신조인 주나라의 예법에서 그 근거를 확보하려 했다.

그러나 이는 만만치 않은 일이었다. 오랜 세월이 흘러 많이 변화된 세상인데『예기』에 기록된 대로 의례를 적용하여 집행함이 어렵기 때문이다.『예기』는 종묘와 제사에 관해 '친친親親'과 '존존尊尊'을 기본으로 삼는다. '친친'은 친한 것은 더 친하게 한다는 것이니, 가족 간의 애정을 더욱 돈독하게 만들어 이를 바탕으로 가정을 다스린다는 뜻이다. '존존'은 존귀한 것을 더욱 존귀하게 받든다는 뜻으로, 대종의 적장자에 대한 충성이 바로 나라의 임금에 대한 충성임을 뜻하는 말이다. 주나라의 경우에는 가족의 조직이 바로 국가의 조직이었기에 적장자에게 '친친'함은 바로 임금에게 '존존'하는 것이었다. 주나라 임금은 천하의 주인이자 가족의 영수로서 모든 씨족을 이끄는 위치였다. 제후들 또한 집안의 어른으로 또는 소종으로 대종인 왕을 더 존귀하게 받들며, 여타의 친족들은 각기 자신의 위치에 따라 천자나 제후의 신하들이니 이들은 결국 천자와 제후를 중심으로 일가의 친척들을 이끌어야 할 위치에 있었다. 설사 제후가 다른 성씨라 하더라도 친족으로서 대종과의 관계는 있었으니 문제될 게 없었다. 곧 집안의 어른을 잘 모시면 그게 바로 왕에게 충성을 바치는 것이었다.

그러나 시대는 바뀌어 이제는 한 씨족이 나라 전체의 통치를 책임지는 그런 형태가 아니었다. 물론 봉건이라는 게 일부나마 황제 일가를 중심으로 행해지기는 하지만, 그 봉토도 서주 시대처럼 그렇게 크지도 않고, 자치권도 빈약하기 짝이 없으며, 또한 자손에게 영구히 상속되는 것도 아니었다. 황제의 씨족 일부가 통치에 관여하는 경우는 있지만, 이미 춘추전국 시대부터 그런 씨족집단 통치는 점차 사라지고, 진·한과 수·당을 거치면서 황제와 관료들 사이에는 아무런 인척관계도 존재하지 않게 되었다. 그러니 황제와 신하 사이에는 가족이 아니기에 '친친'해야 할 것이 남지 않았다는 말이다. 그렇다고 한 국가에서 '인의仁義'와 '예악禮樂'으로 통치의 근간을 삼는다고 해놓고서는, 그 '예는 황제만 지키는 것이니 우리는 모르겠소' 할 수도 없는 노릇 아닌가.

이 고민에 대해 답을 내놓기 시작한 이들이 북송 초기 성리학을 태동시킨 주돈이周敦頤, 정호程顥, 정이程頤, 장재張載 등이었다. 그들이 고민에 고민을 거듭하여 나름으로 해결책을 제시하고, 이를 주희가 이어받아 규범화한 것이 바로 이 『주자가례』다. 이 책을 주희가 썼는지, 아니면 주희의 제자들이 다시 엮은 것인지에 대해서는 의견이 분분하다. 그러나 중요한 것은 누가 썼는지가 아니라, 이 『주자가례』에 나온 예법들이 바로 주희가 선학들의 견해를 그러모아 고안하고 직접 시행했던 예의범절이라는 사실이다.

그런 면면들을 고려하면, 조선 초기의 사대부들이 왜 이 책의 예법을 전범으로 하여 자기 집에서부터 시행하고자 했는지를 알 수 있다. 조선의 상황이 북송과 너무나 유사했던 것이다. 고려와 송에서 귀족들이 몰락하고 중농의 신흥 사대부 계층이 과거제도를 통해 집권 관료가 되어 정치의 중심으로 선 것이 그렇고, 이들이 공자를 비롯한 유가들의 이념을 국가 운영의 중심으로 삼은 것이 그렇다. 조선의 사대부 또한 이성계나 이방원과 피를 나눈 씨족들이 아니었으며, 새로운 왕권 아래서 과거시험을 거쳐 집권 관료의 역할을 맡았다는 점에서도 송나라의 사대부들과 똑같다. 처지가 같으니 고민도 같을 수밖에 없다. 그러니 주희가 행한 방법을 차용하는 것이 가장 좋은 방법인데, 게다가 주희는 이미 그들 사대부가 시대정신으로 추종하는 성리학을 집대성한 사람 아닌가. 그들의 눈에 주희는 이미 성인의 반열에 들어선 성리학의 대종인 셈이니 더더욱 좋은 방법이었던 셈이다.

주희의 방법이란 다름이 아니라 사대부들도 황제와 마찬가지로 집에다 묘廟를 세우고 자신들의 조상을 모시는 것이었다. 물론 사대부 집의 규모에는 한계가 있으니 묘가 클 수는 없었다. 이 묘를 사당祠堂이라 부르고, 사대부들도 4대의 조상들에게 제사를 올리도록 했다. 본디『예기』에 규정된 것으로는 대부大夫는 3대, 사士는 1대에 한해서만 제사를 올릴 수 있었으나,『주자가례』에서 사대부는 지위가 어떠하든 일률적으로 4대에 대해서 제사를 지낼 수 있도록 했으니 스스로 신분을 상승시킨 셈이다. 사실『예기』의 내용도 전국시대나 한나라 초기의 것으로 당시 유학자들이 사대부 계층에게는 없던 제사의 권리를 제멋대로 변형시킨 것이다. 주나라 때는 대부나 사에겐 제사를 지낼 권한도 없었고, 그저 왕과 제후 또는 공경公卿

들이 제사 지내는 것을 돕는 역할만 있을 뿐이었다. 그러나 시대가 흘러 송나라 시대에 사대부의 지위가 올라가자 자신들에게 거의 제후에 버금가는 제사권을 부여한 것이다.

이렇게 사대부들의 제사권을 강화한 데는 아마도 두 가지의 목적이 있었을 법하다. 하나는 유교적 질서 체계 안에서 황제나 왕이 종묘에서 제사를 지낸다면, 이제 그 황제나 왕과는 실질적인 인척관계도 없는 사대부들이 이런 예절을 따라함으로써 같은 유교적 습속을 공유하는 동질감을 갖게 하려는 의도였을 것이다. 그래서 이런 동질감 속에서 사대부들은 국가 체제에 대한 참여의식을 공고히 할 수 있었을 테니 말이다. 다시 말해 황제나 왕과 혈연적 관계는 없을지라도 같은 습속과 예절을 공유함으로, 즉 신분의 차이는 있을지라도 서로 대등한 위치에 있음을 각인시키고자 하는 것이다.

또 하나는 사대부들이 예학적 지식을 갖추고 집권자에게 의례에 관해 조언토록 함으로써 통치행위에 직접 참여하는 통로를 하나 더 만든 것이다. 가례에서 겉으로 드러나지는 않지만, 이런 두 가지 목적에서 사실상 사대부의 정치권력 장악을 위한 초석 다지기를 집에다 사당을 설치하고 조상에 대해 제사를 올리는 일에서부터 시작한 것이다.

더군다나 이 사당은 이제 집안의 모든 의례에서 가장 중요한 구실을 하게 된다. 조상에 대한 제사는 물론이고 성인이 되는 관례冠禮, 새로이 가정을 이루는 혼례婚禮, 죽은 자를 이승에서 떠나보내는 상례喪禮 또한 이 사당을 중심으로 조상에게 지금 일어나는 일을 고

하는 일로부터 시작하는 것이다. 다시 말해서 제가齊家의 질서 중심에 사당이 있는 것이다. 그러므로 조선을 유교 국가로 만들고자 했던 사대부들로서는 수신修身과 제가齊家의 중심으로서 이런 예학적 해석에 관심을 기울일 수밖에 없었다. 자신의 정체성을 확립하기 위해 차츰 집에 사당을 세우고, 『주자가례』에 나오는 내용을 실천하려 한 이유다.

물론 이런 일들이 조선 초기부터 바로 전면적으로 이루어진 것은 아니다. 새로운 습속을 받아들이고 실천하는 데에는 시간이 필요한 법이다. 그리고 집에다 별도의 사당을 짓는 일에는 재력도 필요하다. 사대부들의 경제적 입지가 확립되어, 그들이 사는 가옥들이 웬만한 규모가 된 연후에야 그런 대로 사당을 세울 수 있었다. 따라서 사대부들의 정치적 입지와 경제적 능력이 확립되는 17세기부터 이런 유교식 종법제도도 점차 확립될 수 있었다.

'머리의 성리학'과 '몸의 습속' 사이에서

사실 안향이 성리학을 들여온 이래로 고려의 사대부들이 성리학에 심취하긴 했지만, 『주자가례』와 같은 습속까지 받아들여야겠다고 결심하는 데는 미적거릴 수밖에 없었다. 거기서 말하는 예학과 종법이 고려의 습속과는 너무도 많이 달랐기 때문이다. 고려에서는 그렇게 가부장적으로 장자 상속이 이루어지지도 않았으며, 여자들의 권한도 상당했고, 오히려 사위가 처가살이를 하는 데릴사위가 더 일반적이었다. 여자들의 개가改嫁도 일반적이었고, 남녀의 관계가 경직되지도 않았으며, 더군다나 지나친 근친결혼에 대해 금지령을 수차례 내려야 할 정도로 근친 간의 연애와 결혼도 일반적이었다. 그 어느 습속 하나 유가의 경전이나 『주자가례』에 나오는 습속과 비슷한 게 없다. 그렇기에 머리로는 성리학을 받아들인다고 하더라도, 실제 몸으로 이를 실천하기란 어려웠다.

가령 공민왕 때 윤귀생尹龜生이란 사람은 벼슬에서 물러나 지금의 금산인 금주錦州에 살았는데, 이 집에 사당을 세우고 3대 조상에게 제사를 지냈다. 동지에는 시조에게, 입춘에는 조상들에게 제사를 올렸다고 한다. 유학을 배운 사대부로 벼슬에서 물러나 시골에 살면서, 책에 적힌 대로 실천을 한 것이다. 또한 우왕 때의 정습인鄭習仁이라는 사대부는 부모의 묘소에 초막을 세우고 상을 치르는 일을 『주자가례』에 나오는 대로 시행했다고 한다. 이 두 이야기는 고려 말에 『주자가례』의 예법이 시행되었음을 보여주는 사례가 아니라, 오히려 당시로는 이런 일이 무척이나 생소했다는 사실을 알려준다. 『고려사』에 이런 기록이 남겨졌다는 사실 자체가 이들이 행한 의례가 남들과 달라 특이했음을 입증한다고 하겠다. 일반 사람이나 사대부들조차 이런 의례를 행하지 않았다는 사실을 역설적으로 보여주는 기록인 셈이다.

더군다나 윤귀생의 경우는 그 시행 시점을 주목해봐야 한다. 곧 벼슬을 살 때에는 『주자가례』에 나오는 대로 시행을 해봐야겠다는 마음속의 다짐은 있었지만, 그럴 여건이 되지 않았던 모양이다. 그게 무엇 때문인지는 드러나 있지 않지만, 벼슬살이 시절 살던 집에 사당을 존치할 공간이 없었다는 게 가장 큰 이유 아니었을까 싶다. 그렇기에 은퇴 이후 금주에 내려가 살면서 새로이 집을 짓고, 거기에 사당을 지었을 것이다. 물론 개경에서 벼슬살이를 하면서 남들이 하지 않는 일을 해서 이목을 끄는 것도 부담이었을지 모른다. 고려 귀족들은 특정 절을 정해놓고 다녔으며, 집에도 부처님을 모시는 작은 불당 정도를 갖춰놓은 경우는 많았지만, 종묘를 갖춘 왕궁을 제외하면 조상의 위패를 모시는 사당이 있는 집에 사는 사람들은 거의 없었던 것 같다.

풍습이란 문화에서 중추적인 것이기 때문에 바뀌기가 쉽지도 않거니와, 바꾸고자 할 때에는 저항도 극심한 법이다. 그렇기에 고려 때만 해도 사대부조차 유학 공부 따로, 현실 따로일 수밖에 없었던 것이다. 풍습이란 머릿속의 신념을 바꾼다고 쉽게 따라 바뀌는 건 아니니 말이다. 더군다나 고려 때에는 귀족들이 그런 성리학에 별로 관심이 없었다. 그렇게 어정쩡한 상태로 조선으로 넘어가 귀족들이 몰락하고 사대부들이 집권층이 되고 나서도, '신념 따로 실제 따로'는 여전히 불편한 것이었다. 그러는 와중에 어수선한 건국 초기가 지나고 세종 때가 되었다.

앞선 다른 임금들은 몰라도 세종은 여느 사대부들보다 더 유학에 밝은 임금이었다. 물론 자신이 주나라의 종법과는 다르게 삼남으로 보위에 올랐으며, 아버지인 태종이 쿠데타로 집권을 하기는 했지만, 세종의 마음속 이상향은 여느 유학자들처럼 주나라였다. 그렇기 때문에 아버지가 이루지 못했던 이 이상향을 제대로 만드는 일에 정진하기로 목표를 세웠다. 그러자면 유학도 제대로 배워야 했다. 그래서 중국에 사신을 보낼 때는 성리학의 중요 책들을 사들이도록 했으며, 그래서 주희의 저작들도 비로소 온전하게 유입될 수 있었다.

그리고 세종이 집권한 뒤 예악제도에 맞는 나라의 전범을 갖추고자 노력한 일도 주나라를 닮은 이상 국가를 만들고자 함이었다. 그런 세종이지만 그조차도 사실 완전히 유교적인 삶을 살 수는 없었다. 그래서 불교에 기댔으며 『월인석보月印釋譜』와 같은 불교 책도 간행하고, 절을 찾아 불공을 드리기도 했다. 유학으로 무장한 사대부 정도전이 철저하게 시행하고자 했던 배불정책에는 어긋난 일이었지만, 개인의 마음속까지야 어찌할 수 없었던 것이다. 물론 불교에 전적으로 기댄 것은 대체로 그의 말년의 일이다. 세종이 개인으로는 불교에 의지했을지라도 유학의 이념에 충실한 국가를 결코 포기한 적이 없다. 사실 유학의 습속과 예절과 의례를 본격적으로 뿌리내리게 하려는 시도는 세종 때로부터 시작되었다.

사대부들이 『주자가례』에 따라 유교식 종법을 시행하며 제례를 올리는 것만으로 유교 국가를 이룰 수는 없었다. 물론 이조차 뿌리내리기에는 무척 많은 시간이 흘러야 했지만, 소수의 지배계층이 이런 유교적 전례를 따른다고 해서 금세 유교 국가로 바뀌는 것은 아니었다. 따라서 보다 근본적인 조처가 필요했다. 그 첫 번째 방법은 아이들의 교육이었다. 사대부의 아이들에게 자랄 때부터 철저히 유교의 가치를 받아들이게 하는 것이다. 그래서 아이들이 글을 깨칠 무렵부터『소학小學』을 배우게 했다.『소학』은 주희가 그의 제자 유자징劉子澄에게 편찬토록 한 책이다. 그 내용은 일상생활의 예의범절과 인격 수양을 위한 격언, 충신이나 효자의 일들을 그러모은 것으로 아이들에게 유교적 가치관을 심어주고자 했다.

원래 사대부 집안의 자제들이 어려서부터 유교에 접하도록 하는 책이었지만, 세종은 이를 더욱 강화시켰다. 우선은 당시『소학』의 음훈이나 해석이 미비하다며 명나라로 가는 사신에게『집성소학集成小學』을 구해오도록 하고, 나중에 이를 활자로 인쇄하여 간행하게 한다. 우스갯소리로 하자면, 중국 판본의 해적판을 찍어 아이들이 공부하도록 한 것이다. 그뿐만 아니라 아이들이 공부하는 사부학당四部學堂 같은 곳에서 이를 철저하게 배우고 공부하여야 성균관에 진학할 수 있도록 했다. 이렇게 자라나는 새싹부터 유학의 이념에 깊숙이 젖어들도록 방법을 강구한 것이다.

두 번째 방법은 일반 백성들에 대한 교육이다. 사회 전체가 유교 윤리를 지키지 않는데 사대부들만이 유교 원리를 관철해낼 방도는 없다. 이들 백성을 교화하고 유교 가치를 받아들이게 하기 위해 만든 것이 바로『삼강행실도三綱行實圖』이다. 삼강이야 삼강오륜三綱五倫 가운데서도 기본이 되는 임금과 신하, 아버지와 아들, 지아비와 지어미 사이에 지켜야 할 도리로 이를 주입시키는 일이 가장 시급하다 해서 만든 것이다. 세종의 명으로 집현전 부제학 설순偰盾

이 중국과 조선에서 모범으로 삼을 만한 사례들을 모은 책이다. 충신, 효자, 열녀 각기 35명의 사례를 이야기로 푼 것이 바로 그 내용이다. 물론 글이야 한글 창제 이전이므로 한문으로 쓰였지만, 여기에 그림도 그려넣고 각 향리에서 사대부들이 백성들 교화에 사용토록 했다. 이 또한 국가적인 출판사업이었으니, 세종이 유교 국가의 정립을 위해 애쓴 정도를 쉬이 짐작할 수 있다. 그렇게 해서 조선에 유교적 질서가 각인되고, 가족관계에서는 주나라의 종법적 질서를 강요하는 씨앗이 자라게 된 것이다. 다만 그 종법적 질서란 주나라의 것 그대로가 아닌, 주희에 의해서 변형된 것이었다.

종법 정착의 난관들

이렇게 세종이 노력한 유교적 가치관과 종법적 질서가 그 뒤로 아무런 장애 없이 순탄하게 진행되었는가 하면 또 그렇지는 않았다. 새로운 질서가 제대로 정착되는 데까지는 아무래도 시간이 걸리게 마련이다. 태종 때에도 유교적 질서를 위해 처갓집에 장시간 머무는 혼례제도를 개선하려 애쓴 흔적이 있지만, 이것이 당시 제대로 이행되었는가는 의문이다. 세종이 유교적 질서가 지배하는 세상을 만들기 위해서 아이들을 포함한 백성의 교화에 힘을 썼다고 하지만, 이런 결과가 눈에 보이는 성과로 드러나기까지는 아무래도 시간이 필요했다. 아이들이 자라며 그 질서를 체득하고 커서 이를 구현해야 하며, 백성들의 경우도 조금만 느슨해도 다시 옛날로 돌아가기 십상이다. 사실 사대부 자신들조차도 『주자가례』의 예법을 제대로 시행하기에는 아직 벅찬 시점이었다.

세종은 선대에서 무시되었던 종법적 질서를 자신부터 정상으로 되돌려놓아야 했다. 그래서 재기발랄한 수양대군보다 문약한 장남인 문종에게 왕위를 물려주었다. 사실 그의 마음속에서는 문종보다는 씩씩하고 능력 있는 수양이 더 좋았을 수도 있지만, 역시 그는 주나라를 흠모한 유가의 성군답게 장자인 문종에게 왕위를 잇게 했다. 그러나 병약한 문종이 오래 살지 못하면서 사단이 생겼다. 문종이 고작 2년 4개월밖에 왕위를 지키지 못함으로써 어린 아들 단종에게 왕위가 갈 수밖에 없었고, 이는 숙부인 수양대군이 섭정할 구실이 되었다. 결국 단종은 수양의 압력을 못 이겨 그에게 왕위를 바칠 수밖에 없었고, 정종과 태종에 이어 다시 형제상속으로 복귀한 셈이 되고 말았다.

조선 초기에 벌어졌던 왕위계승의 난맥상이 다시 벌어진 것이다. 그러나 이것이 일회성으로 끝난 게 아니라는 데 문제가 있다. 개국 초창기에 있었던 왕위 계승을 살펴보면 장자계승의 원칙이 제대로 지켜질 겨를이 없었다. 일단 세조의 큰아들 의경세자懿敬世子가 일찍 죽는 바람에 작은아들인 예종睿宗이 즉위하는 것까지는 어쩔 수 없었다고 해도, 이 예종조차 1년 남짓 왕위에 있다 죽고 만다. 예종이 일찍 죽으니 그의 아들이 어려 왕위를 잇지 못하고, 다시 형인 의경의 아들 성종成宗이 그 뒤를 잇지만, 이제 겨우 열두 살의 왕인지라

조선초기(태조~인조) 왕위계승

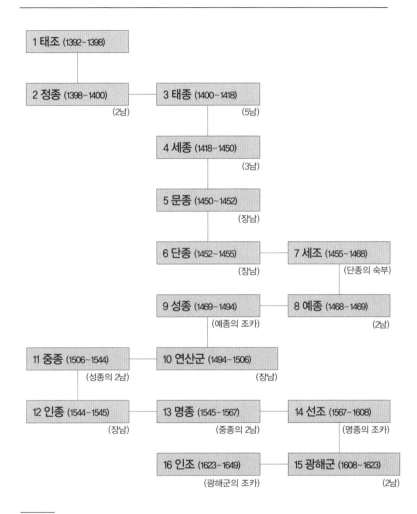

1 태조 (1392~1398)		
2 정종 (1398~1400) (2남)	3 태종 (1400~1418) (5남)	
	4 세종 (1418~1450) (3남)	
	5 문종 (1450~1452) (장남)	
	6 단종 (1452~1455) (장남)	7 세조 (1455~1468) (단종의 숙부)
	9 성종 (1469~1494) (예종의 조카)	8 예종 (1468~1469) (2남)
11 중종 (1506~1544) (성종의 2남)	10 연산군 (1494~1506) (장남)	
12 인종 (1544~1545) (장남)	13 명종 (1545~1567) (중종의 2남)	14 선조 (1567~1608) (명종의 조카)
	16 인조 (1623~1649) (광해군의 조카)	15 광해군 (1608~1623) (2남)

조선이 유교를 국가의 근본으로 삼은 이상, 주나라의 장자세습 종법을 받아들이려 한 것은 조금도 이상한 일이 아니다. 하지만 실제로는 문종, 단종, 연산군, 인종 정도가 장자로서 왕위를 계승했을 뿐, 적장자 중심의 왕위 세습이 어려웠던 점이 왕실 종법의 커다란 위해요소였다. 괄호 안은 재위 연도이다.

성인이 될 때까지 수렴청정을 받으며 한명회를 비롯한 권신들의 손아귀 안에 들어 있었다.

성종 이후의 왕위 계승도 삐걱거리기는 마찬가지였다. 연산군은 세자였고 맏이였지만, 친모가 폐위되고 사약을 받아 죽은 줄도 모른 채 보위에 올랐으며, 이 일로 몇 년 안에 사대부들은 피비린내 나는 사화士禍에 휩쓸리게 된다. 결국 연산군은 대신들의 반란에 직면하여 왕위를 잃게 되며, 그의 이복동생인 중종中宗에게 왕위가 전해진다. 중종의 맏아들인 인종仁宗이 왕위를 이어받지만 여덟 달밖에 왕위에 있지 못한 채 사망하고, 다시 이복아우인 열두 살의 명종明宗이 즉위하여 중종의 계비인 문정왕후文定王后의 수렴청정을 받는다. 명종은 재임기간은 꽤 되지만, 어머니가 죽은 뒤 그 손에서 놓여나자 고작 두 해만 온전한 왕권을 행사하다 서른넷의 나이로 죽는다. 명종에게는 자식이 있었으나 일찍 죽고, 왕위는 중종 일곱째 아들의 셋째인 명종의 조카에게 전해지니 그가 바로 선조宣祖이다. 뒤에서 다시 말하겠지만, 이 선조는 후궁에게서 태어난 방계가 임금으로 즉위한 첫 사례였다.

선조 때는 국가의 운명을 흔드는 임진왜란이 있었고, 이 전란 속에서 보위를 일찍 정해야 한다는 강박 아래 정비正妃의 장남도 아닌 후궁에게서 낳은 둘째아들 광해군이 세자에 책봉되었다가, 선조가 죽자 광해군이 왕이 되었으며, 정비의 아들인 영창대군은 강화도에서 죽음을 맞이한다. 그러나 광해군은 다시 사대부들의 반란으로 물러나고, 광해군의 이복동생의 아들인 인조仁祖가 왕으로 즉위한다. 인조 때에는 병자호란(1637)으로 다시 국가의 존망이 경각에 달렸다가, 치욕적인 항복 이후 아들들을 청나라에 볼모로 보내야 했다. 곧 문종으로부터 인조까지 왕위 계승에 있어, 원칙적인 장자계승은 드물기도 하거니와 거의 단명에 그치고, 비정상적인 왕위 계승이 계속되었다. 종법에서 전범이 되어야 할 왕가의 왕위 계승이 이러했으니 주나라를 추구하던 조선에서 한 세기 반 동안 종법제도가 제대로 정착이 되지 않은 것은 어쩌면 당연한 일이다.

왕가는 그렇다 치고 유학을 신조로 삼았던 사대부 집안의 형세는 또 어떠했을까. 그래도 그들은 주희를 본으로 삼아 성리학 연구에 매진하고, 이를 바탕으로 임금을 받들고 백성을 다스렸으니 차츰 『주자가례』의 질서 속으로 편입되어 갔으리라는 생각이 든다. 하지만 그들에게도 여러 방면의 압력이 있었다. 일단 왕가의 정치적 소용돌이는 그들의 삶에 직접적인 영향을 미쳤다. 단종에게 왕위를 빼앗은 세조는 단종 복위를 꿈꾸는 도전 세력을 눌러야 했기에 '사육신'을 본보기로 물샐틈없는 봉쇄를 했다. 이들 사대부들은 '충忠'이라는 문제에 대해 갈등하며 현실을 받아들여야 했고, 한명회를 비롯한 권신들은 조정을 장악한 채 왕위 계승에까지 깊숙이 관여했다. 또 다른 사대부들은 벼슬을 놓고 귀양을 가거나 사약을 받아 목숨을 잃고, 심지어 멸문지화滅門之禍를 당할 정도로 핍박을 받기도 했다.

이 사화란 것도 사실 크게 보면, 사대부들 가운데 일종의 보수 세력과 향리의 중소 지주 출신 신흥 사대부들 간의 다툼이라 할 수 있다. 이 신흥 세력은 고려 때부터 시골의 중소 지주로서 과거시험을 통해 중앙의 관료에 올라 경학을 중시하고 성리학의 가르침을 따르는 사대부들이다. 연산군 때의 무오사화·갑자사화를 거쳐 중종 때 혁신정책을 펴던 조광조趙光祖가 죽은 기묘사화己卯士禍, 그리고 16세기 중반의 을사사화乙巳士禍에 이르기까지 연달아 신흥 세력들이 철퇴를 맞았다. 이들이야말로 정도전과 이념 및 출신을 같이하는 사대부들로, 주나라와 같은 질서를 숭상하고 구현할 계층이었다. 그런 사대부들이 잇따른 사화로 세력이 꺾여 그 맥을 이어가기 힘들었던 것이다.

이와 더불어, 장자계승의 종법을 시행하기 어려웠던 까닭은 당시의 풍속에도 있었다. 제사와 상속은 별도의 문제 같지만 아주 밀접한 관련을 가지고 있다. 왜냐면 제사를 지내는 데는 많은 비용이 들고, 이 제사를 지내는 재원은 모두 토지의 수확물로부터 나오기 때문이다. 그러므로 누군가가 제사를 맡아야 한다면 그만큼의 상속을 더 받아야만 가능하다. 하지만 조선 초기는 고려 때와 마찬가지로 형제자매가 똑같이 나누는 균분 상속이었다. 이는 조선조의 뼈대가 되는 법령집이라 힐 『경국대진經國大典』에 명시되어 있다. 『경국대전』은 정도전의 『조선경국전朝鮮經國典』을 기초로 하였으되 세종 때부터 작업을 시작해 세조를 거쳐 성종 때에 반포된 것으로, 적어도 당시 습속의 기준이 될 수 있는 책이다. 이 『경국대전』에서 모든 상속을 남녀 자식들의 균분 상속으로 규정한 것은 당시 습속과 사회적 기준이 그러했기 때문이다.

조선 전기의 상속이 균분 상속이라면 장자가 제사권을 독점하고 싶어도 독점할 수가 없다. 똑같이 재산을 상속받은 맏이가 제사에 소요되는 경비를 홀로 부담하기 힘들기 때문이다. 따라서 조상에 대한 제사는 여전히 돌아가며 올리게 되는 윤회봉사輪廻奉祀일 수밖에 없다. 여기에 남녀 또한 같은 재산을 배분받기에 외손도 제사를 올릴 수 있고, 사위가 제사를 올릴 수도 있는 것이다. 근본적으로 이런 형태의 상속제도 아래서는 장자계승의 종법이 발을 붙일 여지가 없다. 아무리 삼강오륜을 중시하고, 여자들의 일부종사一夫從事를 강조하고, 자제들에게 『소학』을 가르치며 유교적 세계관을 주입시킨다고 해도, 장자계승의 종법제도를 다지기에는 역부족이다. 그렇게 한 세기 반이 더 지나서 사대부들이 이 나라 관료의 중추가 되는 17세기 초반 혹은 중반이 되어서야 서서히 종법제가 다져지기 시작한다.

'존존'은 사라지고 '친친'만 남다

임진왜란과 병자호란이라는 커다란 전란을 거친 뒤, 조선은 왕권보다 은근히 사대부들의 실권이 좀 더 센 유교 사회로 변하게 된다. 연산군을 몰아내고 중종을 세우거나, 광해군을 내치고 인조를 옹립한 것은 모두 사대부들이 중심이 된 반란이었다. 그 이전의 태종과 세조의 경우처럼 왕족에 의한 반란이 아닌 것이다. 이제 왕권이란 사대부 자신들이 대신 차지할 수는 없어도, 어느 정도 손아귀에 거머쥐고 쥐락펴락은 할 수 있는 것이 되었다. 조선의 사대부들은 사화를 거치면서 핍박에도 어느 정도 단련이 되었으며, 전란을 겪으면서 피난도 가보고, 적장에게 항복하며 머리를 땅에 조아리는 왕권의 초라한 면도 알게 되었다. 이제 태종이나 세조 같은 천하의 무소불위한 힘에 굴복하지만은 않을 것이었다.

더군다나 전란을 겪으면서 왕과 국가가 자신과 자신의 집안을 언제나 온전하게 지켜주지는 않는다는 사실도 알게 되었다. 몇몇 사대부 가문들은 사화와 전란을 겪으면서 흔적도 없이 사라져버리지 않았는가. 가문을 책임진 가장으로서는 스스로 가문을 지켜야 함을 뼈저리게 깨달았을 것이다. 그들의 시선은 왕이나 국가나 백성으로부터 슬며시 자기 집안으로 옮겨졌다. 세상에 나아가 벼슬을 하지만, 그것만이 아니라 자기 집안을 온전히 보존하고 가문의 줄기를 올바르게 유지하는 것도 중요했다. 혹여 제사를 이을 직계 가족이 없더라도 가계는 유지되어야만 했고, 그래서 제사를 받들어줄 후손을 데려와서라도 만드는 일은 매우 중요했다. 그렇게 힘들더라도 적통을 이어가며 가문을 보존하고 제사를 이어가는 것 말이다. 『주자가례』 자체가 임금과 같은 일가가 아닌 사대부들의 조상 받드는 법이었기에 '존존'의 의미는 퇴색하고 '친친'의 의미만 강조될 수밖에 없긴 했지만, 이제는 오로지 다른 것을 다 떠나서 가문의 '친친'만이 남게 되었다.

이제부터는 나라보다는 가문이 더 중요하며, 그러다 보니 가문끼리 연합하거나 서로 대립하는 일도 생겨난다. 그래서 가문들 사이에 친소관계와 이념의 차이도 불거진다. 그리하여 서로 어울리는 사람들이 뭉치고, 반목하는 집안끼리는 적대하니 당파가 심해지는 것이다. 이제는 자신의 가문을 지키고 서로의 결속을 다지기 위해 엄격한 종법제도가 중요해졌다. 주나라와는 달리 가문의 질서와 안녕을 위해, 가문의 영달을 위해 종법이 긴요한 것이다. 그 영달을 가문의 사람들과 함께 나누도록 질서를 잡는 일에 종법이 종요로울 뿐이다.

물론 당쟁이란 것이 부정적인 것만은 결코 아니다. 조선 시대의 당쟁이란 요즘의 민주주의와 같은 의미로 바라볼 수도 있기 때문이다. 한 가지 사안에 대해서 여러 시선들이 있어야만 올바른 판단을 할 수 있고, 한 가지 경향으로 매몰되지 않게 한다. 다만 당쟁의 가장 중요한 이슈가 형식적인 예법에 그친 것이 아쉬울 따름이다. 보다 넓고 전체를 바라보는 시각에서 실용적인 논점들이 제기되었다면 당쟁은 오히려 조선 사회의 활력소가 될 수 있었을 것이다. 그러나 조선 중기의 변화는 그런 대승적인 면모보다는 '친친'의 개념을 강화하는 쪽으로 진행되어 반대 당파에 대한 무조건적 반대라는 근시안적 형태로 진행된 것이 아쉬울 따름이다.

이 시기에 가문이 중요해지고, 그래서 종법이 강화되고, 제사권을 중심으로 여자들의 권리가 축소되고 가부장제로 나아가게 된 데는 앞서 말한 전란의 영향도 있지만, 조선 종법의 근본인 조선 왕가 종법의 문란도 한 역할을 했을 것이다. 이전의 왕위 계승에도 문제가 있었지만, 선조의 경우는 더했다. 명종이 후사 없이 죽고 난 뒤 왕위계승자로 발탁되지만, 선조는 조선 왕 가운데 최초의 서출이었다. 곧 선조의 아버지는 후궁 출신의 어머니에게서 난 왕자였다. 이제는 서출이라도 적통을 이을 수 있게 된 것이다. 왕가의 이런 법도는 당연히 사대부들의 법도에 영향을 줄 수밖에 없다. 이후의 양자들은 이전의 양자들과는 다른 대접을 받기 시작했다.

이는 사대부 집안의 서출이라면 경계심을 품을 일이었다. 여태까지는 사대부 집안에서도 적출이 없을 경우 서출이 대를 잇고 제사를 승계하는 일이 적지 않았다. 사대부 집안에서 정실보다 첩은 한미한 집안인 경우가 많았던 까닭에 가문이 중시되는 풍조에서 첩의 자식인 서출이 제사를 잇는다면 이는 가문의 쇠락으로 받아들여질 수 있었다. 그래서 될 수 있으면 차라리 양자를 들이는 편을 택하지 서출이 제사를 잇는 것을 원하지 않았다.

그러나 17세기 초까지만 하더라도 적장자가 우선이고 서출이 차별 받는 일이 당연하기는 해도 제사나 상속에서 완전히 배제된 것은 아니었다. 또한 딸자식이라 해도 가족에서 완전히 배제된 것은 아니어서 외손이 외가 쪽 제사에 참여하는 빈도나 열의는 본가의 것만은 못했을지라도 전혀 생소한 일이거나 한 건 아니었다. 데릴 사위가 중요한 습속이었으니 이는 어쩌면 당연한 일이다. 제사도 적장자가 치르는 빈도는 높았지만 자손끼리 돌아가며 지내고 있었고, 서출일지라도 제사에 참여하고 있었으니 말이다. 재산은 딸자식과 서출에게도 상속이 되었으며, 상속에서 제사 담당 횟수에 따라 상속분에 고려가 되기는 했겠지만 그리 큰 차이도 없었다. 매사에 적장자를 우선하는 분위기가 점차 익어가고 있었지만 온전하게 자리를 잡은 것도 아니었고, 자손이 없을 경우에 양자를 들여 제사를 돌보게 했지만 그 제사란 어디까지나 양부모에 한 대에 한한 것이었다.

이러던 것이 병자호란 이후인 17세기 중반부터 확연하게 변모하기 시작했다. 사대부들은 이제 왕실에 대해서도 예학에 대한 논쟁을 서슴지 않았다. 또한 사대부 집안에서는 적장자 우선의 원칙이 뚜렷하게 지켜지기 시작한다. 적장자가 다른 자식에 우선해서 제사를 독점하게 되고, 다른 상속과는 별도로 제사에 소요되는 비용을 충당하기 위한 전답도 상속받게 된다. 만일 자식이 없는 경우라면 가까운 조카부터 양자로 들여 장자로 내세우고, 이도 여의치 않으면 먼 친척일지라도 아예 입양해서 완전하게 대를 잇게 한다. 이전에는 양자가 양부모 1대에 한해서만 제사를 올릴 수 있던 관례도 무너지고 조부모 이상의 조상에게 제사를 지낼 수 있게 하여, 실질적인 적장자의 대통을 잇게 하는 것이다.

이러한 변화는 결국 가문을 중시하는 가부장적인 사회로 귀결된다. 주나라의 왕실과 마찬가지로, 모든 가문의 구성원은 적장자에게 복종해야 했다. 주나라야 적은 수의 자국민으로 큰 나라를 통치하기 위해 불가피한 측면이 있었다고 하겠지만, 조선에서의 종법제도는 그저 주희의 가르침을 따르는 것 외에는 딱히 명분도 없다. 그저 자기 가문의 결속을 다지고, 가문이 나라의 일보다 더 중요하게 된 것일 뿐이다. 조선 초기 사대부의 종법 준수는 왕과 신하가 같은 예법으로 서로 동질성을 확인하는 구실은 했을지 몰라도, 이 17세기 중반부터의 종법제도 강화는 가문 이기주의 말고는 별다른 목적이 있었던 것 같지도 않다.

본말전도의 종법이 가져온 해악

이렇게 17세기 후반부터 강화된 종법으로 사대부 집안의 제사는 많은 변모를 겪게 된다. 문중의 대종이 되는 집안에는 가묘家廟가 필수로 되었다. 종가에 가묘가 설치되었다는 것은 이제 문중의 대를 이은 대종에게만 제사권이 있다는 이야기다. 이렇게 주희가 만든 사대부 집안의 종법이 본격적으로 시행되었지만, 제사의 횟수에 있어서는 한 해에 네 번 지내는 시제時祭를 더 지내는 것 말고는 내려오던 제사와 크게 다르지 않았다. 『주자가례』에는 없는 우리만의 습속인 명절 때 묘소에 가서 제사를 올리는 것 또한 유지되고 있었으며, 달라진 것은 묘소에 가기 전에 가묘에서 한 차례 더 제를 올리는 정도였다.

겉으로는 제사의 횟수가 는 것 말고는 별다른 변화가 없는 듯 보일지 몰라도. 사실 종가의 가묘 설치와 『주자가례』의 본격적인 시행은 많은 변화를 가져왔다. 우선 대종인 적장자의 신분은 가문의 영도자로 급상승하게 된다. 묘당이 종가에 있으니 윤회봉사는 실현

될 수 없었다. 또한 제사 비용 때문에 균분 상속도 사라졌다. 그보다 더 큰 피해자는 사대부 집안의 여자들이었다. 제사의 권리를 박탈당하고 상속도 대폭 줄었으며, 결혼을 하면 친정과는 결별하고 시댁의 제사만을 준비하는 위치로 전락했다. 가부장제로 인해 많은 불행한 사람들이 생겨난 것이다.

이 제도 안에서는 적장자를 제외한 모든 사람들이 피해자일 수밖에 없다. 방계나 지류에게는 가문 안에서 실질적인 권한이 주어지지 않고, 서자들은 지독한 차별을 받게 되었다. 아울러 여자들의 인권은 유사 이래 바닥으로 떨어졌다. 일부종사가 당연시 되어 수절守節이라는 사실상의 감옥에 갇히는가 하면, 남편이 죽으면 아들을 따라야 한다는 해괴한 논리까지 나왔다. 남편과 친정에서 지내던 꿈같은 시절은 가고, 친정 나들이조차 쉽지 않았다. 더군다나 끊임없는 가사노동에 시달렸으니, 가장 중요한 적장자의 종부宗婦마저도 수없이 많은 제사에 음식을 마련하는 중노동으로 일생을 보내야 했다.

이렇게 강화된 종법이 확대재생산되면서 이윽고는 사회 전체를 지배하게 된다. 조선은 무시무시한 가부장적 사회로 변모하고, 가문의 이익이 국가나 사회의 이익보다 우선하는 이기적인 사회로 변모한다. 과거에 급제하여 높은 벼슬에 오른 것을 나라보다 가문의 영광을 빛내는 일로 바꾸고 만다. 대종인 장남이 벼슬에 오르면 의당 가문을 챙겨야 하는 것이고, 장남이 벼슬에 오르지 못하고 그 동생이 벼슬에 오르더라도 장남을 도와 가문을 챙겨야 하는 것이다.

곧 '친친'은 무조건 옳은 일이며 '존존'과 같은 공익이나 공정함은 사라지는 셈이다.

이것이 지금도 사람들이 어느 가문의 누구임을 내세우는 족보와 성씨와 지파支派를 따지는 근거이다. 물론 학식 있고 벼슬을 한 명문가부터 시작했지만 결국은 모두가 따라하게 마련이다. 사람들 모두가 빛나는 가문의 출신이기를 원하고, 조상들이 높은 벼슬이었기를 원한다. 17세기 말 전체 인구의 10퍼센트도 되지 않던 양반은 불과 200년 동안 눈덩이처럼 늘어나 70퍼센트에 이른다. 이제 사대부의 족보와 벼슬도 돈으로 살 수 있는 그런 허접한 상품이 되고 만 것이다. 이상향을 위해서 도입한 주나라의 종법이 주희의『주자가례』로 한 번 변질되고, 17세기 전란 후의 모순과 맞물려 다시 한번 변질되어 결국 그 이상향을 망가뜨리는 제도로 전락하고 말았다.

모두들 '가문의 영광'을 외치지만 그것이 어떤 공공성을 갖는지는 뚜렷하지 않다. 제사가 가지는 '친친'의 의미는 장려할 만한 일이다. 가족과 친족들의 우의를 다지고 친교의 의미를 갖는 것이 제사의 의미이기도 하다. 이런 의미에서 윤회봉사는 긍정적인 의미를 지닌 좋은 종법이었다. 시집 간 딸들도 참여하고 서로가 큰 부담을 지지도 않았다. 이런 '친친'이라면 '존존'의 공공적인 사회성도 해치지 않는다. 주나라가 장자 위주의 종법을 행한 것은 거대하고 복잡한 국가의 기강을 친족관계를 빌어 바로잡기 위함이었다. 그런데 그것이 별 상관도 없는 사대부의 집안 종법으로 변질되어 가부장적 권위를 내세우게 만들었으며, 오히려 '친친'을 해치고 가족을 이익 집단으로 만들어버린 셈이다.

종법을 우리나라에서 태고 때부터 지켜온 도리라고 아는 사람이 의외로 많다. 그러나 결코 그렇지 않다. 성리학과 함께 그런 원리가 있다는 것을 알게 된 게 500년, 또 적장자 중심의 유교적 종법이 시행된 건 고작 350년 정도에 지나지 않는다. 그리고 이 변질된 종법을 철저히 시행함으로써 사회와 국가에 이바지된 게 거의 없다. 공동선이 아닌 가족·가문 이기주의를 전면에 내세워 사회를 병들게 한 해악이 도드라질 뿐이다. 주나라에서 시작된 종법은 당시는 나름의 필요성과 질서유지에 공헌을 했겠지만, 주희를 거쳐 조선에 수입된 종법은 그런 명분도 실리도 갖추지 못한 것이었다. 아마 자신의 가문을 윤색하여 우월한 의식을 갖게 하려는 효용 정도가 고작이었을 것이다. 그래도 아직까지 족보를 따지고 가문과 문중을 중시하는 사람들이 많다. 이런 것들도 이 종법의 해악 가운데 한 가지일 뿐이다.

더군다나 가문 이기주의는 다른 형태로 발전해나간다. 출신 지역을 따지고 학연을 따지는 것도 모두 이 연장선에서의 일이다. 그래서 친근한 사람들과 공공의 이익을 사적 이익으로 나눠 갖는 일도 서슴지 않고 행하며, 이를 너무도 당연시하는 사회가 된다. 이런 해악들을 없애기 위해서도 장남 중심의 종법은 사라져야 한다.

6

주나라의
예악은
무엇인가

　주나라의 희姬씨들이 나라를 다스리는 비결, 즉 소수로서 다수를 통치하는 나름의 비결은 무엇이었을까? 그냥 좋은 혈통을 갖고 태어났다고 나라를 잘 다스릴 수 있게 되는 건 아니니 말이다. 교육과 수련을 통해 그에 걸맞은 역량을 갖추어야만 나라를 제대로 다스릴 수 있는 법이다. 『주례周禮』를 보면, 육예六藝라 하여 이들은 여섯 가지 재주를 필수적으로 배우도록 되어 있다. 곧 예禮, 악樂, 사射, 어御, 서書, 수數가 그것이다. 이를테면 이때의 희씨들은 문무를 모두 갖추어야 했다.

　활쏘기와 전차의 수레를 모는 훈련인 '사'와 '어'는 무사에게 아주 중요한 종목이었다. 당시의 전쟁이란 말이 끄는 수레 위에 타고서 창처럼 생긴 극戟을 들고 싸우는 것이었으니, 이는 무사로서의 기본 수련이라 할 수 있다. 그리고 '서'와 '수'는 문사文士에게 기본이었다. 당시는 글을 쓴다는 게 일반적이지 않았지만, 나라를 통치하기 위해서는 마땅히 글을 알아야 했다. 그래야 기록도 남길 수 있으니 말이다. 또한 셈하는 법은 토지와 세금을 계산하고 물품의 수량을 표기하려면 당연히 필요했다. 또한 '수'를 알아야 천문이나 역법도 알 수 있었다. 이런 것들을 익혀야 통치자로서 기본적인 자질을 갖추게 되는 것이다. 그리고 '예'는 곧 예절이니 이 또한 임금과 제후, 그리고 관료들 사이, 나아가 모든 사회생활에 없어서는 안 될 기본 항목이다. 왕과 제후 사이에, 왕과 신하 사이에 그리고 제후와 신하 사이에도 예절을 잘 지켜야만 조직이 원만히 돌아갈 수 있음은 두말이 필요없다.

그런데 그 '예'와 자주 짝을 지어 나타나는 것으로 '악'이 있는데, 얼핏 보기엔 이게 좀 생뚱맞다. 왜 거기에 한 묶음으로 자리하고 있는 걸까? 지금의 우리는 이 글자를 주로 '음악'이나 '즐거움'의 뜻으로 사용한다. 음악이라면 악기를 연주하는 기악이나 사람의 목소리로 부르는 노래부터 떠오른다. 또한 음악은 즐거움을 주는 일이니 '요산요수樂山樂水'라 할 때처럼 즐거움을 뜻하는 글자이기도 하다. 즐거움과 음악 가운데 무엇이 우선하는 의미일까를 따지기조차 쉽지 않다. 나무 위에 악기를 늘어놓은 모양을 상형했으니 음악의 뜻이 우선일 듯하지만, 사실 즐거우면 저절로 나오는 것이 노래고 춤이지 않은가.

그러나 이 문제가 그리 간단하지만은 않다. 노래를 뜻하는 용어는 다른 것도 있기 때문이다. 가령 노래란 뜻의 글자 가운데는 '가歌'와 '요謠'와 '영詠'도 있고, '시詩'도 노래의 일종이 아닌가 싶다.

일단 '가'와 '영'은 악기 소리와 함께 목소리로 부르는 노래, '요'는 그저 목소리로만 부르는 노래, '시'는 노래 가사로 간단하게 정리할 수는 있지만, 과연 이런 해석이 주나라 당시에도 적용 가능한지는 의문이다.

공자가 이전부터 내려오는 시 3천여 편을 3백여 편으로 추려 엮었다는 『시경詩經』. 이 책이 민간의 음악인 '풍風', 연회용 음악인 '대아大雅'와 '소아小雅', 그리고 하늘과 땅에 대한 의례에 쓰이는 '송頌'으로 구성되어 있음을 보건대, 이는 비록 가사만 남아 있기는 해도 '시'라는 것이 음악이었음을 또렷이 보여준다고 하겠다. 그리고 '가'와 '요'는 일종의 속악俗樂이었다 하더라도 '풍'에 속할 수 있는 성질의 것임은 분명하다. 그렇다면 이 '시'와 '악'은 같은 걸 뜻할까? 하지만, 그렇다면 왜 또 '예시禮詩'가 아닌 '예악禮樂'이란 말인가?

답은 시와 악은 다른 것이며, 그래서 '예시제도'가 아니라 '예악제도'인 것이다. 『논어』 「태백泰伯」에서, 공자는 "시에서 일어나며, 예에서 세우고, 악으로 이루어진다興於詩 立於禮 成於樂"고 했다. 이렇게 3단계로 나눠 논한 것 자체가 분명한 차이다. 그러니까 '시'(곧 요즘으로 치자면 음악)가 시작이고, 서로 '예'를 나누며 자신의 본분을 다하는 것으로 제도가 세워지게 되며, 이것이 '악'으로 완성된다는 뜻이다. 사실 음악이 예법보다 먼저란 것도 이해하기 어려운데, '시'와 '예'가 합쳐져 '악'을 이룬다는 것은 과연 무슨 뜻일까?

'예'와 '악'이 근본이요 불가분인 이유

요즘의 국가 행사를 살펴보자. 이른바 취임식이나 외빈의 접견, 공식 경축일 행사 등에서 대개 음악은 없어도 무방하거나, 아니면 군악대의 애국가 반주와 같은 부수적인 용도로만 쓰이고 있다. 간혹 경축의 의미를 지닌 음악이 연주되거나 가수나 성악가가 초빙되어 노래를 부르는 일이 있다 해도, 이는 대략 여흥이나 경축의 의미이지 행사의 본질은 아니다. 물론 이런 행사들은 외국의 전례를 따른 것일 뿐 전통적인 것도 아니며, 현대에는 음악회가 아닌 이상 음악이 행사의 본령이 되는 경우도 없다.

그런데 왜 공자는 모든 의전의 앞뒤에 음악을 말하는 듯한 '시'와 '악'을 배치하고, 사뭇 이를 '예'보다 더 중요하게 여기는 걸까. 이는 기악이든 성악이든 당시의 음악에 지금의 음악보다 훨씬 더 중요한 존재가치가 주어졌었음을 말해준다. 즉 음악은 일종의 '다스림'이었던 것이다. 이 세상을 조화롭게 다스린다는 것을 마치 소리를 다스려 엮어 음악으로 재탄생시키는 것과 같은 원리로 본 것이다. 그렇기에 과거에는 모든 국가적인 행사니 연회니 제사에서 음악이 아주 필수적인 역할을 했다. 곧 음악이 없는 예절이란 있을 수도 없는 일이었고, 음악이 없이는 예절 자체가 아예 성립조차 되지 않는 그런 근본적인 것이었다는 말이다.

그렇다면 결국 '시'와 '악' 사이에도 구분이 있을 수밖에 없다. '시'는 일단 말이 기조이되, 그 말에 곡조가 붙어서 노래가 된 것이라 하겠다. 하지만 '악'이란 글자는 나무 위에 흰 '백白'자가 있고 그 주변을 실 '사糸'가 감싸고 있는 형태로, 갑골문과 금문에서도 그런 기본 구성은 별반 다르지 않다. 이런 글자 형태 때문에 후한後漢 때 편찬된 『설문해자說文解字』에서는 "다섯 소리와 여덟 음의 전체를 뜻하는 이름五聲八音總名"이라고 했기에, 그저 악기로 연주하는 기악을 의미하는 느낌도 든다. 그리고 나무 '목' 위의 흰 '백'은 북[鼓]으로 해석하고, 그 북을 둘러싼 실 '사'를 현악기로 해석하여 이를 그저 음악이라고 보는 해석도 있다.

그러나 사실 이때까지는 중국에 현악기라 할 만한 게 미미했다. 대부분의 현악기들은 대체로 서역에서 들어와 당나라 시대에 유행한 것들이다. 주나라 때의 악기는 종과 편경, 북과 같은 타악기와 관악기가 주류였다. 현악기라면 그저 거문고의 원형쯤 되는 악기만 있었을 것이다. 그러나 '사糸'를 현악기로 고정해서 해석하지 않는다면, 북을 가운데 두고 두 팔을 들어 북을 치거나 춤을 추는 동작의 상형으로 봐도 무리가 없다. 현대에도 북을 가운데 두고 춤을 추는 북춤은 흔히 볼 수 있잖은가. 물론 갑골문에는 이 실 '사' 가운데 흰 '백'자가 없었으며, 금문에서도 이 모습은 북이라기보다 그릇에 담은 음식 같은 형상이기는 하다. 그리고 『설문해자』보다 이른 시기의 저작물인 『예기禮記』「악기樂記」에는 "사물에서 감동을 받아 움직이고, 소리에서 형태가 나타난다. 소리와 서로 대응함으로 변화가 생겨난다感於物而動 故形於聲 聲相應 故生變"고 했다. 이 문구는 음악과 무용의 어울림을 설명하는 구절처럼 들리지 않는가.

이런 유추를 따라간다면 '시'는 가사의 뜻을 새기는 노래와 악기의 연주가 있는 오늘날의 음악이라 생각해도 무리가 없을 듯하다. 그리고 '악'은 이런 '시' 형태의 음악에다 '무용'까지 더해진 일종의 종합예술이라고 봐도 좋을 듯하다. 그런데 이런 두 가지의 구분이 어떻게 '예'와 상응하게 되었는지에 대해서는 조금 더 생각해봐야 한다. 유가들이 이 '예악'을 모든 것의 중심에 놓을 정도였으면, 거기엔 분명히 어떤 이유가 있지 않았겠는가.

공자가 가장 중시하던 책은 『시경』이었다. 공자가 『시경』 읽기를 유가의 근원으로 삼았을 만큼 이 '노래'를 중요하게 여긴 것이다. 이 노래에서 바야흐로 '악'이 나왔으리라. 또한 '극기복례克己復禮'라 하여, 자신의 이기심을 버리고 세상의 예를 좇아감을 현실적인 목표로 삼았다. '예+악'이 항상 함께 붙어다니게 한 것도 바로 공자가 한 일이다. 그런데 『논어』「선진先進」편에 보면, 잘 납득이 가지 않는 말을 한 마디 한다. "먼저 예악에 나아간 사람은 들에서 일하는 세속의 사람이다. 나중에 예악으로 들어간 사람은 군자다. 만일 어떤 것을 쓰겠냐고 한다면 나는 먼저 들어가는 것에 따르겠다先進於禮樂 野人也 後進於禮樂 君子也 如用之 則吾從先進."

이 말이 후세 사람들을 곤혹스럽게 만들었다. 상식에 반하는 말이기 때문이다. 글을 배운 고귀한 군자들이 고상한 '예악'을 따른다고 보는 게 상식적인데 이들은 나중에 '예악'으로 들어갔다고 하고, 그저 평범한 촌사람들이 먼저 '예악'으로 들어갔다며, 공자도 그것을 따르겠노라고 하니 이상하지 않은가? 그래서 훗날 이 구절을 읽는 유가들은 온갖 구실을 붙여가며 이 말을 합리화하려고 애썼다. 가령 옛 예악은 소박하되 군자들이 행하는 예악은 허식이라 하기도 하고, 선진을 '옛사람'으로 후진을 '요즘 사람'으로 해석하기도 하며, 야인은 촌사람이 아니라 '벼슬에 나가지 않은 사람'이고 군자는 '벼슬을 하는 사람'으로 여기기도 하면서 그 말을 합리화하려 갖은 방법을 동원했다. 또 벼슬을 하기 전이 '선진'이고, '후진'은 벼슬을 하고 난 다음이라고 하기도 했다.

하지만 바로 그 구절이 '시'와 '악', 그리고 둘 사이의 '예'에 대해 정확하게 규정하는 말이라고 생각한다. 『시경』은 크게 '풍' '아' '송'으로 되어 있지만, 공자가 가장 애착을 가진 것은 민중의 음악이라 할 수 있는 '풍'이었고, 또한 이것이 가장 먼저 생겨난 음악이었다. 군자나 왕의 음악이라 할 수 있는 '아'와 '송'은 나중에 생긴 음악이다. 공자는 음악에서 '예'가 나온다고 생각했으며, 또한 예의는 음악과 춤인 '악'과 함께하는 것이라 보았으니, 당연히 평범한 백성들이 먼저 '예악'에 들어섰으며, 통치자인 군자는 나중에 '예악'에 들어선 것이고, 그래서 자신은 보다 원초적인 먼저의 것을 택하고 싶다고 말한 것이다.

『시경』의 '풍'이 일종의 민요라면 당연히 속세의 사랑을 노래한 것이 많을 것이고, 그런 노래를 부르면서 가사의 뜻을 새기고 목청을 돋워가자면 어깨가 절로 으쓱하면서 춤사위가 안 들어갈 수 없는 법이다. 이를 공자는 사람들 사이에서 윤활제이자 서로를 배려하는 어떤 기제로 본 것이다. 그래서 여기서부터 예의가 시작되었으며, '예'의 단계로 들어선 노래와 연주와 춤을 '악'이라고 하고, 이 둘 사이가 서로를 떼려야 뗄 수 없는 불가분의 관계이기에 '예악'이라 부른 것이다. 곧 '악'은 '시'와 다른 것이라기보다는 일종의 정형화된 것이라 보면 될 듯하다.

이를 공자시대보다 후세의 언어로 바꾸자면 『예기』 「악기」의 표현처럼 "세상의 이치에 밝은 다음에야 '예악'과 함께할 수 있는明於天地 然後能與禮樂" 것이며, "성인은 '악'을 만들어 하늘의 뜻에 감응하고, '예'를 만들어 땅 위에 짝을 지워주니, '예악'을 맑게 갖추어 하늘과 땅을 다스리는 법이다聖人作樂以應天 制禮以配地 禮樂明備 天地官矣"라 했다. 그러나 이런 번다한 수사를 빼고 말한다면, 공자의 원래 뜻은 사람 마음의 사랑과 즐거움은 노래로 표현할 수 있으며, 이것이 바로 사람들 사이의 예의와 음악이 되어 세상을 가지런하게 하는 중심 원리라는 것이리라.

어쨌거나 공자는 은상과 주나라의 근본적인 차이점으로 이 '예악'을 꼽았다. 은상 또한 중원을 수백 년 동안 다스렸으니 그들 또한 능력은 있었던 것이다. 이 세상을 지배하기 위해서 그들도 '사射' '어御' '서書' '수數'라는 통치자로서의 기본적인 능력을 연마했다. 또한 주나라 사람들보다 훨씬 더 연회도 잦고 술도 많이 마셨다. 술을 즐기면서 노래가 없었을 리 없다. 술과 음식만 먹고 마시는 것이 아니라 노래도 부르고 음악도 연주하며 질펀하게 즐겼을 것이다. 그러나 이를 공자는 '예악'이라 하지 않았다. 은상의 왕과 신하들도 분명 통치의 목적에서 연회를 즐겼을 것인데 왜 공자는 이를 '예악'

의 범주에 넣지 않았을까? 아마도 그는 단순한 즐거움 차원을 넘어서 인간 본성을 드러내는 절제와 합리적 이성의 단계를 '예악'으로 본 것 같다. 그렇기에 "시詩에서 일어나며, 예禮에서 세우고, 악樂으로 이루어진다"는 말은 그저 먹고 마시고 노래를 부르고 하는 것과는 차원이 다른 단계를 가리키는 것이다.

그래서 주나라 사람들은 은상 사람들처럼 술을 마시지 말라고 강조했다. 이런 잔소리를 가장 많이 한 사람이 바로 공자가 가장 숭앙하던 주공이다. 주공이 동생 강숙에게 했던 술에 대한 경계의 말은 역사서에도 한 단락으로 기재되어 있으니 『상서尙書』의 「주고酒誥」가 바로 그것이다. 주공이 이런 잔소리를 늘어놓는 것은 '삼감의 난'을 평정한 다음 강숙을 은상이 있던 지역인 위衛나라의 제후로 봉했기 때문이다. 다시 말해서 동생이 은상 사람들을 보고 그들의 술 마시는 것을 배워 나랏일을 그르칠까 해서였다. 모든 화의 근원은 지나친 음주에 있다며, 동생과 주나라 사람들에게 술의 절제를 당부한 것이다.

사실 주나라 사람들이라고 술을 안 마실 수는 없다. 당시 모든 제사나 연회에 술은 필수불가결이었다. 그 제사와 연회가 통치행위의 으뜸되는 행사라면 더군다나 술을 마다할 방법은 없다. 그렇지만 은상의 과도한 음주가 패망의 원인이라 여긴 주공은 술을 절제토록 경계했다. 실제로 은상 시절 전체 청동기의 절반을 넘던 주기酒器의 비중은 주나라 초에는 그보다 적고, 서주西周 중기에는 그보다 더 비중이 떨어지고, 말기에 이르면 더 줄어든다. 아마도 주공은 역사상 절주에 성공한 최초의 통치자라 할 수 있을 것이다. 술은 줄이고 음악이 어우러져 '예악'의 세계로 넘어가니, 술 취해 흥청이던 세상이 이성과 질서가 지배하는 세상으로 바뀌었다. 아울러 온 세상은 시끌벅적하던 흥취의 살벌함에서 평화로운 정경으로 바뀌어 갔으리라. 유가에서 강조하는 주공의 예악제도에서의 '예'와 '악'은 그렇게 하여 한 쌍을 이루게 되었던 것이다.

'예'와 '악'과 술

여태까지 예악의 '악'을 이야기하기 위해 시와 음악을 이야기했지만, 술을 마실 수밖에 없는 '예'에 대해서도 더 알아볼 필요가 있겠다. 이 '예'를 본격적으로 다룬 책은 셋이 있다. 『주례周禮』·『의례儀禮』·『예기禮記』로 전국시대부터 한나라 때 사이에 만들어진 책인데, '삼례三禮'라고도 불린다. 이 책들이 만들어진 시대 때문에도 책에 언급된 주나라 이야기가 모두 진정 주나라 때의 것인가 하는 데는 의문의 여지가 있다. 그러나 적어도 당시의 눈으로 이해한 주나라의 '예'라는 점은 부정할 수 없다.

유가들은 이 '삼례'를 무기로 해서 조정에 관리로 등용되었다. 한나라는 신선사상의 도교에, 당나라는 불교에 심취했지만 정부와 황실에는 적절한 예법이 필요한바 도교나 불교가 이를 제공하지 못했기 때문에 당연히 유가들이 이 예법을 독점했다. 이를 발판으로 유가들은 황실과 국가의 행정조직을 장악하고, 결국 송대 이후에는 전반적으로 권력을 얻는 데 성공한다. 곧 유가의 발판은 이 세 책에 있는 '예법'이 그 단초였던 셈이다. 그렇기에 '예악제도'란 것은 유가들이 금과옥조로 내세울 수밖에 없는 무기였다.

그렇다면 '예법'이 과연 무엇이기에 이토록 무시할 수 없었던 것일까? 그 예법들을 구체적으로 들어보자. 『주례』에는 '오례五禮'라 하여 '길례吉禮' '가례嘉禮' '빈례賓禮' '군례軍禮' '흉례凶禮'를 적고 있다. '길례'는 하늘과 땅, 그리고 여러 자연신에게 올리는 제사를 말한다. 지금 북경에 가면 있는 천단天壇은 하늘에 제사를 지내던 곳이고, 지단地壇은 땅에 제사를 지내던 곳이다. 이런 제사에는 타악기인 북이 중심이 되는 '악'이 필수였다. 종묘와 사직에서 올리는 제사도 이 '길례'의 범주에 속한다.

'가례'는 보통 음식을 차려놓고 하는 제사들이다. 혼인, 관례, 손님을 맞이하여 여는 잔치, 절기마다 벌이는 잔치, 설이나 추석 같은 명절에 벌이는 잔치 등이 모두 이 '가례'에 속한다. 그야말로 지금의 일상에까지 이어지고 있는 것들이다. 다만 주나라 때에는 왕이나 제후, 신하들 정도에서나 할 수 있지, 일반인들은 흉내 내기 어려운 잔치였을 것이다. 그러니 '가례'에는 아마도 '악'이 있었을 것이다. 지금도 잘사는 집안의 큰 잔치에는 더러 가수나 악단을 불러 '악'을 공연하기도 하며, 특히 결혼식에는 축가가 빠질 수 없는 순서이다.

'빈례'는 그야말로 손님맞이다. 한데 손님에도 여러 손님이 있다.

외부의 손님이면 나라 밖의 손님일 수도 있고, 집안 밖의 손님일 수도 있다. 서로의 혼인을 의논하기 위한 손님일 수도 있고, 내 집을 찾아온 신하일 수도 있다. 예나 지금이나 손님맞이는 중요하다. 지금 기업체가 대외적으로 하는 대부분의 업무도 이 손님맞이와 관련된 일들이라 할 수 있다. 자신에게 물건을 공급해주거나 자신의 물건을 사주는 사람 모두가 다 손님이다.

'군례'에는 활쏘기가 가장 중요했고, 사열·열병·훈시와 같은 제식 훈련도 포함된다. 섣달에 잡귀를 몰아내는 의식인 '대나大儺'도 폭죽을 터뜨리는 군례에서 비롯된 것이다. 군례야말로 '악'이 필수이다. 활쏘기의 시작과 끝을 알리는 것도, 열병과 사열의 보조를 맞추는 것도, 진격이나 후퇴를 알리는 것도 모두 '악'을 신호로 이루어진다. 군대의 칼과 창을 쓰는 법도 크게 보면 무용과 유사하다. 그래서 북소리를 반주로 하는 검무劍舞는 흔한 일이었다. 군대야말로 이 '악'의 모든 요소를 갖춘 곳이었던 셈이다. 현대의 군대에서도 이는 마찬가지여서 군악대 없는 군대를 상상하기란 어렵다. 그래서 대부분 국가 행사의 음악까지도 군악대가 맡는 것이다.

'흉례'는 물론 죽음과 병에 관한 의례이다. 병이야 문병이 고작이니 깊이 말할 것도 없지만, 죽음과 관련된 예절은 복잡다단하다. 상례와 장례에 더욱이 '악'이 빠질 수 없고, 일단 매장을 하고 나면 다시 제사로 이어진다.

이처럼 '예'들을 열거하면 이 세상만사가 '예' 아닌 일은 하나도 없는 것 같다. 사실 이때는 모든 것이 예인지라, 무기와 예기 같은 청동기를 만드는 일조차 『주례』의 「고공기考工記」에 실려 있을 정도다. 제조업도 일종의 관청에서 행하는 '예'로 취급한 것이다. 그러니 이 예에 달통한 유가들은 도교의 세상에서도, 불교의 세상에서도 관료로 올라가는 든든한 동아줄을 쥘 수 있었다. 이러저러한 일은 이러저러하게 처리해야 한다는 것을 구체적으로 임금이나 황제에게 알리고, 자신들은 이를 시행하는 것이다. 도교나 불교는 저승의 세계에 대해서는 어떤 지침을 줄지 몰라도 이런 실질적인 일에는 아무런 도움이 되지 않았으니, 유가들은 다른 종교의 세상에서도 관료로 군건한 위치를 차지할 수 있었다.

또한 '예'에는 음식과 술이 관련되지 않은 항목들이 거의 없다. 제사를 지내더라도 음식을 차리고 술을 음복한다. 옛날이나 지금이나 손님을 맞이하든, 혼인식을 올리든, 잔치를 하든, 장례를 치르든 술과 음식은 빠질 수 없다. 게다가 이런 '예'들이 주나라만의 독창적 문화도 당연히 아니다. 주나라 이전의 은상이 되었든, 하나라가 되었든, 아니면 신석기문화가 되었든 이와 같은 '예'들은 조금씩 차이만 있을 뿐이지 언제 어디서나 모두 존재한다. 은상도 하늘과 땅과 조상에 대해서 제사를 올리고, 결혼을 하고, 성인이 되고, 손님을 맞이하고, 명절을 지내고, 군대를 조련하고, 상을 당하여 장례를 치르는 것이 주나라와 다를 리 없다. 다만 은상 사람들이 대부분 잔치를 언제나 떠들썩한 술자리로 끝냈던 점만 조금 달랐을 뿐이다.

물론 은상 사람들의 이런 술 마시는 습관을 혐오했던 무왕과 주공은 주왕이 천명을 저버리고 악행을 한 이유가 이 술 때문이라고도 여겼다. 오죽하면 주공이 자신의 동생에게 술을 마시지 말라고 훈계한 것이 역사서의 한 장을 차지했겠는가 말이다. 그러니 동생뿐만 아닌 동족에게도 술을 적당히 마시라는 잔소리를 그치지 않았을 것이다. 그러나 잔소리나 훈계만으로는 한계가 있을 터, 주공은 이런 술자리 '예'를 술 권하는 분위기보다 술을 덜 마시는 분위기로 바꿀 필요가 있었을 것이다. 바로 여기가 '예'와 '악'이 합쳐진 지점 아니었을까 싶다.

예악의 만남이 가져온 변화들

어째서 술과 '악' 사이에 연결고리가 생기는지는 문헌상 기록이 없어서 상상력을 동원해 유추 해석해야 할 문제다. 주나라에는 술을 절제하는 문화가 정착되었고, 그래서 남아 있는 기물들을 보건대 주나라 후반기로 갈수록 음주가 감소했다는 결론을 내려도 무리는 없어 보인다. 술그릇의 종류와 절대 수효가 감소했다는 사실은 그만큼 음주 비중이 적어졌다는 결론으로 자연스레 이어진다. 이를테면 차를 즐기는 사람에겐 알게 모르게 차와 관련된 도구들이 늘어간다. 차를 달이는 차호와 찻잔들, 그리고 소소한 도구들이 점차 늘어가는 까닭은 관심의 정도와 비례하기 때문이다. 술을 자주 마시는 사람의 집에는 술과 관련된 도구가 많은 게 자연스럽다. 특정한 개인이 한 동이 술독과 술병, 그리고 술잔 하나로 많은 술을 마실 수는 있겠지만, 전체 사회로 보면 그렇지 않다. 사회적으로 주기酒器의 종류와 수효가 감소했다는 것은 전체의 음주량이 감소했다고 볼 충분한 이유가 되는 것이다.

또한 공자가 주나라를 이상적인 나라로 본 것은 과거의 여느 왕조와는 달리 이 나라에 이성적인 '예악제도'가 있었기 때문이다. 이는 왕의 말이 곧 법률이 되는 전제국가나 독재사회와 이성적 법치국가를 구분한 것과 같다. '예'란 말은 질서와 법률이란 말로 바꿔도 이질감이 없다. 다만 현대의 시각으로는 '악'을 질서와 법칙으로 보는 관점이 의아할 수도 있다. 하지만 음악만큼 규율이 중요한 것도 없다. '음'은 정해진 범위에서 정해진 정확한 소리를 내야 하는 것이며, 이들이 조화로운 화음을 이루는 데도 확실한 법칙이 존재한다. 음만 있는 것이 아니라, 음악의 절주節奏는 반드시 고저장단의 규칙을 따라야 한다. 예외가 없지는 않지만, 예외가 있었더라도 종국에는 다시 원래의 규칙에 맞추어 돌아와야 한다. 음악은 수학적 엄밀성을 지니고 있으며, 고대에는 이 세상의 질서를 상징하는 상징물이기도 했다. 바로 이런 연유로 공자가 음악을 사랑한 것이다.

한데 '절주節酒'와 '예악禮樂'은 또 어떻게 관련을 맺는 걸까? 문헌상의 단서가 없긴 하지만, 그 일반적 행태를 합리적으로 추론해보는 게 그리 힘든 일은 아니다. 지금의 연회나 과거에 행했던 하늘과 땅과 조상을 향한 제사를 생각해보면 이 둘 사이가 어떻게 결합되었을지 엿보인다. 이를테면 왕궁에서 임금이 신하와 함께하는 연회에서 술과 음식을 대접하는 과정을 살펴보면 된다. 이 당시의 중국,

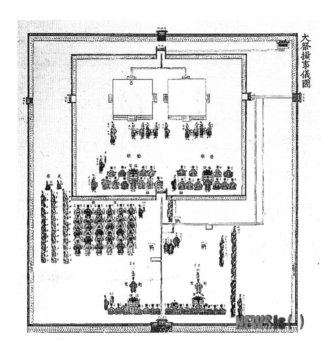

조선은 복잡한 의례를 격식에 맞게 치르기 위해 의례 방식을 그림으로 그려 보존했다. 의식이 장중했으며, 악단과 춤추는 모습을 하나하나 묘사해 당시의 '예악제도'가 생생하게 보존될 수 있었다. 이 의궤들을 보면 우리가 일종의 관념으로 여겼던 '예악'이 국가의 정사와 운용에 실제로 얼마나 큰 영향을 미쳤는지 알 수 있다.

또한 불과 50년 전의 우리만 하더라도 모든 가정과 연회에서는 한 사람에게 한 상의 음식이 가는 상차림이었다. 상차림이 그렇기에 임금이 신하에게 술을 내릴지라도, 직접 건네줄 수 있을 정도로 가까운 거리에 있지 않았다. 당연히 임금이 술을 내리면 중간의 시종들이 술잔을 전할 수밖에 없는데, 이렇게 거리를 두고 건네진 술을 한 잔 마시는 '예'를 치르고 나서는 한바탕 '악'이 행해진다. 여기서의 '악'은 물론 기악과 노래, 그리고 춤을 동반한 것이다. 이 '악'이 행해지는 동안은 음주를 하지 않기에 자연스레 과음을 제어해주는 장치가 된다. 더군다나 그 '악'은 '예'에 의미와 질서를 부여하기도 한다.

결국 모든 '예'에 '악'이 동반되기 시작하자 근본적으로 과음은 차단되고 '예'는 보다 숭고하고 의미 있는 행위가 될 수밖에 없었다. 은상 사람들의 '예'처럼 술에 취하여 떠들썩하다가 자칫 이성을 잃고 난동으로 번질 수 있는 모든 상황을 제어할 수 있게 된 셈이다. 공자가 은상을 따르지 않고 주나라와 주공을 칭송한 것은 이렇게 이성적인 질서를 만들어냈기 때문이었다. 서로 떨어져 있던 '예'와 '악'의 만남은 이렇게 절묘했다. 서로가 서로의 가치를 높여주어 시너지 효과를 냈다고 할까. '예'의 목적이 원래 종교와 사회생활의 상호관계 설정에 기여하는 것이라면, '악'의 목적은 표현과 즐거움을 일종의 형상으로 드러내는 데 있다. 다른 목적을 지닌 두 가지가 하나로 되면서 둘 다 보다 완전해질 수 있었던 것이다.

일단 '예'와 '악'이 결합하면서 정치와 제도에서 생긴 변화는 결코 작지 않았다. 은상도 '예'의 본질이야 주나라와 다르지 않았지만, 다른 씨족과의 계층적 구분과 위계질서는 엄혹했다. 다만 씨족들 내에서의 위계질서는 그리 엄격하지 않았던 듯하다. 이는 은상 성씨들의 여러 지파들이 순서대로 집권하는 측면이 있어서 그렇기도 했지만, 제도나 예법이 확립되지 않은 탓도 크다. 그랬기에 연회나 제사가 끝난 뒤는 떠들썩한 음주와 함께 서로 우정을 나누는 자리였을 것이다. 물론 왕이 중심이 되고 각 성씨 지파의 우두머리들을 특별히 대접했겠지만 무슨 질서정연한 위계가 있지는 않았을 것이다. 그러니 음악도 여흥을 위한 장치였을 뿐이지 특별히 다른 역할을 수행한 것은 아니라 할 수 있다.

그러나 주공이 '예'와 '악'을 결합시키자 엄격한 위계와 질서가 나타나기 시작했다. 우선 그 변화는 음악 자체에서부터 오기 시작했다. 백성들의 민가인 '풍'은 엄숙한 제사나 왕과 제후 그리고 신하들과 하는 공식적인 행사에 사용하기에는 어울리지 않는다고 여겨 이를 위한 음악을 따로 만들기 시작했던 듯하다. 그 가사만 남았지만 『시경』의 '아雅'와 '송頌'이 그것이다. 악기의 구성도 종鐘, 경磬, 고鼓, 훈塤, 약籥의 타악기와 관악기 위주였다가 현악기인 금琴이 추가되었으며, 궁상각치우宮商角徵羽의 5음과 반음이 있는 12음계로 체계가 정해졌다. 이를테면 악기의 구성과 편제, 그리고 악기 자체까지 규정이 만들어진 것이다. 음악만이 아닌 무용도 이때 완전하게 정형화되었을 것이다. 이를테면 왕의 예악에는 64명, 제후에는 36명, 경卿과 대부에는 16명, 사士에는 4명처럼 규모도 춤추는 사람의 숫자도 정해졌을 뿐 아니라 그들이 추는 춤사위들에도 온전히 격식과 규범이 갖추어졌을 것이다.

이렇게 '악'만이 온전한 모습을 갖춘 게 아니었다. 제사나 연회에서의 형식 변화도 컸다. 일단 연주자들이 제사를 지내는 곳이나 연회장에 배치되어야 했으며, 이 일에서도 왕은 4면에 악단을 배치하고 제후는 3면에 배치하는 식으로 차등화했다. 그리고 지위에 따른 좌석의 배치도 더욱 정교해졌다. 연회와 제사에 참석하는 사람들의 의관에까지 자세한 규정이 만들어졌을 것이며, 이렇게 해서 나라 전체의 질서가 이런 행사에도 스며들었다. 이런 세세한 것들이 모두 '예악'을 더욱 정교하게 만드는 장치였으며, 이를 통해 나라의 통치체제 또한 눈에 보이는 질서로 드러나게 된다. 결국은 눈에 보이지 않는 정치가 '예악'을 통해 우리 눈에 가시화되는 셈이다.

사실 어떤 문명, 어떤 나라에서도 예절이 존재하지 않는 곳은 없다. 대부분의 고도화한 문명은 까다로운 예절을 통해 나라의 질서를 구현했다. 그러나 주나라처럼 '예'와 '악'을 하나로 만든 곳은 없다. 대개는 음악이 '예'에 동반될지라도 그저 부수적일 뿐, 결코 '예'와 동등한 입장에 오르지는 못했다. 그러나 주나라의 주공은 이 '예'와 '악'을 합쳐 전무후무한, 까다롭고 세련되고 정교한 의례를 만들어낸 뒤 이를 나라의 질서를 유지하는 근간으로 삼았다. 그렇기에 이 주나라의 '예악제도'는 정권의 질서 유지를 위한 뿌리이자 기둥이었으며, 유가들은 이를 통해 정권과 통치에 확고하게 발을 디디게 되었다.

예악제도 부침의 역정

주공의 '예악제도'가 과연 그 의례는 어떠했으며, 음악은 어떤 음악이었고, 춤은 어떤 것인지를 구체적으로 알 길은 없다. 당시의 문헌이 이를 기록하지 않았고, 우리는 간접적으로 후대의 문헌을 통해서 짐작할 수 있을 뿐이다. 더군다나 소리와 춤은 기록할 마땅한 방법도 없었으니 말이다. 『시경』에 일부 곡들의 가사가 남아 전해지지만, 사실 그 가사조차 현대어로 정확히 해석하기에는 무리가 있다. 그저 노래의 분위기는 이러했으리라는 정도이고, 무덤 부장품에 유물로 남아 있는 악기로 그 음악을 짐작하고, 발굴된 궁궐터를 보고 제사와 연회를 상상할 따름이다. 지금도 우리나라에서라면 봄·가을로 성균관에서 문묘제례악이 연주되며, 국립국악원에서도 조선의 종묘제례악을 연주한다. 하지만 그것은 후대에 다시 만든 것이지 주나라 때의 음악은 아니다. 그렇다고 아무런 근거 없이 만든 것은 또 아니니, 그 음악은 대체로 타악기와 관악기 중심으로 아주 길고 지루하며, 춤은 느리고 역동성이 보이지 않는, 젊은이들에게는 아주 고루한 음악일 것이라는 점은 짐작할 수 있다. 그렇지만 지금의 눈으로 그 옛날을 보면 아마도 느리고 답답하지 않은 건 하나도 없으리라. 그만큼 삶이 바뀐 것일 뿐이다.

음악의 가사만 남고 악보조차 없지만 악기들이 어땠는지를 알 수 있는 자료는 있다. 그것도 아주 생생한 원본으로 있다. 1978년 호북湖北 수주隨州에서 발굴된 전국시대의 증후을묘曾侯乙墓에서 완벽한 모습의 편경과 편종, 그리고 악기 일습이 발굴되었기 때문이다. 이 고분은 중원과 남쪽 초나라의 경계에 있던 증국^{曾國}이란 작은 제후국의 제후 무덤이다. 이 무덤에서 나온 유물이 15만 점이 넘는데, 완전한 형태의 악기가 놓인 위치까지 완벽히 발굴되어 악기의 편제마저도 온전히 보여주는 최초의 자료이다. 이 유물들로 적어도 동주^{東周} 때인 전국시대까지는 예악제도가 잘 시행되고 있었음을 알 수 있다. 제후의 것이라서 주나라 왕의 것보다 못하다고 생각할 수도 있지만, 전국시대쯤의 제후는 주나라의 왕처럼 행세를 했으므로 서주 왕의 것보다 못하라는 법은 없다. 더군다나 청동의 제작기술은 주나라보다 월등하게 좋아졌다. 악보만 없다 뿐이지, 가사와 더불어 어떤 악기로 연주했는지, 그리고 소리가 어떠했는지도 이로써 짐작할 수 있게 되었다.

하지만 이 음악에 맞춰 추었을 무용에 관해서는 별로 알려진 것이 없다. 주나라 시절의 그림이 있다면 춤추는 모습이 담길 수도 있었겠지만 남아 있는 그림은 없다. 그러나 전국시대 그림이나 한대의 화상석^{畫像石} 같은 자료들을 보면 춤추는 모습을 어렴풋이 유추해볼 수는 있다. 고대의 춤사위는 별것 아니기 십상이다. 발걸음은 그리 많지 않으며, 대개는 어깨와 팔 동작을 중심으로 한 느린 움직임이었으리라 짐작된다. 왜냐면 춤사위의 전통은 그리 쉽게 변하지 않는 법이라. 이후의 궁중의례 춤사위들도 대개 그렇기 때문이다. 이렇게 보면 타악기와 관악기 위주에다 약간의 현악기가 가미되고, 전체적으로 매우 느린 음악과 춤이 어우러진 형태라고 봐도 좋

증후을묘曾侯乙墓에서 출토된 편경

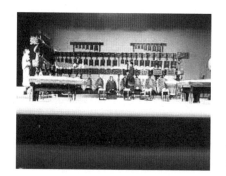

전국시대 증국曾國의 제후 묘에서 완전한 일습의 악기 8종 124개가 출토되었다. 그 중 편종에는 음악에 관한 명문이 있어 당시 음악을 이해하는 데 도움을 준다. 본디 왕과 제후의 음악 사이에는 위계가 있지만, 전국시대는 이런 규범조차 무너져 제후국이 주나라 왕실 못지않은 수준의 음악을 연주했다. 따라서 이 악기의 조합을 주나라 왕실의 음악이라 여겨도 큰 차이가 없을 것이다.

을 것이다. 장중한 맛은 있었겠지만 흥이 나고 신명나는 음악과 춤은 아니었으니, 취흥을 돋우기보다는 오히려 억제하는 효과를 지닌 '악'이었을 것이다.

어쨌거나 서주西周의 '예악'이라는 질서는 동주東周의 춘추전국시대에 이르러도 외형적으로나마 계속 유지되었음은 이 증후을묘의 발굴품을 통해서도 알 수 있다. 그러나 외형적으로는 '예악'을 유지했을지 몰라도 사회는 이미 많은 부분에서 변화가 일어났다. 춘추시대까지만 하더라도 희성과 그들의 우호 씨족 사이에 종법과 봉건이라는 기본 틀은 있었다. 다만 주나라의 왕이 중심 구실을 제대로 하지 못하기 때문에, 제후 가운데 누군가가 나서 제후들을 통솔하여 전체의 질서를 잡는다는 명목으로 패권을 경쟁했다. 춘추오패春秋五覇가 바로 그것이다. 그렇지만 아직도 주나라 때의 예전 질서를 존중하는 분위기는 있었다.

그러나 전국시대에 들어서는 다시 모든 것이 변했다. 주나라의 천자는 이제 공공연하게 무시당하는 존재가 되었고, 제후는 왕이라 스스로 칭하며, 또한 제후국의 신하는 그 왕의 국권을 찬탈하는 사례가 잇따랐다. 강대국은 수시로 약소국을 집어삼키려 했으며, 오로지 국력을 키우려고만 하는 무한경쟁의 시대가 되었다. 제자백가들은 부국강병의 방법을 유세하며 다녔다. 그래서 이제는 패권이 아니라 난세의 힘 센 영웅이라 하여 전국칠웅戰國七雄이라 부른다. 그러나 이 전국시대도 겉으로는 아직 '예악'이 남아 있었다.

왕과 제후와 신하들이 가족의 일원으로서 서로에게 의무와 권리를 다하는 봉건과 종법이 이루어지고, 또한 그 관계를 일상과 전례에서 '예악'이란 형식으로 유지하는 주나라의 방식이 종언을 고하게 된 것은 진秦나라의 통일이었다. 진나라는 성이 영嬴인 이성 제후국으로서, 주나라가 오랜 골칫거리였던 서융西戎을 견제하기 위해 분봉한 나라이다. 주나라 희성들과도, 서융과도 혼인관계가 있었다고 여겨진다. 곧 제후국 가운데서 주나라의 원래 거주지와는 가까이 있었지만 인척관계에서는 가장 먼 제후국이었던 것이다. 그리고 진시황은 전국시대를 마감하고 전역을 통일하면서 이전의 봉건이란 방식이 아니라 모든 영토와 백성을 황제의 직속으로 삼으려 했다. 그러니 당연히 이전의 제도와 법칙은 깡그리 무시하고 새로운 질서를 세워야 했다. 이제 '예악'은 가고 황제의 명령과 그 시행만이 남았다.

물론 '예악'이 사라진 데에는 황제와 신하 사이의 관계가 변화한 데도 원인이 있다. 황제 밑의 제후는 사라졌으며, 신하들도 이미 권문세족은 아니었다. 외부에서 진나라로 들어와 통일대업의 기초를 놓은 상앙商鞅과 이사李斯 같은 신하들은 왕실이나 제후들과는 아무 상관없는 사람이었다. 통일이 되자 '예악'을 중시하던 유가들은 재앙을 맞았다. 분서갱유焚書坑儒란 말처럼 유가들의 글을 적은, 목간木簡으로 된 책은 수레에 실려 모아진 뒤 불태워졌다. 유가들은 산 채로 매장당하는 신세가 되었다. 이러니 '예악'이란 말이 입에서 새어나올 틈이 어디 있었겠는가. 기나긴 세월을 지배했던 '예악'은 천하통일로 새로운 세상이 되자 이렇게 한순간에 물거품이 되고 말았다.

그리고 진시황의 통일 진나라는 겨우 몇 년 만에 붕괴되기 시작해, 초나라 항우項羽와 한나라 유방劉邦 간의 천하를 차지하려는 커다란 싸움이 있은 다음 한나라로 다시 통일되었다. 그렇게 세월이 지나면서, 산 채로 매장을 당하고 자신들의 뜻이 담긴 목간 책들이 불태워지는 처참한 곤경에서도 유가는 조금씩 되살아나고 있었다. 그러나 한나라가 세워진 다음에 먼저 득세한 것은 도가道家였다. 이들은 진시황이 너무 백성들을 괴롭혀 이들을 편안하게 해야 한다면서 대세를 휘어잡았다.

동중서董仲舒와 같은 유학자가 조정에서 위력을 발휘하게 된 것은 무제武帝 때나 되어서였다. 그러나 유가가 다시 황제의 조정에 '예'를 심을 수는 있었지만 '악'에까지는 이르지 못했다. 한나라 시절의 '예'는 주나라의 그것과는 다를 수밖에 없었다. 진시황이 군현제郡縣

制로 주나라의 봉건제를 깨버렸다면, 한나라는 급격한 군현제의 폐해를 완화시키려 군국제郡國制라는 어중간한 형태를 취하며 자치권을 일부 살렸지만, 이것 역시 주나라처럼 씨족 안의 질서가 국가 조직으로 확장된 형태는 아니었다. 그러기에는 집안의 위계가 아닌 왕과 신하의 '예'밖에 남은 것이 없었던 탓이다.

전한前漢과 후한後漢의 시대가 지나고 삼국시대를 거쳐 새로운 거대 왕조 당나라가 중국 땅을 지배했지만, 당나라의 주조는 유교가 아닌 불교였다. 물론 공영달孔穎達 같은 유학자들 위상이 그 이전보다는 더 높아졌지만, 여전히 국가의 중심 이념은 아니었다. 한나라와 비교하자면 유학은 더 정교해지고 유가들은 과거제를 통해 관료가 되고 세력도 확대했지만, 아직 통치이념에서 완전한 주류가 될 수는 없었다. 그래서 당나라 조정에서도 '예'는 존재했지만 '악'은 아직까지 '예'의 동반자의 위치를 회복하지 못하고 있었다. 물론 한나라나 당나라에서 '악'이 없어진 것은 아니지만 '예'에 상응하는 위치로 회복되지는 못했다는 것이다. 특히 당나라는 중국 음악의 일대 전환기였다. 당나라가 국제적인 위치로까지 발전해나감에 따라 실크로드를 따라 서방의 빠른 절주의 음악과 현악기가 중국 음악을 크게 바꾸었던 것이다. 비파琵琶 같은 현악기가 악단의 중심이 된 것도 이때부터이고, 빠른 음악에 맞춰 춤사위도 빠른 템포로 바뀌어간 것도 이때부터이다. 한 번 빠른 절주의 음악에 맛을 들이면 다시는 느린 음악에 빠져들기 힘들다. 우리가 아악雅樂이란 음악을 지루하게 여겨 참기 힘들어하는 것도 이 때문이다.

결국 '삼례'의 책이 말하는 정도의 '예악'이 다시 부활한 시기는 유가가 완전하게 회복하여 정립된 宋末나라 때이다. 송나라 때에 이르면 유학은 이제 본격적인 철학이론으로 발전하게 되고, 이전의 유교 경전에 대한 주석도 거의 완성하게 된다. 공자의 '예악'에 대한 해석을 다시 일으키고 이를 국가의 이념으로 회복시키려 한다. 이런 송나라의 '예악' 부흥으로부터 우리나라의 '예악'도 시작하게 된다.

7

조선의 예악을
만들자

　해마다 봄가을에 성균관에서 벌어지는 석전제釋奠祭는 공자에게 올리는 제사이다. 이 제사에서는 문묘제례악文廟祭禮樂이라는 음악이 연주되며, 여러 사람이 줄을 맞춰 추는 '일무佾舞'라는 춤이 시연된다. 이 문묘제례악은 원래 공자의 신위를 모시는 제사에서 연주하던 중국 음악인데, 우리나라에서는 성균관이나 향교에서 공자와 그의 제자들에게 제사를 지낼 때 쓰였다. 그러나 중국에서는 이미 이런 음악이 사라져버렸다. 이제는 중국 곡부曲阜의 공묘孔廟에서 올리는 공자 제사에서조차 이런 음악을 들을 수 없다. 그런데 우리 국립국악원에는 정악단이 있으며, 이 악단이 정기적으로 궁중의 아악을 연주한다. 그렇다면 이 음악과 춤은 주나라의 음악과 춤이 그대로 전해진 것일까? 그럴 수는 없을 것이다. 앞에서 한나라와 당나라를 거치며 이런 '악'들이 이미 과거의 시간 속으로 사라졌다고 했다.

　그렇다면 전국시대 이후에 사라진 주나라의 '예악'은 언제 다시

유학의 총 본산이라 할 수 있는 성균관의 명륜당에서 공자와 유교의 성인들에게 제사를 올리는 것이 석전제이다. 석전제에서는 문묘제례악을 연주했는데, 주나라 때가 아닌 송나라 휘종이 만든 것이다. 아쉽게도 이 문묘제례악은 중국에서 사라진 지 오래되었으며, 주나라 당대에 치러진 의식과 얼마나 유사한지는 알 수 없지만 우리나라에만 유일하게 남아 있다.

부활할까? 그리고 그것이 어떻게 아직도 이 나라에 전승되고 있는 걸까? 정확히 말하자면 주나라의 '악'이 부활한 해는 북송北宋의 숭녕崇寧 4년인 1105년이며, 부활시킨 사람은 예술가 황제로 이름난 휘종徽宗 조길趙佶이다. 휘종이 즉위한 해는 1100년이지만, 모후의 섭정기간 1년을 감안하면 거의 친정親政을 시작하자마자 이 새로운 '악'을 복원시키라고 명하여 4년 만에 완성한 셈이다. 그림도 잘 그리고, 시도 잘 쓰며, 수금체瘦金體라는 자신만의 독특한 서체도 있는 이 예술가 황제 조길은 무엇 때문에 친정을 하자마자 제례에서 쓸 '악'부터 복원하게 했을까? 그것도 나라 안은 신법과 구법이 오가는 혼란한 시기였고, 밖으로는 요遼나라와 금金나라가 북송의 머리 위를 뜨겁게 달구던 그때에 말이다.

이 시기의 흐름을 간략하게나마 살펴본다면, 송나라는 서하西夏와의 전쟁 때문에 피폐해 있었고 국가는 재정난의 위기에 봉착했다. 이때 신종神宗이 즉위하면서 이런 국면을 타개해줄 관료로 왕안석王安石이 등장한다. 왕안석은 대지주와 대상인의 횡포에서 농민과 소규모 상인을 보호하는 여러 방책을 실시하는데 이것이 신법新法이다. 이 신법은 기득권 세력의 반발에 직면해 실패하고, 신종 다음 황제인 철종哲宗이 즉위하면서 사마광司馬光에 의해 다시 구법舊法으로 돌아간다. 철종 다음 황제가 바로 휘종이다.

다시 송나라의 초기로 돌아가보자. 960년 송나라가 건국됨으로써 다시 통일을 이룬 것은 당나라가 끝나고 오대십국五代十國의 혼란기를 수습한 결과였고, 이 통일 왕조의 지향은 혼란기를 통해 땅에 떨어진 황제의 권위를 드높이는 일이었다. 이전의 통일 왕조였던 당나라는 귀족 중심의 사회였고, 결국은 상층부의 권력 다툼으로 멸망했다. 그러나 신생국 송나라는 귀족의 힘을 억제하고 황제의 권위를 높이기 위해 과거제도를 이용한다. 물론 당나라에도 과거제도가 없었던 것은 아니지만, 과거를 통해 관리가 되더라도 현실 정치에서 그들보다 높은 관직을 가진 귀족들이 무시해버렸기에 진정한 과거제는 되지 못했다. 과거를 통해서 등용된 관리가 실권을 쥘 수 없었던 것이다. 더군다나 당나라의 과거는 지나치게 시문詩文 위주였기에 그다지 실용적이지도 않았다. 그러나 송나라는 귀족이나 호족의 세력을 꺾기 위해 과거제도를 현실적으로 만들었다. 또한 과거로만 관료를 등용함으로써 이들이 귀족이나 호족보다 우위에 서서 황제의 권력을 지켜줄 수 있게 한 것이다.

출세와 치부를 위해서는 당연히 과거를 보아야 했으며, 여기에는 유교의 경전을 공부하는 게 필수였기에 유학이 발흥할 수 있었다.

그래서 정호·정이 형제를 비롯하여 주돈이·장재·소옹 같은 유학자들이 나타나 성리학性理學의 기초를 쌓게 되고, 이들의 유학은 과거의 실용적인 성격에서 벗어나 도교와 불교까지 아우르게 된다. 그렇게 자연과 세상의 이치, 심성, 철학이나 윤리 같은 면모를 더하게 되면서 자연스레 새로운 세계관을 만들어냈다. 그리하여 유학은 한나라의 도교와 당나라의 불교를 대체하는 국가 이념이 됨으로써 공자의 '예악'이 다시 정치의 중심에 서야 한다는 인식으로 나아가는 것은 자연스런 일이었다.

송나라가 개국한 지 한 세기가 조금 더 지난 휘종 때에는 주나라와 같은 '예악제도'를 온전하게 되살리는 일이 시급해졌다. 더군다나 휘종은 자신이 위대한 예술가였으니 예술로 통치하는 게 중요했다. 그리하여 이미 사라진 수천 년 전의 '악'을 상상력을 동원하여 재현하려 애를 썼다.

성리학을 집대성한 주희는 시기로 보면 휘종보다 조금 뒤의 사람이다. 북송은 휘종 시절에 여진족의 금나라에게 멸망되었고, 그는 남송 사람으로 1130년에 태어났다. 타고난 바른 입으로 큰 관운을 얻지는 못했지만 제자들 교육에는 성공한 학자였다. 휘종이 '예악'을 복원한 것과 주희가 성리학을 집대성한 일은 대략 60년을 사이에 두고 이루어진 일이다. 주희는 그 '예'를 본받아 행하는 일을 『주자가례』로 풀어내어 사대부들도 그 질서에 합류하도록 만들었다. 유학이 전체 사회를 이끌어가는 기본 이념과 철학으로 구실하는 세상이 된 것이다. 이렇게 송나라는 다시금 주나라를 본받는 나라가 되었다.

이렇다고 해서 휘종이 완성한 제례악인 '대성악大晟樂'이 주나라의 그것과 같다는 의미는 아니다. 주나라의 제례악은 세상에서 사라진 지 이미 1500년 가까이 되었으니, 그 원형을 짐작하는 것조차쉽지 않았을 것이다. 그러니 당연히 그 '악'은 송나라 사람들이 주나라 때 이런 '악'이었으리라 짐작하는 정도까지밖에는 복원할 수없었다. 이는 지금의 우리가 신라시대 화랑들이 불렀던 노래를 복원하는 일이나 마찬가지일 테니 말이다. 따라서 곡의 정확함은 말할 것도 없고, 연주하는 악기의 구성조차 주나라 때와는 다를 수밖에 없다. 이를테면 비파 같은 악기는 분명 당나라 때 서역으로부터들여온 악기인데도 이 악기 편성에 포함되어 있었다. 그러니 사실은 가짜 주나라의 음악이었던 셈이다. 당시의 지식으로 그저 1500년 전의 음악을 상상하는 데 그친 송나라의 음악이었던 것이다.

그러나 이 제례악에 대한 휘종의 자부심은 컸다. 주나라 이후로자신은 주나라 주공에 가장 가까이 간 성군이라는 생각에서다. 유교를 숭상하는 황제로서 주공이 완성한 '예악'을 자신이 복원했다고 생각하니 그런 생각이 들 법도 했다. 아마도 그는 예술이 이 세상을 규정하는 근본이라고 여겨 더욱 예술에 정진할 뿐만 아니라화원을 비롯한 모든 예술을 직접 관장했다. 나라의 정사 같은 실무는 재상인 채경蔡京과 신하들에게 많이 떠맡겼을 것이다. 그리고 이를 혼자만 즐긴다면 무슨 의미가 있겠는가. 자신의 업적을 자랑하고 선전할 대상이 필요했다. 마침 이웃에 고려라는 나라가 있었다.

고려는 아직 불교를 믿기는 하지만, 제례와 관료 조직은 중국을 본받아 유교적 원리를 운용하고 있는 나라였다. 사신들도 왕래하는 등 교류도 활발한 이웃이었다.

고려 예종睿宗 9년인 1114년에 고려의 사신 안직숭安稷崇이 송나라로 왔다. 휘종은 이 고려의 사신에게 악기 일부와 곡보曲譜를 주었다. 고려의 예종이 이를 고맙게 여겨 왕자지王字之와 문공미文公美를 다시 사신으로 보냈더니, 휘종은 또 다시 자신이 만든 아악인 '대성악'을 연주하는 데 필요한 악기를 모두 갖추어 보내왔다. 악기 편성이 편경과 편종을 포함하기에 그 규모가 간단치 않았던 것으로 미뤄보건대 휘종의 자부심과 이를 선전하고픈 욕망을 엿볼 수 있다.

이를 받은 예종은 태묘太廟에 나아가 송나라에서 악기와 악보를 받은 일을 고하고, 당시는 고려도 하늘에 제사를 지낼 때이라 천단과 사직단 등에서 실제 이를 연주에 사용했다. 그러나 이후 악기는 손상되고, 연주 또한 악보만으로 되는 게 아니라서 때로 송나라에 악공을 파견하여 배우기도 했지만, 북송이 멸망하면서 남송과는 지리적으로도 멀어졌고 소통도 뜸하게 되었다. 하여 이 음악은 일부 고려의 방식으로 변형되었다. 훗날 공민왕 때인 1370년에 명나라에서 가져온 아악기를 송나라의 악기와 함께 사용하게 되면서 이 음악은 더 혼란스럽게 되었고, 이를 바로잡으려고 했으나 그때 고려가 멸망하고 말았다.

〈용비어천가〉와 예악

정도전이 더 오래 살아 조선의 기반을 닦기 위해 정진했더라면 이 '제례악祭禮樂'이란 문제를 성리학의 '예악'이란 관점에서 반드시 짚고 넘어갔을 것이다. 하지만 그는 우선 시급한 조선의 하드웨어를 만들고, 법전의 골격을 세우고, 군대를 정비하는 데 주력할 수밖에 없었으며, 그것들이 웬만큼 이루어질 즈음 태종 이방원에게 살해되고 말았다. 그리고 그를 살해하고 아버지에게서 실권을 빼앗은 이방원은 '새로운 주나라'에는 큰 관심이 없었다. 오로지 왕권을 공고히 하고, 나라를 더욱 튼튼하고 강건하게 만드는 일에만 관심이 있었다.

그렇게 정도전이 꿈꾸었던, 주나라와 같은 이상적 국가 조선은 말 그대로 한낱 꿈으로 끝날 듯 보였다. 이방원은 신흥 사대부들과 협력했지만 그의 궁극적인 목표는 왕권이 살아 있는 주나라이면서, 그 왕권은 자기 혈족으로 이어지기를 바랐으니 말이다. 하지만 이상적인 주나라에 대한 꿈은 이방원의 아들이자 후계자였던 세종을 통해서 더욱 공고하게 다져진다. '주나라'라는 꿈은 집권자에 따라 조금씩 달랐다. 세종은 당시 그 어느 사대부보다 철저한 성리학자요 주공을 자신의 멘토로 삼은 후계자였다. 세종의 성리학에 대한 천착과 품성은 그 어느 선비보다 가열찼으며, 주공을 성군으로 받들어 자기 행동의 거울로 삼았다. 그랬기에 향후 500년이나 지속될 굳건한 왕조의 기초를 세울 수 있었다.

세종이 주나라를 모범으로 삼았음은 〈용비어천가〉에서 확인할 수 있다. 세종은 태조까지의 여섯 조상을 주나라 무왕의 조상에다 빗대고 있는데, 여기에 생략된 인물은 바로 자신과 주공이었다. 물론 이 가사를 세종이 직접 짓지는 않았을지라도 당연히 여기엔 세종의 의사가 깊이 관여되었을 것이다. 자신의 왕조와 조상을 기리고 추켜세우는 일을 그저 신하에게만 맡겨두었을 임금은 없다. 그 얼개와 방향에 대해서 끊임없이 조언하고 참여했을 것이다. 그랬기에 자기 조상의 행적과 주나라 조상들의 행적을 맞비교함으로써 주나라를 모델로 할아버지가 세운 왕조를 빛나게 하려는 뜻을 세종은 펼쳐 보인다.

사실 성군 세종의 업적은 우리가 너무나 잘 알고 있다. 가장 으뜸이 한글 창제의 공로이니, 세종이 없었다면 지금 이 글도 없을 터이다. 나라의 말이 다르기에 새로운 문자를 가져야겠다는 것이 세종의 의지이며, 그래서 한문이 어려운 계층에게도 지식의 혜택을 누리도록 하겠다는 뜻이다. 물론 한문의 음을 정확하게 표기하는 것도 목표였을 것이다. 그런 취지에서 한글 창제는 세계에서 전무후무한 인공적이고 합리적인 문자의 탄생이었으며, 그 선견지명의 혜택은 후손들이 대대로 누리고 있는 것이다. 그러고도 측우기와 자격루를 만들도록 하여 과학과 기술을 발전시켰으며, 토지제도와 조세제도를 합리적으로 고치는 등 내치에 힘써 나라를 부강하게 만들었다.

조선을 눈부신 문명국으로 이끈 왕, 그러나 세종을 그저 뛰어난 성군이며 주나라의 제도와 주공을 본받고자 한 임금으로만 보는 건 왠지 부족한 느낌이다. 그는 조선 말기의 고종처럼 스스로 황제가 되거나 황제만이 할 수 있는 일들을 대놓고 벌이지 않았다. 중국 명나라를 대국으로 인정하고 존중하기는 했지만, 그의 업적을 더듬어 보면 지극히 자주적인 동쪽의 주나라를 꿈꾼 임금이라는 생각이 든다. 단지 주나라의 재현이 아닌, 동쪽에 자리한 자주적인 태평성국의 꿈, 그런 꿈을 꾸었던 임금 말이다. 그가 추진한 여러 독자적인 사업들은 완고한 사대부 선비들과 마찰도 많이 일으켰다. 그럼에도 그는 대놓고 신하들과 싸우지 않으면서 자신의 생각을 포기하지 않고 추진하는 놀라운 인내와 뚝심을 보였다.

세종의 업적 가운데는 천문天文에 관한 것도 있다. 예로부터 우리나라는 중국의 달력을 받아 사용했으며, 그래서 오랫동안 중국에서 배포하는 달력을 얻으러 사신을 보내야 했다. 그러나 중국의 역법은 당연히 황제가 있는 북경을 기준으로 한 것이다. 우리 한양과는 위도나 경도에서 일정하게 차이가 난다. 그 정도야 무시하고 충분히 사용할 수 있었지만, 세종은 고려시대부터 이어져온 서운관書雲觀을 관상감觀象監으로 확대 개편하고, 이 기관에 힘을 실어주어 왕궁에 천문을 관측하는 간의대簡儀臺를 만들고는 혼천의·해시계·물시계를 제작하는 등 많은 노력을 기울였다. 그리하여 조선의 자체 역법을 만들어 배포하기에 이른다.

사실 하늘에 대한 제사야 명목상의 문제다. 하늘의 뜻을 제왕이 받들어 시행한다는 것을 보여주는 의식인 셈이다. 그러나 역법은 그보다 훨씬 실질적이면서도 다른 의미를 지닌다. 역법이 있어야 계절의 변화를 알아 농사를 지을 수 있으며, 조석간만의 차이를 알아 바다에 나가 고기를 잡을 수 있다. 역법은 하늘의 움직임을 우리 삶에 적용 가능하게 하는 장치인 것이다. 그러니 이것이 하늘과 땅에 제사를 지내는 것보다 훨씬 실리적인 통치행위이며, 이를 통해 자주국가임을 선언하는 셈이다.

하늘의 뜻을 알아냈고, 사람들의 말을 적을 글자를 만들었으며, 네모난 땅에 합리적인 뜻이 담긴 토지와 조세제도를 완비했으니, 이제는 그야말로 당시 문화의 최상위 존재인 '예악'만 다스리면 그 모든 일이 완성되는 순간을 맞이하는 셈이다. 당연히 세종은 이 '예악'에 대해 무관심하지 않았다. 아니, 이 '예악'을 보는 눈이 너무도 정확하고 정곡을 꿰뚫고 있었다. 실록에 나온 대로라면 세종 자신이 뛰어난 음악가였을지도 모른다.

앞에서 이야기했듯이 세종 당시의 종묘제례악은 주나라 것이 아니다. 더군다나 악기도 소실되고 편제도 달라 여러 번 고치고 고쳐 이미 누더기가 된 상태였다. 그러나 대신들이나 음악을 관장하는 기관에서는 이를 대국의 음악이라 하여 신성시하며, 여기서 반 발짝도 더 나아가려 하지 않았다. 이런 저간의 사정을 꿰뚫고 있던 세종은 이 '악'을 언젠가는 뜯어고치겠다고 진즉 마음먹고 있었을 터이다. 그러나 사정은 열악하여 당장 모든 일을 시행할 수는 없었을 뿐이었다.

일단은 악기부터 손을 봐야 했다. 마침 신하들 가운데는 악기도 다룰 줄 알고 '악'에도 밝은 음악가 박연朴堧이 있었다. 그는 불완전한 악기를 조율하고 정비하며, 악보 편찬의 필요성을 상소하여 세종의 허락을 얻었다. 세종 9년인 1427년에 시작하여 편경編磬을 새로 만들고, 관악기의 음률도 정확히 맞추도록 했다. 또한 조정의 조회 때 사용하던 향악鄕樂을 아악雅樂으로 대체하게 했다. 물론 이는 중국의 아악으로 바꾼 것이니 단편적인 개혁에 불과하지만, 이로써 '악'에 대한 개혁의 기초는 마련한 셈이었다.

세종이 얼마나 음악적 소양이 있고 얼마나 음악을 좋아했는지, '예악제도'에 대해 얼마나 조예가 깊었는지 알 수 있는 증거는 별로 없다. 물음표는 남아 있지만 음악에 소양이 없는 사람이 깊은 관심을 지니기는 어려운 일이란 점에서 이 또한 튼실한 기초가 있었다고 보아야 할 것 같다. '예악'에 관해서는 집권 초기 '예악' 정비에 기울인 관심으로 미뤄 짐작할 수 있다.

특히 세종은 당시 관료들과는 달리 아주 근본적인 문제의식을 갖고 있었던 것 같다. 중국의 종묘제례악을 대신할 새로운 '악'을 제정한 일, 곧 종묘제례악을 '신악新樂'이라는 새로이 제정한 음악으로 바꾸어 쓰기를 시도했다는 점에서도 그렇다. 새로운 음악을 만들어 국가의 대사인 종묘 제사와 의례에 쓰자고 한 것인데, 이는 당시 모든 관료들의 저항과 비웃음을 불러왔다. 천하의 근본인 중국이 제정한 음악을 버리고, 변방의 나라인 조선에서 새로 만든 '악'을 신성한 '제례'에 쓰자는 것이니 이 얼마나 경천동지할 생각인가.

세종은 집권 27년인 1445년에 한글과 한문으로 된 〈용비어천가

龍飛御天歌〉를 발행한다. 요즘의 눈으로 보자면 모든 내용이 지나치게 찬양 일색이라, 권력에 대한 지극한 아부를 이 '용비어천가'에다 비유하기도 한다. 그러나 역성혁명을 일으킨 왕조로서 자기 정당성을 부르짖기 위해 몸부림치는 것은 어쩌면 지극히 당연한 일이다. 왕권의 정당성 확보가 임금이 신하와 백성을 이끌고 국정을 운영하는 데 기본이니 말이다. 그렇기에 몽골에 귀화했던 부끄러운 조상들까지 그 행적을 정당화하고 미화하고자 한 것이다. 그런데 이 〈용비어천가〉는 또 다른 용처가 있었으니 '예'를 뒷받침하기 위한 '악'으로써의 용도였다.

이 시가를 만들어 반포하는 세종의 말년에 이르기까지 종묘제례와 의전과 연회에 사용하는 음악은 모두 중국 음악이었다. 이에 세종은 〈용비어천가〉의 시가에 기초하는 새로운 '악'을 만들고 이를 '신악'이라 부른다. 그 '신악'은 바로 '정대업定大業' '보태평保太平' '발상發祥' '봉래의鳳來儀'라는 네 '악'이다. 여기에 공식적으로 음조를 붙인 것도 세종이라고 알려져 있다. 어쨌거나 이들 가운데 '발상'을 제외한 세 곡은 국립국악원이 연주하는 아악의 목록에 들어가 있으며, 지금도 이 곡들의 연주를 들을 수 있다.

일단 그 이름부터 살펴보자. '정대업'은 커다란 업을 정했다는 뜻이니, 천명을 받아 조선이라는 새로운 나라를 세운 무공을 칭송한 노래이기에 거기에 따르는 춤도 창과 칼을 들고 추는 무인武人의 춤이다. 당연히 이 노래의 주인공은 이성계의 부친과 이성계이다. '보태평'은 태평함을 유지해간다는 뜻이니, 세운 나라에다 태평성대를

용비어천가

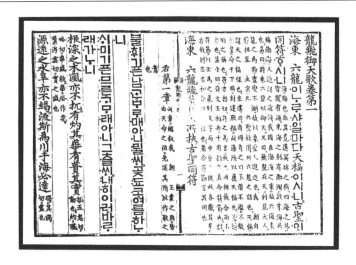

〈용비어천가〉는 대부분 '아첨하는 노래'로 알려졌을 뿐, 그 기나긴 내용을 제대로 읽은 사람은 거의 없다. 〈용비어천가〉에서 '해동 육룡'은 세종의 여섯 조상인 목조, 익조, 도조, 환조, 태조, 태종을 뜻하며, 이들을 주나라 조상들에 비유한다. 이 노래를 보면 세종 또한 주나라를 흠모해 조선이 주나라를 계승하기를 희망했으며, 〈용비어천가〉에 곡을 붙여 조선의 예악을 완성하려 했다.

이루겠다는 의지를 담고 있다. 이 역시 조상들과 왕들의 문덕文德을 기리는 내용으로, 춤사위는 양손에 피리를 들고 하는 동작으로 되어 있다. '발상'은 천명을 드러내기 위해 세종의 조상들에게 일어났던 여러 상서로운 조짐들에 대한 노래이다. 이 '악'은 악보는 전해지지만 지금은 실제로 연주되지는 않는 음악이다. '봉래의'는 봉황이 날아들어 질서 있는 나라가 된다는 뜻이고, 여기에는 백성과 함께 즐긴다는 '여민락與民樂', 평화로운 세상에 다다른다는 '치화평致

和平', 풍족하게 취하여 만사형통하다는 '취풍형醉豊亨'의 세 노래가 모음곡으로 들어 있다. 주로 지금이 태평성대임을 칭송하는 뜻으로 연회에서 연주할 수 있도록 한 음악이다.

이런 음악들의 가사는 사실 〈용비어천가〉보다 더 풍부한 사적 事蹟을 담고 있다. 이들 가사의 요약본이 〈용비어천가〉라고 할 수 있을 정도다. 아마도 〈용비어천가〉는 이 '악'들을 위한 것이었고, '악'에만 쓰기는 아까워서 따로 책으로 편찬했던 게 아닐까 하는 생각마저 든다. 또한 한글의 창제에는 이런 사적들을 글을 깨친 사대부들만이 아니라 온 백성이 다 알게 하여, 천명으로 세운 이 나라가 주나라처럼 굳건하게 오래도록 전해졌으면 하는 바람도 있었을 것이다.

'신악'에 숨은 깊은 뜻

'신악'이 세종에게는 아주 소중하고 자랑스러운 것이었지만, '예'를 담당하는 관료들 눈에는 그렇지 않았던 것 같다. 그래서 세종은 가끔 자신이 만든 '신악'을 쓰자고 신하들에게 간청(?)하기도 한다. 그렇다면 관료들은 이 '신악'에 무슨 문제가 있기에 시큰둥했던 걸까.

이미 왕조가 바뀐 지 50년이나 지난 시점에서 왕조의 관리로 녹을 먹는 신하가 왕의 조상에 대한 극찬이 혐오스러웠을 리는 없다.

그러니 이 '악'의 가사를 문제 삼았다고는 보기 어렵다. 그렇다면 곡조에 대한 문제일 것이다. 그러면 이 곡조는 과연 어떤 방식으로 만든 것일까? 실록의 세종 31년 조에는 세종이 "지팡이로 땅을 치는 것으로 하룻저녁에 정했다以柱杖擊地爲節 一夕乃定"고 말한다. 하지만 아무리 세종이 음악의 천재인들 온종일을 연주해도 다 연주하지 못할 음악을 하룻저녁에 작곡할 수 있었겠는가. 잘 알지 못하는 사람이 실록을 기록한 탓이리라.

사실 당시에는 작곡이라는 개념이 별로 없었다. 가사가 완성되면, 이미 있는 곡을 가사에 맞게 약간 손질해서 붙이면 그만이었다. 그런데 세종이 이 가사에다 붙인 곡은 대개 고려시대부터 내려오던 향악이었다. 그 향악 가운데는 우리가 잘 알고 있는 고려의 〈가시리〉라든가 〈쌍화점〉 같은 곡조도 있었다. 이를 '아악'의 구성에 맞게 장중하게 편곡하여 썼다고 보면 될 것이다.

그러니 관료들로선 전례에서 듣게 된 음악이, 중국에서 들여와 조금은 생소하다고는 하나 정중하고 고상했던 음과 가락에서 평소 자주 들을 수 있는 유행가 가락으로 변했다는 느낌을 지울 수 없었을 것이다. 품위 있는 '예악'을 다루는 전문 관료로서는 당연히 마뜩치 않을 수 있는 일이었다. 그렇기에 한 번의 시연이 있은 다음, 임금이 신하들에게 이 새로운 '신악'을 종묘제례악으로 쓰자고 애걸해야 했다. 아마도 실록이 모든 내용을 다 기록하지 않고, (이 실록의 기록은 임금조차 어찌할 수 없는 부분이어서 그랬겠지만) 아악을 정비한 다음에도 새로운 '신악'을 만들기까지 10여 년간 세종이 이를 위해 무엇을 어찌하라는 내용이 없다. 아마도 신하들의 반대 때문에 '신악'의 제정을 공적으로 추진하지 못한 게 아닌가 싶다.

집권 초기에 '악'에 관한 일들을 박연이 맡았다고 하면, 그 이후에는 맹사성孟思誠과 훗날 세조인 수양대군이 '악'에 관한 일에서 세종을 보필했다. 음악이란 전문적인 영역이니, 글만 읽어 학문이 뛰어나다고 아무나 할 수 있는 일이 아니다. 그러므로 수양대군도 보기와는 다르게 음악적인 재능을 지니고 있었음에 틀림없다. 결국 '신악'을 만드는 일은 맹사성과 세종, 그리고 둘째아들인 수양대군이 다른 신료들 모르게 추진한 일이었을 것이다. 그런데 이들은 왜 다른 관료들이 백안시할 게 빤한 고려의 향가에서 그 모티브를 따다가 '신악'을 만들었을까? 거기에는 '예악'을 맡은 관료들의 우쭐거림과 허위의식을 넘어서는 보다 깊고 근본적인 성찰이 담겨 있다.

관료들이 '신악'에 대해 대단히 부정적이었지만, 세종이 아무 생각 없이 그런 획기적인 일을 벌인 게 아니다. 생각의 깊이에서는 물론이요, 역사적 배경과 '예악'의 이치에 대한 보다 세밀한 사유들이 있었기에 가능한 일이었다. 세종 자신이 문묘제례악의 문제와 음률의 문제에 대해 누구보다도 밝았으며, '신악'이 관료들의 심각한 반발을 불러오리란 걸 알면서도 새로운 독립 왕조로서는 반드시 이룩해야 할 일이기에 측근 몇몇의 도움을 얻어 기어코 이를 완성한 것이다.

예악제도가 비록 주나라에서 시작된 것으로 우리가 고려 때 송나라로부터 받아들였으니 중국의 것이긴 하다. 그러나 송나라 역시 주나라에 대해 모르는 게 많기는 조선이나 매한가지였다. 세종은 그런 한계에 주목했던 것이다. 조상을 칭송함에 있어서도 중국의 의미가 조선의 상황에 들어맞는 것은 결코 아닐 터였다. 더군다나 조선은 이제 개국한 지 얼마 되지 않은 상황이니 천명과 왕권의 공고함을 위해서는 자기 조상부터 챙겨야 할 일이었다. 무엇보다 조선의 조상들과 그 공덕을 칭송하는 가사부터 마련해야 함을 잘 알고 있었던 것이다.

세종은 글을 아는 임금이었다. 그냥 글을 아는 정도가 아니라 학자들과 대등한 정도를 넘어서는 임금이었다. 만일 세종이 보위에 오르지 않았다면 대단한 학자로 이름을 떨쳤을 것이다. 세종은 성리학에 정통했으며, 제1의 경전으로 꼽히는 『시경』에 대해서야 더 말할 나위도 없는 일이다. 민간의 '풍風'과 문왕과 무왕 등 조상들의 업적을 칭송하는 '아雅'와 주나라 임금들의 덕을 칭송하는 '송頌'이 제례악의 기초임을 제대로 알고 있었다. 비록 주나라의 '악'은 전해오지 않지만 그 가사만은 이러하리라 짐작할 수 있었던 것이다. 그랬기에 『시경』의 그 노래는 주나라 조상을 칭송하고 있으므로, 조선에서 이를 그대로 쓸 수 있는 게 아님을 알았을 것이다. 이런 주나라의 사례에 비추어볼 때도 자기 조상의 공덕을 칭송하는 가사부터 우선 만들어야 했다. 물론 이 가사를 위해 많은 조상들의 사적을 조사하고, 이를 글로 옮기는 일은 정인지鄭麟趾를 비롯한 여러 신하들이 도왔을 것이다. 그렇지만 그 가사의 방향을 뚜렷이 짚어주고 이를 실천하도록 독려한 것은 분명히 세종이 행한 일이다.

더군다나 세종은 공자가 공식적이고 딱딱한 '아'와 '송'보다 민간의 음악인 '풍風'의 질박한 시가와 음률을 더 사랑했음을 잘 알고 있었다. 결국은 주나라의 제례에서 쓰는 '악'은 이런 민간음악을 기본으로 해서 장소와 격식에 맞추어 보다 장중해진 것일 뿐이었다. 그랬기에 조상 제례에서 쓰는 '악'은 그 조상들이 듣던 음악에 기초해야 한다고 생각했을 것이다. 우리가 제사를 지내면서 요즘의 서구 식단이 아닌 조상들이 먹던 옛 음식을 제사상에 올리려고 노력하는 것과 마찬가지로 말이다. 그래서 그 음악의 기본적인 장단과 가락을 고려 때부터 내려오는 향가를 기본으로 삼아 '아악'을 제정했던 것이다. 향가는 민간에서 전해오는 음악이니, 이 세종 때 만든 음악에는 고려시대의 〈가시리〉니 〈청산별곡〉이니 하는 온갖 음악이 다 들어 있다. 그러면 세종은 조선의 아악을 만들면서 왜 새로운 음악을 짓지 않고 예전부터 내려오던 음악을 차용했을까.

이는 요즘의 음악관과는 현저히 다른 당시의 음악관에서 답을 찾을 수 있다. 음악은 가사가 중요하고, 가사를 따라 부르는 사람의 감정이 드러나면서 저절로 곡조가 붙는다. 그 곡조를 바탕으로 가사가 전해지니, 이런 당시의 음악은 누가 지은 것이라 하기 어려운 일종의 전승이다. 그렇기에 『예기』의 「악기」에선 '악'을 "만든 것은 성인이 한 것이고, 이를 다시 짓는 것을 밝음이라 한다作者之謂聖 述者之謂明"고 했다. 결국 그 곡조는 하늘이 내린 것이고, '악'의 가사는 성인이 한 말을 다시 풀이하여 지어서 분명하게 한다는 뜻이다. 그렇기에 공자 자신도 『논어』에서 "짓되 만들지 않는다述而不作"라는 말을 쓴 것이다. 이렇듯 예전에는 창작이란 요즘처럼 없던 것을 새로이 만드는 개념이 아니라, 전승되어온 것을 해석하여 분명히 한다는 뜻이다.

사실 동아시아의 이런 창작 개념은 다른 예술에서도 마찬가지다. 미술에서도 일정한 형식을 반복 사용하는 것을 마다하지 않았다. 다만 기존의 형식에다 자신의 생각과 철학을 얼마만큼 불어넣는가가 예술 성취의 기준이었다. 이를테면 〈세한도歲寒圖〉 같은 그림의 소재는 수많은 문인화가들이 반복해서 그린 소재이다. 겨울에 푸르른 소나무가 있으며 그 아래 초옥에 소나무처럼 지조를 지키면서 살아간다는 뜻을 담은 그림이다. 그러나 이 같은 소재를 그리면서 작가의 정신이 얼마만큼 필묵을 통해 치열하게 드러나는가를 예술 판단의 기준으로 삼는다. 곧 소재가 아닌 필묵의 선과 획을 통해 작가 정신의 치열함을 표현한다는 뜻이다. 여기서 주제인 겨울과 소나무와 초옥은 이미 주어진 것으로 하늘에서 내려준 것이고, 이를 작가가 붓을 통해 재해석한다는 의미이다. 문학에 있어서도 선인들이 만든 형식이나 구성을 변주하는 것은 전혀 문제 삼지 않았다. 요즘 같으면 이를 표절이라 할지 몰라도, 동아시아의 전통에서는 전혀 그런 범주가 아니었다. 정신의 요체만이 중요할 뿐이다. 이런 것이 동아시아 문화의 '술이부작' 정신이며, 이는 '예악'에서도 크게 다르지 않았다.

아마도 주나라에서 제례악으로 쓰이던 아악들도 이런 전례에 따라 창작되었을 것이다. 제사나 임금과 신하의 공식적인 연회에 사용할 음악이기에 가사는 진중하게 조상들의 사적과 교훈들을 새겼겠지만, 그 곡조는 민간에서 불리던 '풍'의 곡조를 차용했을 것이다. 다만 그 절주가 조금 더 느리고 장중했으리라. 그리고 휘종의 제례악에서처럼 한 글자의 가사에 한 음을 썼던 것은, 중국어가 당시에도 지금과 마찬가지로 한 글자에 한 가지 음이었기에 그렇다. 곧 일자일음一字一音의 원칙은 아악의 원칙이 아니라 고대로부터 내려오는 중국어의 특성에 기인한 것이고, 이 음조가 현대 중국어의 성조聲調에까지 이어지고 있다. 이를 풀어서 설명하자면 중국어는 한 글자에 하나의 음이 있으며, 쓰임에 따라 음가가 변화하지 않는다. 음가에는 소리와 함께 성조가 있다. 잘 알려진 바와 같이 고립어이기 때문에 문법적인 기능은 위치에 의해 좌우되고 주어나 서술어가 쓰임에 따라 변화하지 않는 특성이 있다. 그런데 세종의 '신악'에서는 고려 때부터 내려온 향악의 곡조를 사용했기에, 한자로 가사를 지은 경우에도 이 일자일음의 원칙을 온전하게 지키지 않았다. 그럼에도 이 땅의 제례악에는 이 땅에서 부르고 연주하던 음악이 더 적합하다는 게 세종의 생각이었다.

결국 고려의 노래는 조상들의 핏줄을 이어받아 이 땅에서 하늘이 내린 곡조대로 부르고 연주하던 노래였고, 이를 새로운 '신악'에 도입하는 데는 아무런 문제가 없을 뿐 아니라 오히려 마땅히 이어받아야 할 곡조였던 것이다. 그러니 '신악'에 반대한 관료들은 '예악'의 기본에 대해 세종에 비해 식견이 부족했던 게 문제였을 따름이다. 하지만 세종은 이 신료들의 모자람을 탓하지 않고, 묵묵히 자신이 생각하는 방식대로 이 '예악'을 완성했다. 그런 뒤에도 반대하는 신하들을 설득하려 했지, 이를 강제하지는 않았다. 그의 신중함과 관료들의 입장을 이해하는 폭넓은 사고를 보여주는 대목이라 하겠다.

그러나 이 세종의 관대함이 공들여 만든 '신악'을 자칫 물거품으로 만들 우려도 있었다. 임금의 깊은 뜻을 헤아리지 못하는 신료들이 '신악'을 될 수 있는 대로 무시했기 때문이다. 사용하지 않는 것은 죽는다. 이는 고금동서의 진리다. 그리고 세종은 이 '신악'을 만든 지 얼마 지나지 않아 운명하고 만다. 만일 이 '신악'을 그의 아들과 함께 만들지 않았다면, 또한 그 아들이 나중에 보위에 오르지 않았다면 이 역시 소리 소문 없이 사라질 수도 있었으니 말이다.

'주나라'라는 이상국가의 모티프는 중국 것이 아니다

세종은 〈용비어천가〉를 만든 다음, 이를 기초로 한 가사에 몇 달 동안 곡을 붙여 종묘제례악을 만들었다. 더군다나 정간보井間譜라는 새로운 형식의 악보를 만들고, 이것으로 곡과 가사를 기재해 '봉래의' '정대업' '보태평' '발상'의 순으로 완성하는 데 2년 정도 걸렸다. 세종이 세상을 뜨기 대략 3년 전에 숙원인 예악에 쓰일 '악'을 완성한 셈이다. 그저 음악만 만든 게 아니라 중국의 것보다 뛰어난 새 기보법까지 창안했으니 세종이 이 일에 얼마나 큰 의미를 두었는지 알 수 있다. 또한 끊임없이 합리적인 방안을 찾아내는 세종의 열심도 엿볼 수 있다.

어쨌거나 이 '신악'의 용도는 종묘제례악으로 연주되는 것 말고도, 국가의 의례나 여러 연회에서 연주되는 것이었다. 그리고 그 궁극의 목표는 조선 건국의 위대함을 만천하에 공포하고 이를 통해 조선의 '예악제도'를 완성함으로써 최고의 이상국가인 주나라를 조선으로 완벽하게 재현하는 것이었다. 나아가선 이를 뛰어 넘어 조선이란 새로운 이상국가를 새로이 창조하는 것이었다.

그런 뜻이 담긴 신악이었으니 세종은 간절하게 여러 상황에서 쓰이기를 원했고, 또한 실제로 쓰이게끔 여러 방면으로 힘을 썼겠지만, 사실상 그리 순탄하게 정착된 것 같지는 않다. 실록에 보면, 세종이 승정원에 내린 교지에서 "이번에 만든 신악을 아악에는 쓸 수 없겠지만, 그러나 조상들의 공덕을 나타낸 것인 만큼 없앨 수는 없다. 의정부와 관습도감이 함께 이를 보고 가부를 이야기한다면, 없앨 것은 없애고 더할 것은 더하겠다"고 했다. 세종이 백성과 신하의 의견을 존중하는 현군이었던 탓도 있겠지만, 새로이 제정된 '신악'을 '아악'으로 쓸 수 없다고 한 것은 바꿔 말하자면 쓰자고 했으나 신하들이 극렬하게 반대해서 그들 뜻을 받아들이겠다는 말이다. 그 다음 구절을 보면 그냥 신하들의 뜻을 받아들이기만 하겠다는 것이 아니라, 애써 공들여 만든 이 '신악'을 신하들은 없애버리자고까지 주장한 것이다. 그래서 세종은 이를 없앨 수는 없으니 여기에 문제가 있다면 살펴보고 의견을 주면 이 '신악'을 조금 고칠 수도 있다고 이야기한 것이다. 이야말로 '신악'이 의미하는 본질을 모르고 관습적인 의례만을 따지는, 죽은 '예악'만 살리자는 지각없는 신하들의 단견이 아닐 수 없다.

이쯤 되면 왕정시대라지만 신하들의 주장이 훨씬 강했다는 느낌마저 든다. 임금인 세종이 신하들에게 '의견을 주면 다시 고칠 테니까 없애자는 말은 하지 말라'고 거의 구걸하고 있는 셈이다. 이 세종조의 '신악' 사용에 대해 실록에는 구체적 언급이 별로 없지만, 이 구절로 미루어보건대 세종은 '신악'을 종묘제례악과 각종 의례와 연회에서 널리 쓰고자 했으나 신하들이 적극 반대했음은 분명해 보인다. 이듬해에 세종이 세상을 뜨니, 세종 말기부터 벌써 애써 제정한 '신악'은 거의 유명무실해질 상황이었다. 아마도 이 상태가 지속되었다면 기록과 악보로만 남은 '신악'이 되었을지도 모른다.

그런데 변수가 생겼다. 왕위를 이어받은 문종은 세자 시절부터 적극적으로 세종을 보필했으니, 그도 있었던 거의 모든 일을 알았을 것이다. 아마도 이 '신악'에 대한 대신들의 반감도 잘 알고 있었을 것이기에 억지로 '신악'을 종묘제례악으로 채용하는 무리수를 두지는 않았을 터이다. 대체로 문종의 치적은 세종의 그것에서 한 걸음 더 나아가지는 못했고, 결국 병약하여 재위 두 해만에 세상을 하직하고 만다. 문제는 그 뒤인데, 문종의 아들 단종이 어린 나이로 보위에 오르고 문종의 유언에 따라 김종서金宗瑞 같은 나이 든 대신이 보필하지만, 1년 만에 문종의 동생인 수양대군에게 숙청을 당한다. 수양은 권력을 장악한 뒤 단종을 폐위하고 임금의 자리에 올라 세조가 된다. 결국 할아버지 태종에 이어 또 한 번의 '왕자의 난'이 일어난 셈이다.

도덕적으로는 비난을 받겠지만, 세조 또한 유능한 왕으로 아버지를 이어 신생국 조선의 기틀을 확실히 다지는 데 공헌한다. 게다가 그는 왕자 시절부터 아버지 세종과 함께 '신악'을 만든 주역이었다. 예악제도에서 '신악'이 세종 말기와 문종·단종 시기에 몇 년의 공백을 겪었기는 해도 이제는 전혀 다른 상황이 되었다.

세종은 자신의 뜻이 확고할지라도 신하들의 간언을 거스르지 않으려 노력하는 성군이었고, 문종도 세종과 다를 바 없었다. 그러나 세조는 달랐다. 그는 이미 황보인皇甫仁이나 김종서와 같은 늙은 대신들을 숙청한 철혈의 인물이었으며, 단종을 보위에서 끌어내리면서 사육신을 위시한 전통주의자들을 몰아냈다. 그가 시행하는 일에 감히 반대할 신하들은 이미 사라지거나 입도 벙긋할 수 없는 상황이었다. 그의 지시로 종묘제례에는 '정대업'과 '보태평'이 '악'으로 쓰이게 되었으며, 세종 때 외교적 마찰을 줄이기 위해 폐지했던 원구제圓丘祭를 부활시키고 이 음악을 쓰도록 했다. 그는 결국 아버지와 함께 만들었던 '신악'을 구해낸 것이다.

이것이 뜻하는 바는 매우 심중하다. 세종이 원구제를 폐한 것은 그러고 싶어서 한 게 아니다. 스스로 제후국을 자처하며 천자의 나라에만 허용된 하늘 제사를 올리지 않기로 한 데는 신생국으로서 대국인 명나라와 외교적 긴장을 일으킬 필요가 없다는 생각에서였다. 그렇게 원구제를 폐지했지만, 실제에 있어서는 더더욱 자주독립국임을 내세웠다. 하늘의 역법을 우리 고유의 것인 칠정산七政算으로 대체한 것이 그렇고, 예악제도의 핵심인 '악'을 중국의 모방품이 아닌 우리의 '악'과 자신의 조종祖宗을 찬양하는 가사로 바꾼 것이 그렇다. 한글마저 창제한 마당에 세종에게 자주적인 기상을 따로 논할 필요는 없으리라.

세조는 아버지 세종의 뜻을 너무도 잘 알고 있었다. 그는 식견이 짧은 신하들의 간언을 물리칠 기회가 오자, 바로 세종의 뜻대로 조선만의 '예악제도'를 완성했다. 이로써 조선 왕의 조상들은 제사에서 조선의 음악을 들을 수 있게 되었다. 사실 자기 조상에 대한 제사에는 고유의 음악을 쓰는 게 당연한 일이다. 그래서 성균관에서 공자 제사를 지내는 석전제에서는 세조도 중국 음악인 휘종이 만든 것을 쓰도록 조처했다. 그러는 한편으로 세조가 하늘에 대한 제사를 부활시키고, 여기에 '신악'을 쓴 뜻은 조선은 명나라의 제후국이 아닌 자주독립국이며 자신도 천자임을 고한 것이다. 이제 명나라의 그늘에서 벗어날 만한 자신감은 갖추었다는 뜻이다. 다른 의례와 연회에서도 '신악'을 쓰게 했음은 물론이다.

이런 세조의 강력한 '신악' 정책은 나중까지도 힘을 발휘했다. 성종 때 관료들이 다시 이 '신악'을 시골의 음악, 변방의 음악이란 의미의 '향악'으로 규정했지만 종묘제례의 음악은 '신악'으로 지속되었다. 중국 것이 우리 것보다 우월하다는 뿌리 깊은 사대가 멈추지는 않았지만, 자신의 종묘제사에 자신들의 음악을 쓰는 것은 정착

원구단의 모습

중국을 비롯한 동아시아의 우주관으로 보면 하늘은 둥글고 땅은 네모난 것이었다. 그래서 하늘에 대한 제사는 둥근 모양의 건물에서 올렸고, 땅에 대한 제사는 네모난 제단에서 올렸다. 조선 초기에는 임금이 이 세상을 지배한다는 뜻에서 하늘과 땅에 제사를 지냈지만, 중국을 자극하지 않기 위해 천자가 올리는 상징적인 의미의 이 제사들을 없앴다. 고종은 대한제국을 선포하고 황제로 등극하여 원구단을 만들고 하늘에 대한 제사를 복원했다. 이처럼 천명사상이 19세기 말에도 엄연히 존재했다.

된 셈이다. 그렇게 끊임없이 전승되었기에 아직도 이 음악이 살아남을 수 있었다. 중국은 문묘제례악조차 사라졌다. 그것을 가장 원형에 가깝게 보존하고 있는 것도 우리나라이다. 결국 세종과 세조의 선견지명이 이 음악들을 살아남을 수 있게 만든 것이다.

이렇게 보면 정도전, 세종, 세조가 꿈꾸던 주나라의 현현顯現으로서 조선은 결코 중국에 대한 사대에서 비롯된 것이 아니었다. 주나라의 이상을 따르고자 했지만, 이는 조선의 천명이고 조선 방식대로의 종법과 예악을 이 땅에 실천하는 것이었다. 주나라라는 이상국가의 모티브만을 취한 것이지, 우리 자신이 주인이라는 의식은 뚜렷했던 것이다. 그런 의식이 있었기에 조선은 자주적인 기초를 튼실하게 쌓을 수 있었고, 그래서 500년이라는 기나긴 세월을 유지할 수 있었을 것이다. 곧 주나라의 '예악'이 아닌 조선의 '예악'으로 말이다.

8

주나라는
은상보다
공평한 나라였다

　천명 그리고 종법제도를 통한 봉건과 예악제도, 이것으로 주나라의 모든 것을 말했다고는 할 수 없다. 주나라는 오래된 나라다. 무왕이 은상으로부터 패권을 쟁취한 때부터 치면 적어도 300년 가까이 중원과 그 변방의 제후를 실질적으로 지배했고, 강력한 제후들이 패권을 다투던 춘추시대에도 어쨌거나 상징적인 권위를 이어간 것까지 감안하면 거의 800년 가까이 존재한 왕조였다. 춘추시대의 공자는 주공이 세운 노나라의 백성이라 그랬는지 몰라도 앞서 300년의 주나라를 이 세상에서 가장 모범적인 나라로 보았고, 이를 전범으로 삼아 유가의 기초를 세웠다.

　사실 공자는 송나라 미자微子의 후손인 숙량흘叔梁紇의 아들이니 은상 왕족의 후예라 할 수 있다. 그런데도 자기 조상이 아닌 주나라의 문왕과 무왕, 주공을 칭송한 걸 보면 이들에게는 무언가 특별하게 뛰어난 점이 있었기 때문일 것이다. 물론 미자가 동족인 주왕에 반대하고 주나라의 집권에 협력한 사람인데다 또 오랜 세월이 흐른 뒤의 일이기는 하지만, 공자가 남의 조상을 제 조상보다 더 앞세우며 천하지계의 뼈대로 삼은 데는 그만한 이유가 있었을 테다. 그렇다면 공자를 이렇게 사로잡은 주나라의 장점은 그저 '예악'이라 하는 무형의 질서뿐이었을까?

그렇지는 않을 것이다. 공자가 왕에서 제후, 그리고 경·대부와 백성에 이르기까지 천하가 정해진 질서 안에서 자신의 본분을 다하는 식으로 그렇게 움직여가기를 바라기는 했으되, 이는 어디까지나 세상 모든 사람들이 다 공평히 행복하게 잘사는 것을 전제로 한 것이었다. 맹자의 '천명'도 결국 하늘이 무도한 임금을 허락하지 않는다는 세상의 정의와 연관된 뜻일진대, 궁극적으로는 이런 세상의 공평함과 정의를 옹호함에서 스승인 공자나 제자인 맹자의 생각이 다르지 않았다. 그랬기에 제 조상들의 세상을 뒤엎고 새로운 질서를 세운 무왕과 주공을 받들 수 있지 않았겠는가.

이로써 주나라가 은상보다는 공평함이나 정의 같은 덕목에서 뛰어났다고 해도 무리는 아닐 듯하다. 그럼 그 시대에는 공평이나 정의가 무엇이었을까? 대개 한 나라나 왕조의 패망 원인으로 군주의 방탕과 사치, 음주와 여색, 폭정과 잔학함 등이 꼽히곤 한다. 왕조 교체 합리화에 단골로 등장하는 메뉴들이다. 그러나 실제로는 부의 분배가 극단화한 나머지 야기된 민생의 도탄이 진정한 원인인 경우가 더 많다. 그런 구조적인 모순이 방탕과 사치, 잔혹함 등등의 외피를 쓰고 사회에 나타났다는 게 옳을 것이다. 여기서 공평함이나 정의로움을 따지기 위해서는 무엇보다도 당시 사회의 재부를 만들어내는 방식과 그 분배 문제를 들여다봐야 한다. 기본적으로 농업 사회인 은상과 주나라의 경우라면, 그것은 무엇보다 토지에서 이루어지는 농업과 그 생산물의 배분 문제일 수밖에 없다.

'종법'의 공동체성과 '공평성'

오늘날 은상과 주나라의 토지, 즉 농경지에 대한 권리, 농사를 짓는 방식, 그리고 그 생산물에 대한 배분에 대해 전해지는 자료는 극히 미미하여 당시의 실상을 추적하기란 매우 어렵다. 몇 가지 단서만 있을 뿐인데, 그중 하나는 당시 중원의 농업에선 두터운 황토층과 많지 않은 강우량에 적합한 기장과 조가 주곡이었다는 사실이다. 다른 하나로는 은상의 경우 농사를 거의 농노들이 지었다는 점이다. 농노는 대부분 전쟁을 통해 얻어졌으나, 이들이 어떻게 관리되고 살았는지에 대한 정보는 별반 없다. 은상의 농업이 대체로 집단적이었음은 분명하지만, 은상 부족 사람들이 직접 농사를 짓지 않았다. 그들은 대개 전사거나 관료 또는 농노 관리자였을 것이다. 물론 재정 수입에서도 농사보다는 다른 나라에서 보내오는 일종의 세금이 더 큰 몫을 차지했기 십상이다.

그렇다 해도 주나라는 서쪽의 변방국인지라 은상처럼 농노를 이용한 관리농업의 단계에까지 이르지는 않았을 것이다. 기본적으로 전쟁을 통해 많은 포로를 잡아오지 않는 한 대규모 관리농업은 불가능한 일이다. 주나라도 공류公劉의 시절부터 자국민을 규합하고 무장시켜 이웃의 작은 나라들을 침범하기 시작했으니, 이때부터는 농노를 이용하기 시작했으리라 짐작된다. 그리고 이들을 이용함으로써 농업 생산이 증대되어 국력이 부강해졌으리라 가정해볼 수 있다. 그리고 이를 거꾸로 해석하면 공류 시대 이전에는 씨족들의 힘만으로 농사를 지었으리라는 사실도 유추할 수 있다. 그러나 주나라는 은상처럼 농사가 전적으로 농노에 의지하는 방식은 아니었던 것 같다. 다만 이들의 농업이 집단적이었다는 점은 기록에 남아 있다.

『시경』「주송周頌」의 〈희희噫嘻〉라는 시에 보면 "때에 맞춰 농부들을 거느리고, 여러 곡식을 씨 뿌렸는데, 부지런히 하여 30리가 되어 멈추었으며, 또한 쟁기질을 만 사람이 짝을 맞추어 했다率時農夫 播厥百穀 駿發爾私 終三十里 亦服爾耕 十千維耦"는 구절이 보인다. 이는 성왕成王 때에 30리가 되는 넓은 지역을 농사꾼 만 명을 동원해서 농사를 지었다는 이야기인데, 이 정도면 일반 농가가 아닌 대규모 집단농장으로 보아야 하지 않을까 싶다. 쟁기질을 만 명의 사람이 했다는 것은 짐승을 이용한 쟁기질이 없던 시절이라 두 사람이 짝을 지어 했기 때문이다. 물론 시의 묘사이니 과장일 수는 있지만, 그렇다고 해도 이 시 자체가 가짜가 아닌 이상 대규모 농장이 존재했다는 증거로는 충분하다.

이것은 성왕 때의 일인데, 이때는 주나라 초기이니 문왕이나 무왕 때에도 이와 같은 대규모 농장이 있었으리란 추측이 가능하다. 물론 두 시기 사이에는 커다란 차이가 있다. 문왕이나 무왕 때는 주로 은상과의 전쟁에 힘을 쏟던 시기인데, 은상 정복 전쟁 때까지는 포로 획득이 많지 않았을 터라 이런 대규모 동원이 가능했을까 하는 점 때문이다. 세력 규합을 위해 동맹에 주력했지 전쟁에는 소극적이었기 십상인데, '삼감의 난' 이후에야 대규모 정복 전쟁이 벌어졌음을 감안하면 더욱 그렇다. 그런 연유로 성왕 시절 농민의 구성 분포는 문왕·무왕의 시기와 달랐을 가능성이 높다.

또한 이렇게 거대한 집단농업이 전통 없이 행해지기는 어려운 일이란 점도 생각해볼 수 있다. 개별 농가에서 짓던 소규모의 농사가 갑자기 대규모의 집단농업이 되려면 여러 문제들이 발생한다. 가내 수공업 체제가 갑자기 자동화된 대량생산 시스템으로 이전되기 어려운 이치와 마찬가지다. 농업이 밭갈이와 씨뿌리기에서 수확에 이르기까지 시기를 잘 맞추는 게 핵심임을 생각하면 이런 시스템의 차이는 결코 간단치 않은 일이다. 대규모 집단작업 시스템이 그렇게 하루아침에 이루어지지 않는다는 점으로 짐작컨대 시에서 표현된 주나라의 집단농업은 훨씬 이른 시기부터 이루어졌으리라 짐작해볼 수 있다. 그렇다면 과연 이런 주나라의 농업 시스템은 어떻게 가능했던 걸까. 중원 일대가 일찍이 농업을 기반으로 한 문명의 영역이었다면, 이는 주위의 일반적 여건들과도 당연히 관련이 있을 것이다.

당시 중원에서 청동제 농기구가 보편적으로 사용되었다고 보기는 어렵다. 농기구로는 대개 목기와 골각기骨角器 또는 석기로 만든 것들이 주로 쓰였고, 가축의 힘을 이용하지 않은 순수한 인간의 노동력에 의존하는 농업이었다. 농사 자체가 원래 힘들고 고된 노동이지만, 그 노동 강도는 오늘날과 비교할 수 없을 만큼 훨씬 고됐다. 따라서 노예의 도움이 거의 없을 시절인 공류 시대 이전의 주나라에서 농사는 씨족 전체가 참여하는 것이었을 뿐 아니라 네 것 내 것 없이 함께하는 집단적 성격이었을 가능성이 높다. 이후 일정 정도 노예의 공급이 있게 된 시기에 이르러서도 그들만으로 생산을 감당하기에는 부족했을 것이다. 따라서 농사는 여전히 이들 노예와 씨족들이 힘을 합쳐 이뤄내야 했을 것이다. 다만 씨족들의 전적인 참여는 밭갈이·파종·추수 같은 대규모 노동력이 필요할 농번기에 이루어지고, 이 시기에는 씨족들만 참여하기 마련인 군사훈련이나 작전도 피했을 것이다. 그렇게 적어도 문왕 때까지는 주나라 사람들이 농사도 짓고 전투에도 참여하는 이중 의무를 수행하지 않았을까 싶다.

농기구조차 변변치 않아 전적으로 인력에 의존해야 한다면 집단 작업은 자연스러웠으며, 이는 주나라만이 아니라 거의 모든 곳에서 그러했을 것이다. 다만 그 노동이 전적으로 노예에 의한 것인지 씨족에 의한 것인지만 달랐을 수 있다. 상고시대의 이런 집단 농업에 관해 우리가 가진 직접적 증거는 없으나, 당시에는 토지의 소유보다 농사를 지을 노동력이 우선했기에 토지의 사유제私有制가 시행되었을 가능성도 거의 없다.

사실 주나라의 집단 농업에 대해 『시경』 이외의 보다 확실한 증거는 없다. 하지만 주나라가 중원의 주인이 된 이후에도 종법제도를 봉건제도의 중심축으로 운용했으며, 이렇게 씨족 안 가족의 친목을 통해 정권을 유지했다는 사실은 가족 관념이 여타 씨족보다 훨씬 강했음을 보여준다. 이는 씨족 전체의 공동재산과 공동노동을 통해 다져진 전통이라고 가정해볼 수 있다. 이를테면 당시 씨족들에게 혈연 중심의 공동체란 매우 보편적인 것이지만, 주나라의 씨족은 그들이 발달시킨 종법제도에서 보듯 보통보다 더 강한 결속력을 지니고 있었으며, 이런 관념이 집단적인 농사에서도 다른 씨족보다 더 힘을 발휘했을 개연성도 충분하다. 그렇기에 주나라의 집단 농사 광경을 『시경』에서 특별히 묘사하지 않았겠는가. 그것이 그저 보편적이고 일상적이었다면 굳이 시로 남길 필요까지는 없었을지 모른다.

　물론 은상의 종법제도보다 주나라의 종법제도가 더욱 혈연적인데에는 시대적 필요성도 있겠지만, 주나라가 지니고 있었던 근원적인 친족제도와도 관련이 있을 것이다. 은상의 경우 오랜 기간 이민족을 지배하고 수탈해왔기에 불공평은 일상적인 법칙이었지만, 한 씨족으로 공동체적 성격을 지닌 주나라는 씨족 내의 공평성이 씨족의 단결을 강화하는 방법이었음을 쉽게 추측할 수 있다. 아무래도 가까운 혈연 사이에서는 그렇지 못한 집단보다 더 공평해질 수밖에 없지 않겠는가.

'정전제'는 과연 실재했을까

공평 내지는 정의 감수성에 대해서는 정전제井田制를 통해서도 추론해볼 대목이 있다. 정전제가 비록 사적 소유의 개념이 희박했던 주나라 시기보다 수백 년 뒤의 『맹자』와 『주례』에 등장하는 것이지만, 이를 주나라의 제도로 간주한 데는 최소한 그와 유사한 성격의 것이 실제 주나라에 있었기 때문 아니겠는가. 정전제란 우물 정井자와 같이 땅을 아홉으로 나누고, 여덟은 여덟 가구가 각자 경작하고 남은 하나는 공동으로 경작해서 나라에 세금으로 내는 방법이다. 전체적으로 보면 대략 세금으로 10퍼센트 정도의 소출을 내는 셈인데, 훗날 '역役'이라고 하는 노동력 제공 형태의 세금과 곡식으로 내는 형태의 세금이 합쳐진 개념이라 보면 될 것이다. 물론 밭이 모두 정사각형과 너른 평지일 수는 없는 만큼 우물 정자 모양은 실제 공간상에서는 수많은 형태로 변형되었을 것이다. 그러나 그 개념처럼 공정하게만 유지된다면 매우 합리적인 제도다.

그러나 여기서 간과해서는 안 될 것은 공동으로 경작하는 한 필지의 문제다. 공동 경작이란 생각처럼 단순한 일이 아니다. 흔히 말하는 '공유지의 비극'처럼 이곳이 네 것도 내 것도 아니라면 무책임하게 방치될 수 있기 때문이다. 곧 공동 경작지라면 소출이 개인 소유의 그것보다 훨씬 떨어질 수 있다는 점 말이다. 물론 이 여덟 가구의 농사 전체를 어떤 관리자가 관리해준다면 적절한 수준의 노동력 배분이 이루어질 수 있겠지만, 아직 사유제에 익숙하지 않은 씨족 사회에서는 모든 것을 공동 경작에 의해 해결했을 터이다. 공동 경작의 이점은 각자 자기 땅에 농사를 짓는 요즘에도 두레나 품앗이 같은 흔적으로 남아 있다. 씨족적인 성향이 다른 부족보다 진했던 주나라 사람들이라면 공동으로 이 모든 노동의 문제를 해결했을 가능성이 크다. 정전에서 '아홉'이란 구분은 아마도 분배와 공동의 몫을 구분하는 데 쓰인 상징적인 숫자이기 쉽다. 분배란 것도 실제의 토지와 노동력에 비례한 것이라기보다는 가족단위의 실질적인 수요를 바탕으로 했을 것이고, 전체 씨족 안에서 상당히 공평한 배분이 이루어졌을 법하다.

여기서 같은 시대의 은상이나 주변 다른 나라들의 농업 형태와 주나라의 그것을 한번 비교해보자. 은상은 중원 전체를 장악하고 변방에도 패권을 행사하는 강대한 나라였기에 수많은 전쟁의 승리로 노예 확보에는 애로가 없었다. 따라서 그들이 직접 농사를 지을 필요는 없었다. 거의 모든 농사는 노예들이 경작했는데, 이 노예들은 주로 정벌에 굴복하지 않은 나라를 아예 멸망시키는 데서 나온다. 멸망한 나라들의 유민들은 노예가 되는 것이다. 노예가 되면 머리를 깎이고 눈 위를 먹으로 시커멓게 문신하여 보는 즉시 노예인지를 알 수 있었다. 곧 한 번 노예가 되면 평생 그 굴레를 벗어날 수 없다.

은상의 복사卜辭에 '부전奧田'이란 말이 나오는데, 아마도 요즘의 화전火田과 비슷한 것이리라 짐작하고 있다. 곧 이를 개척하기 위해서 몇몇이 수백 명을 인솔하여 적당한 지역을 찾고 불을 내어 밭을 일구고 농사를 짓는 형태였을 것이다. 이때 그 수백 명이란 다름 아닌 노예들이다. 그러니 은상도 집체적 농업을 한 것은 다르지 않고, 그 실질적인 주체가 노예였을 뿐이다.

은상에게 충성을 맹세한 여러 작은 나라의 농업은 무왕 이전의 주나라와 크게 다르지 않았을 것이다. 당시 황하를 중심으로 한 중원이란 지역은 지금과는 비교할 수도 없이 인구가 적었다. 중원의 핵심지역 인구를 대략 500만 명 정도로 추산하고 있으며, 좀 더 범위를 확대하여 중원 주변과 주나라의 힘이 잘 미치지 않는 곳까지 포함해도 약 1000만 정도의 인구였다는 것이 현재의 추측이다. 개간되지 않은 땅은 거의 무한대이고, 인구가 현재의 100분의 1도 되지 않던 시절에 농사란 땅의 문제가 아니라 노동력의 문제였다. 노동력만 있다면 개간의 여지가 있는 땅이 거의 무한대로 있었다는 뜻이다. 그리고 최소의 노력으로 최대의 소출이 나오는 곳이 가장 좋은 땅이다. 어느 땅이 그런 소출을 보장해줄 좋은 농지일까. 좋은 농지는 많은 소출로 보상하고, 많은 보상은 인구 증가를 통한 노동력의 증대로 귀결된다. 그래서 농업국가에겐 그 자리 잡은 터전이 성쇠를 좌우하는 것이다. 고공단보가 기산 땅으로 이주한 일은 결과적으로 주나라에게 바로 이런 여러 가지 이득을 가져다주었음에 틀림없다.

중국의 고대사를 연구하는 대다수 역사가들은, 대체로 은상과 주나라 시기의 거의 모든 성읍국가들에게 토지의 사유라는 개념은 없었고, 농사는 양민이 했든 노예가 했든 간에 집단적으로 이뤄졌을 것이라 보고 있다. 이런 형태는 꽤 오랫동안 지속되었지만, 서주 말기부터는 인구가 늘고 상업이 발달하면서 서서히 깨지기 시작했다. 춘추시대에 이르러 이른바 자영농민들이 생겨나고, 자연스럽게 토지에 대한 사유의 개념 또한 나타났을 것으로 보고 있다. 이후 전국시대로 넘어오면서 새로운 토지 개척을 장려하기 위해 땅의 권리는 개척자에게 주고, 국가는 세수만 받아간 것 같다. 나라마다 부국강병을 지상 목표로 삼고 있었기에 보다 효율적으로 개간을 장려해야 했던 시기였다.

농사는 집단적으로 짓고 정전법 개념의 토지제도가 시행되고 있던 주나라라면, 농사는 전적으로 농노가 짓고 나머지는 관리나 전사의 임무만 충실히 했던 은상과 달리 농업의 생산과 분배에서 훨씬 합리적이고 공평했을 가능성이 높다. 왜냐면 무왕 이후나 되어야 주나라 씨족들이 손수 농사를 지을 필요가 없어졌지, 불과 몇 대만 올라가도 직접 농사짓던 농사꾼의 후예였으니 그들에 대한 이해심이야 은상보다 월등하지 않았겠는가. 은상의 천하 패권을 대신하게 된 초기에는 무엇보다도 무력이 중요했겠지만, 패권이 안정이 되고 봉건을 통한 식민과 협력 통치가 진행되는 성장기에는 이민족들과 사회적 약자들에 대한 배려와 공정함이 민심의 수습과 정치적 안정에 매우 중요했을 것이다. 또한 씨족 내에서도 공공 재산의 공공적 성격에 대해 깊은 이해가 있었으리란 짐작도 가능하다.

유가들은 바로 주나라의 이런 공평함과 합리적 정신을 칭송하여 자신들 정신의 표상으로 삼았으며, 그 구체적인 실증이 정전법이었다고 볼 수 있다. 전국시대의 국가 이기주의와 사유제의 결합에 비해 거의 공유제 성격의 공평함을 강조하던 주나라의 제도가 이상적으로 여겨졌으리라. 사실 이 정전법을 찬양한 맹자는 이미 공적인 개념의 토지가 사적인 개념의 토지로 이행된 전국시대를 살았다. 따라서 당시 과하게 부과되던 세금을 보다 공평하게 하고자 한 뜻이 있었던 것 같다. 결국 주나라 농업 현실의 사회적 공평함을 강조하기에 맞춤한 소재가 정전법이었으리라 보인다.

여하튼 『주례』와 『맹자』에 기록된 정전법 관련 내용은 그 사실성을 보장하기 어려운 구절이긴 하다. 실제 토지에 대한 사유 개념이 희박한 상황인데 『맹자』나 『주례』에 언급된 대로 정전제가 시행된다는 건 불가능하니 말이다. 사유제가 없다면 배분은 공평했을 것이고, 설사 아파서 노동을 못하는 사람일지라도 그 배분에서 소외되지는 않았을 것이다. 지금 보기에는 『맹자』나 『주례』의 정전제에는 사유화가 진행된 전국시대와 진한제국시대의 관점이 스며들어간 듯하다.

『맹자』의 「등문공·상滕文公·上」에는 하은주夏殷周 3대의 조세제도에 대한 구절이 나온다. 여기에 따르면, 하나라는 토지의 넓이에 따른 정액제인 '공貢'으로 세금을 받았으며, 은상은 정전법에 따라 공동 경작지의 수확을 세금으로 납부하는 '조助'가 세금이었고, 주나라는 공동으로 경작하고 수확량에 따라 '철徹'을 세금으로 내고 나머지는 균등하게 분배했다고 한다. 물론 이 또한 정전법의 경우처럼 맹자가 이해한 대로의 고대 제도일 뿐이지 그것이 꼭 사실이라고 할 수는 없다. 아마도 전국시대의 시각으로 과거를 미뤄 짐작해 쓴 서술일 것이다. 씨족국가에서의 조세란 국가와 사회와 개인이 분리되기 시작한 전국시대와는 많이 다르기 때문이다. 그러니 이 구절도 결국은 주나라의 공동체성을 이야기하고 있을 따름이라고 봐야 한다.

씨족국가, 성읍국가, 봉건국가

이 시기의 토지제도를 이해하기 위해서는 중국 중원에 자리 잡았던 마을과 도시와 농업의 모습을 구체적으로 살펴봐야 한다. 그래야 당시 씨족 중심의 나라가 어떤 질서로 운영되었는지를 알 수 있으며, 주나라 봉건제 아래의 토지제도가 구체성을 띨 것이기 때문이다.

당시 중원의 전체 인구는 현재 인구의 몇 퍼센트에 불과할 정도로 적었다. 그들이 넓은 산림과 강과 소택 가운데 있는 평지에서 농사를 지었으며, 자연조건이 가혹한 곳은 피해가며 농지와 터전을 골랐을 것이다. 평지이고 부드러운 흙이 두텁게 쌓여 있으며, 가뭄에도 물 대기 좋은 곳이 기본이다. 또한 홍수가 나더라도 피해를 덜 입을 수 있는 곳이 좋았다. 그래서 초기 농업은 두텁고 비옥한 황토층이 있는 황하 주변에서 물대기 좋고 홍수의 피해도 덜 입는 작은 지류를 중심으로 발달했으며, 부드러운 흙 때문에 농기구에 대한 압박도 생각만큼 크지는 않았으리라고 보인다. 그리고 이 지역은 대평원이 아니라 산도 있고 구릉도 있는 지형이라, 맹자가 이야기했듯이 손쉽게 밭을 아홉으로 나눌 만큼 너른 평원은 없었다.

피를 나눈 같은 씨족들은 자연스레 한 마을에서 함께 농사를 지으며 살게 마련이다. 농지 근처에는 하나둘 집들이 모였을 것이고, 한 집에 삼대가 살든 사대가 살든 가까운 일가는 대가족이며, 그 옆에 친척들의 집까지 올망졸망 모여 마을을 이루었으리라. 이런 마을들을 바로 읍邑이라고 했고, 크고 작은 이 마을들이 국가의 밑바탕을 이루었다. 마을 크기를 결정하는 것은 토지의 넓이와 생산력이다. 넓고 비옥한 농지가 있다면 가족들이 번성하여 커다란 마을이, 헐벗은 곳이어서 생산물이 적다면 어쩔 수 없이 작은 마을이 되었다. 이런 마을들이 모이면 결국 나라가 된다.

당시의 나라란 지금처럼 명확한 국경이 있는 그런 개념의 나라가 아니었다. 씨족 중심의 어떤 집합체를 의미하는 것이지 땅과 성읍을 지칭하는 것이 아니었다. 예컨대 씨족 전체가 여러 번 이주했다 해도 어디를 가든지 주나라는 주나라였단 뜻이다. 이주할 때 잔류한 사람들이 없지 않았지만, 이들 역시 같은 희씨 성들이라는 씨족의 연대는 지속되었다. 고공단보가 멀리 기산 아래로 이주하여 새로운 정착지에 뿌리를 내렸지만 주나라라는 정체성에는 아무런 변화가 없었다. 그러나 씨족국가들은 점차 인근의 나라들과 분쟁이 일어나 급기야 전쟁으로까지 이어지는 일이 생기자, 중심에다 높은 성을 쌓아놓은 성읍을 만들어 자신들의 씨족국가를 방어해야 했다.

씨족들은 평소 마을 여기저기 흩어져 살다가 적의 침략이 있을 때면 성 안으로 모여 함께 적들을 방어했다. 외적에 대비해 성을 쌓는 일도 씨족 구성원들이 힘을 합쳐야 하는 일이고, 이는 씨족 전체의 명운이 달려 있을 수 있는 일이니 결코 소홀히 할 수 없다. 평소에는 이 성 안에 씨족의 수장과 측근 일부만 살고, 조상에게 제사를 올리는 사당과 씨족의 구성원들을 위한 공공시설들만 있었을 것이다. 그리고 거기에 종사하는 사람들은 농사에 직접 참여하지 못하더라도 씨족 전체가 마땅히 보상책을 마련했을 것이다.

　그러나 청동기로 된 무기와 말을 이용한 전차로 싸우는 보다 본격적인 전쟁의 시대가 되자 더 높은 성벽과 더 많은 전쟁 물자, 그리고 이를 위한 직업적인 기술자·관료들이 필요했을 것이다. 따라서 성 안은 제사에 쓰이는 청동기와 무기를 만들고 또 보관하며, 관료들이 상주하는 곳이 되었다. 성벽은 보다 높아지고 면적도 보다 넓어질 수밖에 없었다. 더군다나 이런 직업적 전문 인력들은 평소에도 농사에 참여할 수 없었으니 나머지 사람들이 이들 몫의 생산까지 부담할 수밖에 없었다. 물론 잘 짜인 군사조직은 방어에만 효율적인 것은 아니다. 아직 허술하고 미약한 다른 나라의 성들을 공략하여 재부를 갈취하거나 나라를 멸망시키고 국인國人들을 노예로 잡아와 모자란 노동력을 벌충할 수 있었다. 이런 과정이 지속되다보니, 씨족들은 결국 관료와 군사의 핵심적인 업무만을 관장하며 나머지 농사와 같은 일은 노예의 몫으로 떨어지게 되었다.

　패권을 쥐기 이전의 주나라라면 이렇게까지 분업화를 이루지는 못했을 것이다. 왕과 관리들이 먹고 살 수 있는 식읍을 배정할 정도의 규모가 되지 않았을 수 있어서다. 그렇다면 씨족의 공동 비용으로 해결했을 가능성이 크다. 은상의 경우는 이미 오래 전에 이런 과정을 겪어 자子성의 씨족은 군사와 관료의 중추 역할만을 담당하고 있었다. 더군다나 이 씨족은 번성하여 주나라의 희씨 성과는 비교도 안 될 만큼 인구도 많았거니와, 씨족 안에는 분기도 많아서 왕위 세습이나 일가의 상속에 상당히 복잡한 절충안들로 갈등을 해결하고 있었다. 중원을 지배하던 몇백 년을 이러했으니, 은상의 도읍지인 대읍상大邑商과 직할지인 성읍에는 거의 모든 은상 사람들이 살고 있었고, 당연히 그들은 지배층으로서 특권의식 또한 굳건하게 자리 잡고 있었을 터이다. 이러한 특권의식은 다른 씨족과 씨족국가에 대한 멸시로 나타날 수 있으며, 은상 말기 주왕紂王의 방탕과 오만무도함은 오랜 동안 다져진 특권의식의 표출이라 할 수 있다. 당시 집권계층의 묘에서 확인되는 수많은 순장 사례들을 보건대 은상 시대에 자씨들은 이미 확실한 특권계층으로 굳건히 자리 잡고 있었음을 알 수 있다.

　당시 은상을 제외한 나머지 성읍 국가들은 두 가지로 나눌 수 있다. 독자적 군사력을 갖추고 제한된 영역 안에서나마 은상의 노선을 밟아가는 준準독립적인 나라들이다. 이를테면 기산 밑의 주나라가 바로 그런 사례일 것이다. 그러나 이런 제한적인 통치권이나마 은상에게 확실한 이득이 될 때만이 허용되었다. 서쪽의 유목민족들을 막아주는 대가로 그런 권력을 행사할 수 있었던 주나라의 경우처럼 말이다. 이런 나라들은 차츰 은상의 성읍을 닮아갔다.

그 밖의 작은 나라들은 이렇게 큰 나라를 따라갈 여력이 없어 씨족사회의 모습을 유지하고 있었지만, 그렇다고 변화가 없지는 않았을 것이다. 어찌되었든 작은 나라는 큰 나라와 동맹이든 복종이든 나라를 유지하기 위한 외교적인 조처가 필요했을 것인즉, 그것은 말로만 되는 것은 아니고 군사적인 요청에도 응대하고 여타 물질적인 요구에도 순응해야 했다. 이런 주변 환경의 변화 때문이라도 씨족사회 내부에는, 점차 대다수는 농사와 군사를 병행하더라도 전문적인 관료와 전문가들은 농사에서 손을 놓았을 가능성이 크다. 곧 작은 나라의 성읍이라도 적의 침략에 대비한 일시적 거주지가 아니라 일부 계층에게는 영구적인 거주처가 되어 갔으며, 이에 따라 성읍의 크기도 점점 커졌다. 이를테면 일종의 사회적 과도기에 처해 있었던 셈이다.

결국 주나라가 중원의 패권을 잡은 이후로는 더 이상 씨족국가와 같은 형태로 천하를 다스릴 수 없었다. 왕실의 비용이 나오는 토지가 있었을 것이며, 신하들은 따로 식읍을 받았고, 군대를 위한 토지도 있었을 것이다. 더 이상 씨족 공동의 소유지 개념이 아닌 국정 운영을 위한 재원이 체계적으로 마련되어야 했으며, 따라서 토지와 조세와 수조收租에 대한 권리와 기준이 명확하게 규정되었을 것이다. 그리고 주나라 왕이 직접 다스리는 지역에서 그랬을 것이며, 기타 지역에서는 분봉된 제후들 역시 주나라의 제도를 기본으로 해서 각자의 지역에서 운용했을 것이다. 이로써 주나라 제도의 전범이 새로이 만들어졌으니, 훗날 유가가 본받고자 한 것이 이런 주나라의 공평한 정신이었던 셈이다.

낙읍 건설에 스며 있는 주나라의 이념

주나라의 천하가 열리면서 주나라 사람들은 자신의 세력이 천하를 감당하기 버거움을 깨닫고 은상의 유민들과 이를 함께 도모하려고 했음은 앞에서도 말한 바와 같다. 서쪽에 자리하고 있을 때에는 은상이 있던 중원만 취하면 될 것 같았지만, 중원에 나와 보니 동쪽에는 더 넓은 세상이 있었다. 중원을 나오는 순간 자신들이 변방이었음을 깨닫게 된 것이다. '삼감의 난'과 동이족을 진압해야 했기에 시간은 지났지만 동쪽에 영향을 미칠 거점을 확보해야 했다. 그래서 주공은 시급한 일을 마치고 바로 새로운 도시의 건설에 착수했다. 그곳이 바로 낙읍이었다.

낙읍은 낙수洛水 근처에 있는 큰 마을이란 뜻이다. 하지만 강의 이름도 하나만 있는 것은 아니어서 이 강을 낙수雒水라 하고 낙읍雒邑이라 하기도 하니, '낙雒'이 본디 이름이고 나중에 강가라는 이유 때문에 '낙洛'으로 바뀐 것이다. 지금의 낙양시洛陽市 망산邙山의 남사면이 주나라의 낙읍이 있었던 자리다. 인근 지역은 하나라의 유적지와 은상의 서박西亳이란 성읍이 있었던 전략요충지로, 당시 중원 전체의 중심이라 할 수 있는 위치였다.

새 도시의 건설은 새로운 세상에 대한 이념을 반영하고 있었다. 동쪽으로 향해 뻗어 나아가는 새로운 봉건질서의 구심점, 낙읍은 바로 그런 의지가 담긴 곳이었다. 물론 서쪽에 자신들의 본거지인 호경이 여전히 주나라의 중심으로 자리하고 있지만, 이 새로운 성읍은 주나라의 세계관이나 이념이 뻗어나가는 전진기지여야 했다. 그랬기에 주공은 여태까지의 성읍과는 다른 모습으로 구상하여 건설했다. 그래서 앞으로 주나라 통치를 이룩해야 한다는 뜻으로 '성주成周'라 불렀고, 왕이 늘 거주하는 이전부터의 도읍 호경은 '종주宗周'라 불렀다.

낙읍은 동주 시절에 도읍을 옮기는 바람에 초기 형태가 많이 변형되고, 발굴조사가 이뤄진 것도 아니어서 정확한 자료는 없지만, 대략『주례』에 언급된 도성에 대한 묘사가 그 기본 형태일 것이라 생각하고 있다. 『주례』 가운데에서도 「고공기考工記」에 그 내용이 담겨 있는데, 먼저 이 책이 어떤 성격을 갖고 있는지 알아둘 필요가 있다.

『주례』는 전국시대의 유가들이 서술한 것이고, 그나마 이 가운데 도성의 축조에 관한 서술인 「동관冬官」은 유실되었기에, 이 부분은 서한 초에 「고공기考工記」로 메워넣은 것이다. 그리고 이 「고공기」를 쓴 사람은 유가가 가장 성했던 제齊나라 사람이었다. 그리고 유실된 「동관」의 자리에 「고공기」를 끼워 넣은 데도 까닭이 있다. 「동관」은 훗날 육부六部 가운데 공부工部에 해당하는 관직이고, 마침 이 「고공기」가 공부의 업무에 해당하는 수공업과 토목 등을 기술한 것이었기에 전혀 엉뚱한 것은 아니다. 물론 『주례』의 서술이 서주의 것은 아니고 후대에 쓰인 것이며, 또한 지역적인 편향성은 있지만, 그래도 서주의 도성 건축의 이념과 맥락을 어느 정도는 보존하고 있다고는 볼 수 있다.

『주례』 「고공기」에 쓰인 구절을 보면, 도성은 네모난 형태를 유지하고 한 변에 각기 세 개의 문을 두어 성 안을 9개 지역으로 구획한다. 이 문들과 연결된 도로를 이으면 정전법의 우물 정井을 그리고 있는 것이다.(하나라를 세운 우禹 임금이 천하에 9주九州를 두었다는 이야기도 있다.) 사실 정전법이나 구주나 도성의 구획이나 모두 상통하는 이야기이다. 땅은 네모지고 하늘은 둥글다는 '천원지방天圓地方'의 생각이 만들어진 곳이 이 중원인 탓이다. 그렇기에 천명을 받아 땅을 다스리는 왕은 둥그렇고 네모난 형태를 함께 지니고 있는 '옥종玉琮'으로 그 권력을 상징하고 있으며, 왕이 하늘에 제사를 지내는 천단은 둥글고 땅에 제사를 지내는 지단은 네모나다. 그렇기에 네모난 땅을 다스리는 도성은 네모나게 성을 쌓아 올리고, 성문을 사방에 세 군데씩 두어 이 세상 땅의 모습을 상형하는 것이다.

그 도성의 모습은 다시 작은 제후국의 도성에 조금 더 작은 형태로 구현되고, 세상을 나눈 땅의 일부를 제후가 지배하면서 천하의 질서를 잡아가는 것이다. 그러니 땅에 관한 모든 것은 사각형으로 잘게 나눠질 수 있는 것이고, 도읍의 도성은 그런 의미의 상징이기도 하다. 『주례』의 「고공기」는 이런 의미에 맞춰 기술되고 있으며, 거기에다 실질적 배치에 관해서도 몇 가지를 더하고 있다. 이를테

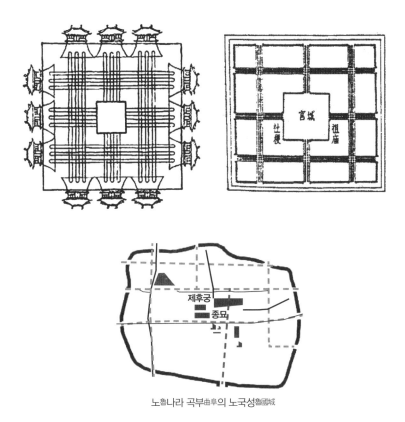

노魯나라 곡부曲阜의 노국성魯國城

위의 두 그림은 『주례』「고공기」에 의거한 나라의 전형적인 성읍을 그리고 있다. 성읍의 가운데에 궁성이 자리하고, 동쪽에 종묘(조묘), 서쪽에 사직이 위치한다. 방형(네모꼴)의 성은 전체 땅의 상형이며, 사방에 각기 세 문을 설치하여 왕의 기내와 구주를 상징했다. 낙읍은 은상과 주나라의 공동 통치를 위해 각기 자신들의 조상을 모신 묘당이 존재했지만, 아래 세 번째 그림처럼 주공이 다스린 노나라 궁전의 경우 주나라 조상에게만 제사를 올렸기에 묘당이 하나다.

면 '왕궁의 왼쪽에 조상을 모시는 종묘(조묘)를 두고 오른쪽에 토지와 곡물 신에게 제사지내는 사직을 둔다左祖右社'는 원칙이다. 이는 주나라가 은상과 함께 통치하고자 하여 두 묘당을 같이 두어야 하는 수요에서 나온 법칙이다. 은상 시대에는 '좌묘우궁左廟右宮'으로 묘당과 궁궐을 나란히 배치했다. 도성의 왕궁 앞에는 정무를 보는 조정이 자리하고, 왕궁의 뒤편에는 시장을 둔다는 '전조후시前朝後市'와 같은 것은 일종의 도시 기능성에 관한 문제일 뿐이다.

사실 『주례』의 「고공기」가 묘사하고 있는 도성 건축의 원칙이나, 또는 『주례』와 『맹자』가 이야기하고 있는 정전제가 주나라에서 실제로 실행된 것이라고 말하기는 어렵다. 그것은 한참 후대에 주나라를 신성시하던 유가들의 기록이기 때문이다. 이상향인 주나라를 기술하려다보니 한껏 부풀려 자신의 생각을 투사했을 가능성이 농후하다. 그러나 후세의 유가들이 주나라를 그렇게 기술한 데는 반드시 원인이 있을 것이다. 그들이 역사를 보건대 주나라는 은상과 다른 뭔가 특별한 도덕적 우월성이 있다고 판단했던 것 같다. 어쩌면 그것이 유가가 이 세상에 출현할 수 있는 기본적 조건이었을지도 모른다.

결국 그것은 주나라가 지니고 있었던, 은상의 집권세력과는 다른 어떤 공평의식이 아니었을까 하는 생각이 든다. 주나라가 소수민족이면서도 당시의 대세였던 은상을 완전히 대체할 수 있었던 원인은 특권의식에 사로잡히지 않은 주나라 사람들의 치세가 더 공평하고 정의로웠기 때문일 것이다. 그래서 다른 중원에서 여러 세력에게도 지지를 받으며, 또한 은상 유민의 협력을 얻어 위기를 극복할 수 있었다. 아마도 주나라의 이런 점에 주목하여 이를 규범으로 만든 것이 『맹자』나 『주례』였을 것이다.

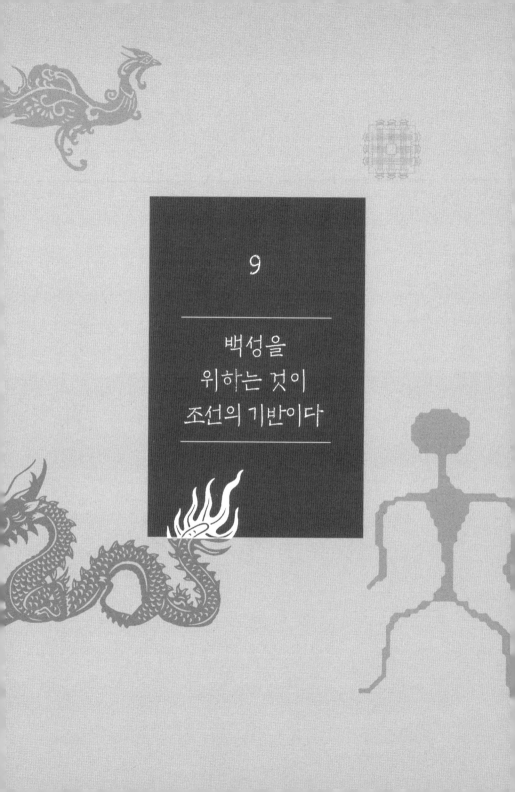

9

백성을
위하는 것이
조선의 기반이다

　우리가 배운 역사에서는 고려가 신라 골품제骨品制의 불합리성을 딛고 새로운 질서를 이루었다고 말한다. 신라 말기의 신분제도인 골품제는, 출신 가문의 힘이 아니면 자신의 능력을 발휘할 수 없는 세상은 닫힌 사회라는 사실을 잘 보여준다. 진골이나 성골의 집안이 아니면 아무리 능력이 있어도 소용이 없었다는 말이다. 이런 모순을 어느 정도 해결했기에 신생국 고려는 5백 년 가까운 세월을 지속할 수 있었다. 신라 왕족의 특권이 모두 사라진 것은 아닐지라도 그들의 지위와 재부는 제한되고, 지방에 세력을 넓히던 호족들도 이들 신라의 왕족과 같은 반열에 설 수 있게 되었다. 곧 고려는 신라의 오랜 불평등의 모순을 어느 정도 해소했다는 뜻이다.

　그러나 안정된 사회일지라도 시간이 지나면 다시 사회적 모순은 쌓이고, 또 다시 권력과 재부는 한 편으로 쏠리기 십상이다. 고려도 마찬가지였다. 중앙집권적 왕권 강화의 노력과 호족 세력의 견제,

과거제를 통한 가문에 구애받지 않는 인재 등용 등의 여러 장치를 통해 사회적 모순이 커지지 않도록 노력했으나, 시간이 갈수록 이런 장치들은 무력화되고 보수적인 기득권층에게 권력과 재부가 쏠렸다. 이런 모순에다 종교 세력의 야합, 무신의 난, 몽골의 침략으로 또 다른 변화가 일어난다. 그리고 몽골 세력이 약화되었을 때 이미 사회적 모순은 곪아 터져 있었다.

고려 말의 모순은 기득권에 가까이 있는 지식인들조차 심각하게 받아들일 정도였다. 정도전이야 가난한 사대부 집안이니 철저한 혁명을 꿈꾼 게 당연하다지만, 많은 재산을 지닌 명문가 사대부들 상당수도 개혁에 동조하고 있었던 사실을 보면 고려 말의 모순은 심각했다. 이 가운데 가장 큰 모순은 무엇보다도 분배의 공평성 문제였다. 곧 대다수의 토지는 호족들의 손에 넘어간 나머지 토지겸병으로 대규모 농장이 등장하고, 왕가와 권문세가를 등에 업은 사찰의 토지 재산도 굉장했지만, 반면 국가의 수입은 줄고 농민들은 이중 삼중의 조세와 호족들의 수탈에 굶주리고 있었다. 나라의 백성들이 굶주리면 어떤 사회도 안정될 수 없다. 많은 소작인들이 일부러 대규모 권문세가의 농장에 스스로 노예가 될 정도로 그 불평등은 극에 달했다.

문제는 백성뿐만 아니라 과거를 통해 새로이 관료가 된 사대부조차 녹봉을 받기 힘들었다는 점이다. 새로운 관료들에게 배정할 토지가 없어 신임 관료들은 임무를 수행하고도 대가를 받지 못하는 일이 벌어지기도 했다. 관료가 될 수도 있는 향리의 양인良人들도 호족들의 토지 약탈에 맞서기는 버거웠다. 지방관들과 결탁한 많은 권문세가들은 송사를 벌이는 등의 여러 방법을 동원하여 토지겸병을 추진했으며, 작은 농토를 가지고 있는 양인들은 이를 방어하기에 급급했다.

개국 핵심사업 세 가지

이런 현실이 사대부들에게 사회개혁의 필요성을 절실하게 일깨웠고, 그 대표적인 인물이 정도전이었다. 여기서 이성계와 정도전을 위시한 개혁파들이 새로운 왕조를 열면서 추진한 일들 가운데 중요한 세 가지를 잠시 짚고 넘어가자.

그 첫째는, 바로 고려 말의 토지개혁을 완성시키는 일이다. 물론 같은 사대부 계층들일지라도 처해 있는 위치에 따라 입장은 조금씩 달랐다. 정도전의 스승이자 어느 정도 개혁적인 성향도 지녔던 이색李穡의 경우를 보자. 지방 여러 곳에 사전私田을 가지고 있었지만 그렇게 큰 부자는 아닌 그는, 농부들로부터 거둬들이는 곡식의 양만 좀 줄이면 어느 정도 문제를 해결할 수 있다고 보았다. 호족들이 토지를 겸병하고 재부를 많이 가진 게 문제가 아니라, 이들이 농민들에게서 소출에 비해 너무 많은 곡식을 거두어가기 때문에 문제가 발생한다는 것이다. 그러니 수조의 비율만 낮추면 농민은 다시 안정을 찾고 사회질서는 다시 예전으로 돌아갈 수 있다고 여겼다. 그러나 위화도 회군으로 새로이 권력을 잡은 개혁파들의 첫 번째 목표는 단연 강도 높은 토지개혁이었다. 특히 토지의 수조권과 면적과 수확량을 조사하는 양전量田은 실제 답사를 통해 완성될 것이기 때문에 결코 단기간에 이뤄낼 수 있는 일이 아니었다. 더군다나 고려 말의 사정은 신진 세력의 집권 직후인지라 지방의 호족과 권신들, 그리고 지방관들이 결탁하여 이를 조직적으로 방해했다. 그러나 왕조가 바뀌고 관료와 지방관이 교체되자 이 일은 보다 강력히 추진될 수 있었다. 결국 왕권이 강화된 태종 5년(1405) 무렵 다시 양전이 이루어지고, 세종 때에는 보다 광범위하게 이 사업이 추진된다.

둘째, 국가를 운영하는 근본이 되는 법칙을 세우는 일이었다. 요즘으로 말하면 헌법을 비롯한 모든 법률과 제도를 만드는 일이다. 물론 이 법률과 제도는 유교적 이상국가답게 당연히 유교의 원리에 따라 이루어져야 하며, 그 근본 원리는 성리학적 인간 심성에 근거했다. 이 일을 가장 잘할 수 있는 사람은 유교 국가를 꿈꿔온 성리학자 정도전이었으며, 그래서 그는 정사를 돌보는 와중에도 『조선경국전朝鮮經國典』을 저술하여 새로운 국가제도의 기초를 세웠다. 이는 이후의 조선 법률과 제도의 총람이라 할 수 있는 『경국대전經國大典』의 바탕이 된다.

셋째, 수도의 이전이었다. 고려를 뒤엎고 역성혁명을 이룬 이성계는 당장은 권력의 상징물인 궁궐을 개경의 고려 왕궁을 접수해 쓰는 수밖에 없었다. 그러나 개경을 조선의 수도로 삼는 데는 여러 문제들이 있었다. 우선은 유학 이념을 내세운 새로운 왕조가 이상적인 유교 국가를 지향하면서 불교 색채가 강한데다 이미 낡아버린 개경을 수도로 삼는 것은 명분에서도 밀리는 일이었다. 그보다 더 심각한 것은 이곳이 고려 수구세력의 근거지란 점이었다. 고려왕조는 호족의 세력을 누르기 위해서 지방호족들이 개경에 와서 벼슬을 살도록 조처했다. 그 결과 호족들과 명문가들은 죄다 개경을 거점으로 삼고 있었으며, 이들이 고려에서 가장 많은 혜택을 입은 계층이라 개혁에 반대하는 입장이었다. 이러니 개경을 계속해서 수도로 삼는다면 개혁파는 보수파의 한가운데 포위되어 있는 셈이었다.

그래서 이들의 포위망에서 벗어나 보수 저항세력을 꺾을 필요가 있었다. 왕이 있는 수도는 관료들도 함께 있으니 모든 권력과 행정의 중심이 될 수밖에 없다. 왕과 권력이 이동하면 자연히 개경의 구세력은 힘이 더 빠질 수밖에 없다. 그래서 수도 이전은 새로운 왕조의 핵심사업이었다. 이에 태조 이성계는 수도의 이전에 적극적이었으나, 왕조 개창 초기에 신도시 건설에 따르는 백성들의 노고를 생각한 유학자 정도전은 소극적인 입장이었다. 그러나 수도의 이전도 새 왕조 건설에 필수적인 일이었기에 실행하기로 결정이 나자 이 역시 정도전이 맡게 되었다.

정도전이 새 수도의 입지 선정에는 깊이 관여하지 않았지만 일단 정해진 위치에 어떤 식으로 도읍을 만들고, 왕궁을 설치하고, 여타의 기관들은 어떻게 배치할 것인가에 대해서는 복안을 가지고 이를 관철시켰다. 그리하여 이 한양도성의 성곽과 궁궐의 문과 거의 모든 지명에는 유교의 덕목들이 반영되어 있는 것이다.

과전법의 민본주의

이제 새 왕조의 핵심사업 세 가지를 차례로 살펴보자. 그 첫째는 당연히 토지개혁이다.

고려 토제제도의 기본은 전시과田柴科였다. 전시과란 왕실과 관료들, 군인과 사찰 등의 공공적인 기구와 그 일에 종사하는 사람들에게 비용과 생계를 충당하는 곡식과 땔감을 확보해주는 제도다. 이들은 정해진 토지에서 나오는 수조권을 국가로부터 받았다. 이 전시과 체제에서 토지의 성격을 대략적으로 구분하자면 왕실이나 관청의 필요 경비를 충당하는 곳이 공전公田이고, 관리나 향리 또는 군인들에게 지급되는 것은 사전私田이라 할 수 있다. 그렇다면 사전이라 해도 그 땅 자체의 권리가 개인에게 있는 것이 아니라 그저 수조할 권리만을 국가로부터 위임받은 것이다. 그러니 공전이니 사전이니 한다고 해서 전체 농경지가 국유지임을 부정하는 게 결코 아니다. 더군다나 사전은 국가에서 배정해준 것이기 때문에 초기에는 직접 수조를 한 것도 아니다. 국가가 일괄하여 조운漕運을 통해 운반해온 것을 나눠주었다. 더군다나 그 땅을 농사지을 권리는 수조하는 사람에게 있는 것이 아니라 원래 농민에게 있었고, 혹시 경작자가 없을 경우에는 지방관이 경작자를 구해주었다. 그렇기에 이 시기의 사전은 개인의 농지라 할 수 없었다. 그런데 이것이 점차 문란해지면서 개인 또는 가문의 땅으로 둔갑한 것이다.

그 원인으로는 여러 가지가 있겠지만, 고려에서는 호족들이 대대로 관직을 한 것이 가장 큰 원인이다. 고려에서 지방의 하급직인 향리들은 이미 세습되고 있었기에 이들은 자신의 몫으로 받은 농지는 거의 자신의 땅이나 마찬가지가 되었다. 이들은 향리에서 농민들과 가장 가까운 사람이기도 했으니 경작자의 선택도 이들 손에 달려 있었을 것이다. 따라서 가장 먼저 사유지화한 것이 이들의 농지였겠지만, 이들이 받았던 것은 그 면적이 제한적이었으니 전체 규모로 보면 크게 문제가 될 만한 정도는 아니었다. 그러나 권세가 있는 중앙의 고관들이 받은 사전 면적은 지방관들의 것에 비길 바가 아니었다. 관료들에게 지급한 사전은 관직에 대한 대가였으나, 관직에서 물러났다고 바로 회수당하는 일도 드물었다. 고려도 과거제도가 있었지만 명문세족이라면 과거를 통하지 않고 음서蔭敍로도 얼마든지 관직에 머무를 수 있었다. 그러니 사전도 대물림이 되고, 오랜 시간이 흐르면 자기 땅이 되고 마는 것이다.

이렇게 고려의 전시과 체제 속에서 공적인 토지가 잠식을 당해 점차 사유화되고, 절의 사원전寺院田은 점차 확대되는 가운데 군대를 위한 군인전 같은 공적인 토지는 점차 황폐화되는 악순환에 빠져들었다. 군인전이 황폐해지면 이는 결국 군대의 약화로 이어진다. 문신들의 이런 횡포가 지속되자 무신정권이 들어서는 격변의 세월을 맞기도 했다. 무신정권 이후 몽골의 침략으로 사회적 변혁이 일어나 일부 계층이 교체되기는 하지만 여전히 권문세가의 토지 겸병은 지속되었고, 결국 이들은 산과 내를 경계로 하는 대규모 농장을 형성하는 데까지 이르게 된다.

이렇게 토지의 사유화와 빈부격차의 심화로 공공의 재원이 고갈되면서 사회적 불평등은 더욱 격화되었다. 고려의 조정도 이런 문제점을 바로잡기 위해 무던히 애를 쓰긴 했다. 고려 원종에서 공민왕 때에 이르기까지 무려 16차례나 '전민변정田民辨整'을 실시한 일이 그것이다. '전민변정'이란 권신들에게 빼앗긴 땅들을 토지의 이력을 추심하여 원래 주인에게 돌려주고, 또한 호구조사를 통해 공부를 조정하는 것을 말한다. 이런 작업을 그러나 무려 열여섯 번이나 했다는 건 일이 제대로 잘 되지 않았다는 이야기다. 권신과 호족 세력들의 힘이 공권력보다 더 우위에 있었다는 뜻이다.

그러나 그렇게 오래 갈 것 같았던 그들의 영화는 이성계의 위화도 회군(1388)으로 순식간에 바뀌고 만다. 기득권층 머리 위에 철퇴가 떨어진 것이다. 새로운 집권층은 자신들의 집권 근거인 '천명'에 따라 백성을 보살피고 공정함을 이루어야 한다는 당위를 위해서도 사회적 공평을 한시 바삐 되찾아야 했다. 그리고 신흥 사대부들과 혁명 공신들의 경제적 기반을 위해서도 토지개혁은 시급했다. 정권을 잡은 지 불과 두 달 만인 7월에 개혁세력인 조준이 전제개혁을 상소한 사실만 보아도 얼마나 급한 일이었는지 알 수 있다. 권력의 정치적 정리가 끝나자마자 토지개혁을 곧바로 처리해야 했다.

이성계와 정도전을 위시한 개혁세력은 혁명의 성과를 위해 전광

석화처럼 전제개혁을 이루어냈다. 토지개혁에 관한 세 차례의 상소와 함께, 농지를 직접 측량하며 토지의 비옥도까지 살펴야 하는 양전量田 작업, 새로운 토지제도인 과전법科田法의 제정과 시행까지를 3년 만에 해치웠다. 그만큼 이 토제개혁이 구질서의 해체와 혁명의 완성에 긴요했기 때문이다.

그러나 토지개혁이 졸속으로 이루어지고 완전치 못했다는 비판은 면하기 어려웠는데, 사실 수백 년을 내려온 토지제도를 하루아침에 전부 파악하고 고칠 수는 없는 법이다. 또한 전시과에서 과전법으로 이행했다는 것이 결국 토지를 국가 소유의 공전으로 만든 게 아니라 수조권만 고려 호족의 손에서 혁명 세력이던 신흥 사대부에게 옮긴 데 지나지 않는다는 비판 또한 없지는 않다. 물론 전국에 있는 농지의 양전 작업은 워낙 방대하기도 했거니와 기득권층과 향리들의 비협조로 제대로 이루어지기는 힘들었을 것이다. 하지만 당시로는 불완전하나마 최대한 빠른 시간 안에 진행시켜 기선을 제압하여야 했다. 그렇게 해서 군대와 행정조직을 회생시키고, 집권층의 경제적 토대를 공고하게 다져야만 민생을 조속히 안정시킬 수 있었다. 당시 토지개혁의 초점은 '완벽한'이 아닌 '조속한' 시행이었던 셈이다.

과전법이 몇몇 단점을 지닌 개혁이기는 했지만, 그렇다고 단지 수조권자만 바꾼 정도는 물론 아니었다. 이 토지개혁을 통해서 국가의 근간인 농업에 새로운 이념이 더해지고 그것이 결국 조선의 기초가 된다. 거기서 더 나아가 세종의 오랜 심사숙고 끝에 '천명'

을 넘어 '민본주의'에 입각한 토지 수조의 원칙이 확립됨으로써 조선 500년을 지탱하는 힘이 되었던 것이다.

과전법의 성과라 하면 크게 두 가지를 들 수 있다.

하나는 모든 토지가 국가의 것이라는 개념을 보다 확실하게 정립하고, 여기에 수조권을 가진 사람들의 권리와 그 한계를 명확하게 구분한 것이다. 물론 고려의 사전이란 것도 엄연히 국가의 토지라는 개념이 있었다지만 토지제도가 문란해지면서 수조권자가 농사짓는 사람을 교체하고 수조율까지도 제멋대로 정하는 폐단이 생겼으며, 대규모 농장에 이르러서는 더 이상 국가의 토지라고 하기에는 민망한 정도가 되었다. 그러나 과전법은 우선 수조권 자체를 세습되지 않도록 했을 뿐 아니라 국가의 관할 안에 두었다. 또한 농민의 경작권을 보호하고, 관리의 녹봉으로 지급하는 과전을 경기 일원으로 아예 못박았다. 대신 경기도의 크기가 커졌다. 물론 이런 장치들도 조선 후기에 가면서 느슨해지고 가렴주구가 성행하기는 하지만, 기본적인 원칙 설정이 잘 되었기에 완전히 무너져 내리지는 않았다.

또 하나는 농업과 토지에 관한 한 주나라 정전법의 공평 원리를 기본으로 삼아 백성의 입장을 헤아리고 사람의 본성을 해치는 토지제도는 막아 '민본주의'를 실천한 것이다. 이는 성리학의 기본 이치인 인仁을 바탕으로 물질의 생산이 인간의 본성을 아름답게 유지하도록 하려는 노력이다. 성리학이 국가의 기본 이념이 되고, 이를 바탕으로 나라를 다스린다는 것은 결국 공평함을 추구하는 것이다.

그랬기에 과전법으로 유교 국가의 기본적 틀을 갖추는 데 그치지 않고, 조선의 건국 이후 세종에서 성종까지 이런 공평함의 원리를 실천하는 방향으로 나아가 정전법의 이념을 실현하려 했다. 그리하여 농민의 부담은 줄여주고 관리들의 재량에 의한 수탈은 막아 백성들을 보호하는 '천명'을 넘어서서 '민본주의'의 기치를 세웠다.

이렇게 보면 주나라의 정전제란 것이 조선의 토지제도에 끼친 영향은 어마어마하다고 할 수 있다. 토지에 대한 공적 개념은 성읍을 중심으로 했던 나라에서는 당연한 일이다. 누구의 손으로 농사를 짓느냐와 공공적인 성격의 비용을 어떻게 충당할 것인가 하는 것이 문제일 뿐이지 토지는 씨족의 소유, 나아가 성읍과 국가의 소유라 할 수 있다. 그러니 그 땅이 누구의 것이냐를 문제 삼은 적조차 없었다. 곧 땅의 소유는 생래적 개념이 아니었고, 땅은 그저 물이나 공기와 마찬가지로 공공재적인 성격이었다. 그렇기에 그 땅에 투여하는 노동력을 누가 대고, 그 결실인 농작물을 어떻게 배분할 것인가 하는 문제만이 관심이었다. 정전제란 토지의 사유화가 진행되는 와중에 한 성읍국가 안에서도 왕과 경·대부를 지낸 여러 명문가들이 재부 늘리기에 몰두하던 시기에 고대의 이상국가인 주나라를 흠모하는 유가가 그린 '고전적 이상'이었다. 그들은 세상의 악정을 벌하는 '천명'에서 시작하여 백성이 곧 하늘이란 뜻의 '민본사상'을 끌어냈고, 조선 초기는 이 민본사상의 입장에서 토지제도를 새로이 정비한 것이라 할 수 있다.

고려 말에 혁명을 꿈꾸었던 성리학자들은 조선 중기 이후의 '예

禮'만 따지던 유학자들과는 사뭇 달랐다. 그들에게 중요한 것은 성리학의 표상인 '예'가 아니라 실질적인 경제정의였던 것이다. 물론 그들도 일부의 재부를 취하기는 했지만 그것은 그저 자기 몫의 일에 대한 대가였을 뿐이다. 그래서 그들은 과다한 재산의 소유는 죄악시하였다. 궁극적으로는 재부의 공평함을 잘 조절하여 모든 백성이 자기 본성대로 올바르고 선한 마음을 지니고 살며, 그로 인해 서로 예의를 지키며 이뤄가는 평화로운 세상을 만들려 하였다. 조선 중기 이후의 유학자들처럼 결과로써 드러난 예의범절과 형식에 집착한 것이 아니라, 세상을 움직이는 단초인 백성의 마음에 주목한 것이다.

유학입국을 실현한 한양 건설

조선 초기의 핵심사업 가운데는 법률과 제도를 정비하는 일, 곧 정도전이 했던 『조선경국전』의 집필, 요동 정벌의 준비, 한양 도성의 설계와 건축 같은 일도 빼놓을 수 없다. 정도전이 토지제도 개혁에 자신의 견해를 반영시키기는 했겠지만 비교적 일정한 거리를 유지한 것 같다. 아마도 그 일이 중요하지 않아서가 아니라 자신이 아니더라도 잘 할 수 있는 사람들이 있으며, 간여하지 않아도 잘 이루어지리라고 여겼기 때문일 것이다. 그러나 『조선경국전』의 집필과 같은 일은 『주례』를 비롯한 유교 경전과 과거 중국의 역대 제도에 대해서 어지간한 학식이 없이는 할 수 없는 일이다. 더군다나 조선은 유교 국가이기에 모든 것이 성리학적 사유의 바탕에서 이루어져야 하므로 그 바탕이 되는 제도의 제정은 자신이 직접 나설 일이라 생각했을 것이다. 새로운 나라의 제도가 어떤 계층의 사익이 아닌 백성의 이익을 우선하는 공평한 것이 되려면 무엇보다도 제도가 올바른 것이어야 하기 때문이다.

천도를 위한 입지 선정의 여러 논란이 끝난 뒤에 북악을 주산으로 하는 새로운 수도가 한양으로 정해졌을 때, 이 새 도읍의 밑그림을 그린 사람이 바로 정도전이다. 정도전은 새로운 도읍이 유교의 이상향의 표상이어야 한다고 생각했을 것이다. 하여 철저하게 『주례』「고공기」를 참고해서 새 도읍을 구상했다. 지금이야 『주례』를 전국 시대나 서한 시기의 저작물로 보지만, 정도전은 이것이 주대周代의 저작임을 의심치 않았을 것이고, 당연히 「고공기」도 주나라 때의 것이라 여겼을 것이다. 어떻든 이 「고공기」는 하늘은 둥글고 땅은 네모나다는 '천원지방天圓地方'의 세계관을 충실하게 반영하고 있으며, 한 나라의 도읍이 그 나라의 중심으로서 역할을 하려면 어떻게 설계해야 하는가 하는 원칙을 충실하게 담고 있다.

이 「고공기」는 당시의 공업과 토목의 수준을 기술하는 것이었을 뿐만 아니라, 이들에 관한 고대인들의 정신적인 태도도 엿볼 수 있다. 그 가운데 도성에 대한 부분은 그리 긴 구절이 아니다. 그렇지만 간략하게 도성이 갖추어야 할 원칙을 명시하고 있으며, 또한 이것이 주나라의 낙읍을 묘사한 서술임을 짐작할 수 있는 구절도 나

'좌묘우사'가 뚜렷한 종묘와 사직단의 위치

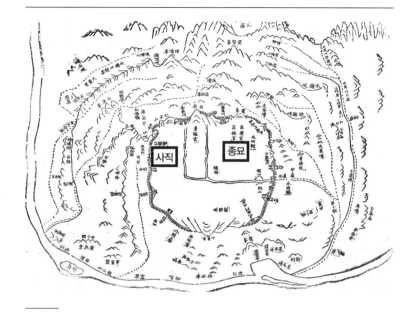

정도전은 『주례』「고공기」를 한양 건설의 저본으로 삼았기에, 그 개념을 토대로 종묘와 사직의 위치를 정했다. 그러나 태종은 곧 경복궁을 저버리고 창덕궁을 지어 종묘와 궁궐을 일직선으로 만들었다. 역사에 기록된 바는 없지만, 정도전의 사대부 중심 유교 국가를 왕 중심의 유교 국가로 바꾸기 위한 의도로 짐작된다.

온다. 앞에서도 여러 번 언급됐던 바로 '왕궁의 왼쪽에 종묘를 두고 오른쪽에 사직을 둔다左廟右社'는 원칙이다. 은상 사람들과 주나라 사람들의 기묘한 정치적 결합이 신도시 건설에 반영된 결과이다. 은상에서는 '좌묘우궁左廟右宮'으로 묘당과 궁궐이 나란히 배치되었다. 그러므로 은상에 묘당은 하나일 수밖에 없었고, 적어도 전국시대까지는 조상을 모시는 묘당이 둘이 다 있는 성읍은 중원에 없었다. 다른 성읍은 그저 하나의 묘당이 있으면 족했기에, 성의 최고 지도자의 거주지 및 집무처와 나란히, 또는 앞뒤로 짓는 것이 관례였다.

주나라 제후국들의 제후들 또한 단일 성씨이기에 묘당도 하나이고 궁궐도 하나이므로, 대개 궁궐 앞에 묘당만을 배치했다. 이를 통해 생각해보면 '좌묘우사'는 주나라 왕이 있는 낙읍의 형태를 기술한 것이다. 물론 서주 시기 낙읍 전체의 모습을 복원하기는 쉽지 않다. 그러나 낙읍의 북쪽 성벽의 길이가 대체로 「고공기」의 기술처럼 9리에 근접한 3km 조금 넘는 정도란 점에서 이것이 낙읍의 모습이었음을 짐작하게 한다. 한양 도성도 대략 한 변이 그 정도 길이의 사각형 모습을 지닌 것은 이런 「고공기」의 서술을 근거로 건설되었음을 뜻한다. 다만 입지가 산으로 둘러싸인 분지인 탓에 산의 줄기를 따라 성곽을 쌓으면서 네모반듯한 형태를 이루지 못했을 따름이다.

우선 지명을 보면, 강가의 성읍임을 보여주는 명칭인 '낙읍'처럼 '한양漢陽'의 '한'도 바로 '한수漢水' 곧 한강을 이른다. 낙읍이란 이름이 훗날 '낙양洛陽'으로 이름이 바뀌는데, 여기서 '양陽'이란 말은 강의 북쪽에 있는 남사면을 이르는 말이다. 강의 남쪽에 있는 북사면은 '음陰'이라 부르는데, 뚜렷한 전략적 요충지가 아니라면 북사면은 도시의 입지로는 부적격이다. 그렇다면 '한양'의 '양'도 이에 준하여 북악에서 남쪽으로 기운 땅으로, 크게 보면 삼각산에서 한강까지의 남사면이라 할 수 있다. 물론 중간에 남산이 있지만 이는 방벽의 기능이다.

또한 도읍의 성에는 네 방향으로 큰 문이 자리하고 중심축에는 십자대로가 있어야 한다. 또한 「고공기」는 성벽의 네 방향의 한 면마다 3개의 문을 만든다고 기술하고 있는데, 이 세 문을 연결한 도로는 도시의 구획을 나누어 천하의 구주를 상징한다. 정전제의 9등분 한 토지도 결국 이런 개념의 연속이지만, 사실 좁은 나라에서 이런 상징을 구체화하기란 쉽지 않다. 한양의 경우, 평지에 있는 장방향 모양이 아니라 산의 지형을 따라 성을 쌓았기 때문에 한 면에 문을 세 개 내기는 힘들었다. 그리고 성쌓기에 동원될 백성의 괴로움을 고려한다면 이런 원칙도 어느 정도는 감안해서 실행해야 했다. 그래도 큰 문 사이에 작은 문들을 배치하여 편리를 도모했다.

또한 왕궁의 앞에 관헌을 세우고 뒤편에 저잣거리를 만드는 '면조후시面朝後市'의 원칙도 정도전은 그대로 따랐다. 경복궁의 광화문 앞을 육조거리로 관헌들을 세우고, 경복궁의 뒤편인 지금의 궁정동과 청와대 자리에 저잣거리를 만들어 주나라의 낙읍을 거울로 삼은 이상향을 구현하고자 한 것이다. 훗날 태종이 집권하면서 창덕궁을 종묘 뒤에 짓고 종로에 육의전을 설치하면서 정도전의 원칙을 일부러 무시하기는 했지만, 그래도 대다수의 원칙들은 살아남았다.

정도전의 유교적인 이상은 새 도읍과 궁궐의 작명에서도 드러난다. 태조 이성계가 정도전에게 건물이나 문루의 이름을 짓도록 명한 것이기는 하나 도읍의 설계자로서 마땅히 그 당위성과 의무감도 있었을 것이다. 어쨌거나 정도전이 지은 경복궁景福宮이란 이름과 광화문光化門, 건춘문建春文, 영추문迎秋門 등의 궐문과 근정전勤政殿, 사정전思政殿, 강녕전康寧殿과 같은 이름은 그대로 남아 있다. 또한 서울의 곳곳에도 그가 지은 이름의 흔적들이 남아 있다. 지금도 서울에는 숭례문崇禮門, 흥인문興仁門, 보신각普信閣과 같은 이름들과 회현會賢, 적선積善, 안국安國, 서린瑞麟, 가회嘉會, 순화順化 등 유교의 덕목 인의예지신仁義禮智信을 담은 이름들이 곳곳에 남아 있다. 이런 수많은 이름만 보아도 한양은 유학자가 설계한 계획도시이며 유교적 이념을 집약한 도읍임을 알 수 있다.

궁궐이 완성되고 나서 1396년 한양 성을 쌓을 때 농번기를 피해 1월과 8월에 11만 명이 넘는 백성들이 동원되었다. 당시 전체 인구가 5백만 명도 채 되지 않았을 때이니 이 정도의 동원은 거국적인 사업이었던 셈이다. 그러나 백성들이 부담해야 할 짐을 감안하여 한양 도성의 규모는 어느 정도 선에서 절충점을 찾았던 듯싶다. 대략 가늠해봐도 성곽은 적을 방어하기 위한 전략적 규모라기보다는 형식적인 면모가 보인다. 또 일부 구간은 토성을 쌓아 전체 일을 줄이기도 했다.

정도전이 일생을 걸었던 '유학입국儒學立國'은 이제 조선의 건국과 새로운 도성으로 현실이 되었다. 그는 이성계를 도와서 고려의 기득권을 물리치고 집권했으며, 자신의 이상을 실현할 조선을 세우고 조선의 법규와 제도를 정비하고 도성의 건축에 깊이 관여했다. 그리고 불교를 배척하고 유교를 근간으로 삼아『주례』의 이상을 실현하는 재상이 나라를 다스리는 국가를 지향하며, 보다 큰 꿈을 위해 명나라의 요동 정벌을 위해 군사도 조련시켰다. 그런 가운데 권력 승계 다툼의 희생양이 되어 이성계의 아들 이방원에게 죽었다. 비록 자신의 이상인 유교 국가를 완성하지는 못했지만 사실 개혁가로서 이 정도의 성과를 거둔 사람은 일찍이 없었다. 성리학이 태동하고 세력을 떨쳤던 중국 송나라의 왕안석王安石도 실패했다.

정도전이 꿈꾸던, 성리학자인 재상이 다스리고 왕은 군림만 하는 동방의 주나라는 사라지고 조선은 왕의 나라로 귀환했다. 이성계의 젊은 아들 이방원에게 정권은 넘어갔다. 그러나 그것으로 유교 국가의 꿈이 완전히 사라지지는 않았다. 자신을 죽인 태종의 아들을 통해 동방의 주나라라는 정도전의 꿈은 중국에 자주적인 유교국가 조선으로 완성된다.

태종의 최대 업적은 세종

정도전이 수구파에게 몰려 감옥에 있을 때 선죽교에서 정몽주를 타살하는 과감한 행동으로 개혁파의 숨통을 틔운 것은 이성계의 젊은 아들 이방원이었다. 누구도 이 젊은이에게 정몽주의 타살을 지시하지 않은 것 같지만, 정세 판단에 빠르고 과감한 젊은이는 수하를 시켜 당시 조정의 대신으로 추앙을 받고 있던 정몽주를 살해한다. 이로써 개혁파는 다시 집권할 수 있었으며, 실각 위기의 정도전은 기사회생했고, 마침내 이성계를 왕으로 추대하여 조선을 건국할 수 있었다. 이를 놓고 보면 정도전은 이방원의 덕을 입은 셈이었으나, 그가 주군의 아들인 이방원을 높이 평가한 것 같지는 않다. 이방원은 조선의 개국공신 명단에도 포함되지 못했으며, 이성계가 두 번째 부인인 신덕왕후 강씨를 총애하여 그의 소생을 후사로 삼으려 했으니 후계에서조차 멀어져갔다. 결국은 무력을 통한 형제들과의 싸움 가운데 개국의 으뜸 공신인 정도전까지 죽였다.

태종 이방원은 정몽주의 타살과 두 차례에 거친 '왕자의 난'으로 인해 폭력적인 무장의 이미지가 드리워져 정권욕에 눈이 먼 비정한 임금으로 간주된다. 정도전이 애써 유교적 이념으로 국가의 중심으로 삼았는데, 다시 왕권 중심으로 환원시킨 권력의 화신 정도로 여기는 것이 일반의 인식이다. 물론 그가 경복궁이 아닌 창덕궁을 지어 이전하는 등 정도전이 만든 유교적 이상향의 그림을 많이 깨뜨린 것은 사실이지만, 재상과 관료 위주의 정치가 꼭 유교적이고 성리학적인 것은 아니다. 맹자가 말했듯이, 왕도정치는 현명하고 백성을 위하는 임금이 나라를 다스려야 한다는 것이었다. 그렇기에 태종 이방원은 절대로 비유교적인 왕은 아니다. 오히려 그는 불교와 도참에 빠진 아버지 태조 이성계와 비교할 수조차 없는 순수한 유학자이다.

다섯째 아들인 그는 고려 왕조에서 지금으로 치면 중학교를 졸업하고 고등학교에 진학할 무렵인 만 열다섯에 진사과에 당당히 합격했다. 그는 대단히 공부를 잘하던 학생이었으며, 고려의 성균관에서 수학한 유생이기도 했다. 본디 사대부 집안 출신이 아니었던 이성계는 아들 방원이 아버지 음덕이 아닌 자기 실력으로 관료가 되었기에 기특하게 여겼다. 당대의 학자인 원천석元天錫에게 수학하기도 했고, 이색李穡을 따라 명나라에 사신으로 가기도 했던 고려의 관료 이방원은 신진 사대부이자 유학자라 이르기에 부족함이 없는 사람이었다. 그런 내력이 있는 만큼 그를 유교적이 아닌 권력적 가치관을 지닌 사람이라 일방적이라 몰아치는 것은 부당할 수 있다. 처절했던 골육 간의 상쟁이 성리학적 가치인 인간의 보편적 성정에 위배된다는 생각이 그에게 씌운 인상일 것이다.

그렇기에 태종이 지향한 목표 또한 정도전의 그것과 크게 다를 바 없었다. 유교적 질서로 움직이는, 백성이 편안한 고대의 이상향인 그런 나라다. 다만 그와 정도전은 방법이 달랐다. 정도전은 임금도 학식이 뛰어난 신하의 훈계를 받아들여야 하며, 실제의 정사는 재상이 문무백관들과 함께 통치하는 나라를 꿈꿨다. 반면 이방원은 보위에 오른 임금이 모든 정사의 핵심이 되고, 신하들은 임금을 보좌하여 나라를 다스리는 역할을 할 뿐이라고 보았다. 통치의 주체가 다를 뿐 목표는 백성들이 편안하게 잘사는 예의 바르고 질서 있는 나라다.

물론 태종이 가장 힘을 쏟은 일은 왕권 강화였다. 국가가 바로 왕이기에 모든 병력을 국가에 귀속시키고 병권 또한 확실하게 쥐고 있었다. 중앙의 행정조직도 정도전의 생각대로 6부의 체제로 확립했으며, 지방을 8도로 나누고 중앙에서 관료를 파견해 다스리게 한 것 역시 태종 때의 치적이다. 그리고 집권 5년이 되던 해에 평안도

『주례』에서 유래한 조선의 6조 체제

주례周禮	북주北周	조선朝鮮	주례에서의 수장	직무
천관天官	이부吏部	이조吏曹	총재家宰	정부, 관원
지관地官	호부戶部	호조戶曹	사도司徒	호적, 징세
춘관春官	예부禮部	예조禮曹	종백宗伯	교육, 제사
하관夏官	병부兵部	병조兵曹	사마司馬	군사
추관秋官	형부刑部	형조刑曹	사구司寇	법률, 형벌
동관冬官	공부工部	공조工曹	사공司空	토목, 제조

『주례周禮』는 기본적으로 정부 조직의 관직과 하는 일을 적은 책이다. 여기서는 전체 정부를 여섯으로 나누었으며, 그 아래 모두 406개의 관직과 하는 일을 적었다. 물론 관직만 있고 맡은 일이 유실된 것도 있으며, 「동관冬官」처럼 아예 전체가 없어진 것도 있다. 이 주례의 관직은 책으로만 존재했지만 위진남북조魏晉南北朝의 선비족의 나라 북주北周에서 이호예병형공 6부로 이름을 바꾸어 정부의 조직으로 만들었다. 북주北周는 나라 이름부터 주나라를 이어받으려 한 나라이다. 이것이 수隋나라와 당唐나라를 거쳐 정부의 조직으로 자리를 잡고, 우리에게도 전해져 6부 혹은 6조의 체제가 굳건히 자리를 잡았다. 그렇기에 정도전은 나라의 근간을 이 『주례』에서 찾은 것이다.

와 함경도를 제외한 6도에 을유양전乙酉量田을 시행하여(1405) 국가의 재정적 기초를 세우고 농민의 생활도 안정시키려고 했다. 이 모든 시책은 정도전의 구상과 크게 다르지 않은 것들이다.

그러나 태종 이방원이 조선이란 유교적 이상 국가를 만드는 일에 기여한 가장 큰 공헌은 아마도 세종을 왕위에 앉힌 일일 것이다. 애초에 세자로 삼았던 양녕讓寧을 폐위하고 세종을 왕으로 세우는 일에는 우여곡절도 많았고 매우 힘든 과정이었을 것이다. 그러나 이를 과감히 실행하고, 자신은 먼저 뒷전으로 물러나 아들을 왕위에 앉힌다.

세종은 아버지 태종으로부터 실천력도 물려받았지만 독선적이지 않고 신하들과의 힘겨루기를 오래 견뎌내는 인내심도 갖춘 군주였다. 또한 학식과 올곧음과 개혁성도 갖추어 태종과 정도전의 장점만을 모아놓은 것 같은 군주였다. 세종의 업적은 예악제도 이외에도 한글 창제, 과학기술 등등의 여러 분야에 너무도 많고 독창적이다. 이런 모든 업적들은 백성을 편하고 이롭게 하려는 유교적인 동기에서 나온 것들이다. 세종이야말로 유학의 기본 이념인 '천명'의 하늘을 바로 '백성'으로 이해하고 모든 정치를 '민본주의'로 바꾼 현군이다. 백성을 이롭고 편하게 하는 데 가장 대표적인 시책은 토지와 조세 제도다. 곧 먹고 사는 데 관해서는 토지와 조세의 정책보다 중요한 것은 없다.

20년 넘는 시간을 들여 완성한 세제 '공법'

세종은 30년이 넘는 재위기간 내내 백성의 생활과 직결된 농토와 조세 제도에 대해서 천착했으며, 그 선택의 과정은 신중하고 또 신중했다. 그렇기에 그 방법의 논의에서 일부 지역에 대한 실험, 그리고 제도의 완비에 이르기까지 그의 전 집권기간이 소요됐으며, 재위 말에 제도는 완성되었지만 실제로 실행에 필요한 양전量田은 완성되지 못했다. 그래서 증손자대인 성종 때에 가서야 이 모든 것이 완성될 수 있었다. 세종이 행한 '공법貢法'이란 조세제도가 조선 말기까지 토지제도의 근간이 되었다.

세종의 공법을 이해하기 위해서는 고려 말의 결부제結負制부터 이해해야 한다. 결부제란 단순한 면적 기준이 아니라 일정한 수확량을 내는 토지를 한 단위로 하여 고정된 세금을 내게 하는 제도다. 고려 말 토지의 등급은 상중하 셋으로 나뉘었는데, 하등전은 대략 상등전의 2배 넓이였다. 이 방법의 장점은 양전만 제대로 공정하게 되어 있으면 시행이 간편하다는 점이다. 그리고 고려 말 개혁세력의 과전법이 시행되면서 수조는 생산량의 1/10로 고정했다. 여기에 다른 변수는 기후나 천재지변에 따른 작황이다. 그러니까 흉년에는 덜 거두고 풍년에는 더 거두는 유연한 과세가 필요한 것이다. 이런 조세에 대한 기초적인 개념을 바탕으로 고려 말과 조선 태조와 태종 시대의 수조가 이루어졌다. 그러나 양전 작업이나 실제 수확을 가늠하는 '답험踏驗'에는 변수가 생기게 마련이다. 중앙에서 믿을 만한 관리를 파견하여 이들이 전국의 구석구석을 돌아다니며 실정을 제대로 파악하기란 버거운 일이다. 그들이 청렴하고 공정하다 해도 지역의 실정을 모르니 배석한 지방관에 의존할 수밖에 없다. 그렇다고 지역의 사정을 잘 아는 서리들에게 이를 맡기면 인정에 끌리고 탐욕에 어두워질 수밖에 없다.

세종의 고민은 토지와 조세제도를 백성들에게 부담을 주지 않고, 또한 부패한 관료들에게 휘둘림이 없이 영구히 지속될 수 있는 시스템을 개발하는 일이었다. 그는 유학자였기 때문에 이에 대해 고대에 행해졌다고 하는 제도부터 연구했고, 이후 역대 중국 왕조들의 사례들을 참조하되 신하들의 의견도 들어가며 연구하고 또 연구했다. 일단 주나라를 모범으로 삼고 있는 세종은 하은주夏殷周 삼대의 이상적 제도를 복원하려는 마음을 먹었다. 그러나 세종이 하은주의 토지제도에 대해서 알 수 있는 것은 『맹자』의 「등문공·상」에 나오는 짧은 몇 구절뿐이다. 이 너무 소략한 내용인즉 "하나라는 한 필부에게 50무畝의 밭을 주고 평균적인 작황을 기준으로 정해진 양을 세금으로 내는 것이 '공貢'이며, 은나라는 정전제를 시행하여 땅을 아홉으로 나누어 여덟 필부에게 각기 70무의 땅을 경작하게 하고 하나는 함께 농사를 지어 거기의 소출을 공공의 것으로 돌리는 것이 '조助'라고 한다. 주나라는 한 필부가 100무씩 땅을 받는 정전이지만 농사는 여덟 농부가 함께 밭 전체의 농사를 짓고, 그 수확 가운데 1/10은 공공의 것으로 하는데 이를 '철徹'이라 하고 나머지 수확은 여덟이서 균등하게 나눈다"는 것이다.

맹자의 이 구절은, 다 같은 이상 국가였던 세 나라의 제도지만 조세 부담이 많지 않도록 한다는 기본 이념은 같되 점차 기후나 흉년과 같은 여러 변수들에 적응할 수 있는 안정적인 방향으로 발전해 갔다는 이야기인 듯하다. 하나라의 '공법'은 평균적인 수확량을 기준으로 일정액을 내게 하는 것이기에 가장 원시적인 제도이다. 그에 반해 은상이나 주나라의 것은 작황에 따른 변수가 반영될 수 있다. 세종은 이상 국가를 지향했으므로 현실의 수확량 변동을 반영

할 수 있는 보다 발전된 방법인 '철법'에 눈이 갈 것 같지만, 오히려 선택은 가장 오래되고 간단한 '공법'이었다. 그 이유는 현실적인 여건의 문제였다. 곧 면적만을 기준으로 하면 토지의 비옥도나 물의 공급에 따라 수확량이 달라질 수 있으며, 우리나라는 중국과 달리 산이 많아 네모반듯한 토지가 아니어서 정전제를 바탕으로 한 은상의 제도가 불합리하다 생각한 것이다. 또한 흉년과 풍년에 실제 수확량을 조사하기 위해서는 '답험'을 통해 실질적인 조사가 이뤄져야 하는데, 이럴 경우 중앙의 관원을 파견하기에도 무리가 있고 당장은 몰라도 미래에는 정실에 의한 부정의 소지가 크다고 여긴 때문이다.

세종은 이에 대한 작업은 재임 초기부터 시작되었다. 어떤 제도가 좋을지에 대해서 신하들 의견을 묻고 자신도 의견을 제시하며 깊이 토론했다. 기존 '답험'과 실제 넓이를 기준으로 하는 경묘법頃畝法을 통해 수조를 해야 한다는 주장도 있었다. 이런 여러 의견에 대해 계속 토론을 하면서 재위 10년차부터 5년 남짓 기간 동안 양전 사업을 벌였다. 이를 통해 조선조 전체를 통틀어 가장 많은 163만 결의 농경지가 전적田籍에 오르게 되었다. 이제 수조의 비율을 줄여도 국가 재정에는 크게 영향을 받지 않는다는 기본 조건을 마련한 것이다. 그렇게 한 뒤로 세종 18년인 1436년에 공법상정소貢法上程所를 만들어 이를 시행하기 위한 항목들을 마련하게 했다. 그리고 두 해 뒤인 1438년에 전라도와 경상도의 일부 지역에서 이를 시험해본다. 그렇게 다섯 해 동안을 수정하고 보완하여 드디어 세종

26년인 1444년에 '공법'은 완전한 골격을 갖추게 된다. 제도 하나를 만드는 데 스무 해 넘는 시간이 걸린 셈이다. 그러나 그것이 나라의 명운을 짊어질 중요한 제도라면 그리 하는 것이 당연하다.

이때 제정된 '공법'의 골자는 결부제를 뼈대로 하되 세 단계로 나누던 농지의 질을 여섯 단계로 세분화했다. 그리고 그 가장 좋은 것과 가장 나쁜 것은 4배 정도의 면적 차이가 났다. 또한 토지의 넓이를 재는 기준을 모두 주척周尺으로 통일했다. 그리고 조선 땅이 비교적 척박하고 생산량 기준이 높은 것을 염려하여 1결에 20말의 곡식을 내도록 했는데, 이는 원래 표준수확량의 1/10이었던 조세가 거의 절반 정도로 경감된 것이다. 표준수확량이 실제의 수확보다 부풀려질 수 있음을 염려하여 조세율을 줄인 것이다. 게다가 관리의 셈과 농민의 셈 사이에는 괴리가 있을 수밖에 없다. 하여 '9등연분법'으로 기후에 따른 생산의 높고 낮음을 반영토록 했다. 이렇게 수조를 줄이는 게 가능했던 데는 이미 양전으로써 국가 재정을 위해 확보한 전적이 넉넉했기 때문이다.

다만 이 '공법'이 제정되었다 하더라도 그대로 시행하려면 다시 양전을 해야만 했다. 다시 양전을 하여 여섯 등급에 맞는 결을 확정해야 했으니 과거의 것보다 훨씬 까다로운 작업이었다. 이 제도를 마련했을 때 세종에게 남은 시간은 얼마 없었고, 짧은 기간에 완성될 일은 아니었다. 세종의 사후에도 병약한 아들인 문종은 일찍 죽고 손자 단종에게는 험악한 일이 생겼다. 하지만 조카의 왕위를 찬탈한 세조는 아버지의 이상을 잘 이해하고 있는 아들이었다. 그리고 세조와 성종까지 45년이란 오랜 세월 동안 양전 작업이 이루어졌으며, 그렇게 공법제도는 완성되어 오랜 동안 조선의 경제를 받쳐준 물적 기반이 되었다. 물론 임진왜란과 정유재란, 병자호란을 겪으면서 차츰 토지와 수조의 제도도 무너져 갔으며, 토지겸병이나 조세의 문란도 발생했다. 그럼에도 조선 또한 역대 왕조의 역사에 드문 500년을 지속할 수 있었던 것은 이 토지제도가 완전히 무너져 내리지는 않았기 때문이다. 왕조 초기에 세운 이런 기초가 전란과 곤경 속에서도 500년을 버텨내게 한 힘이었던 것이다.

고려가 '사전私田'의 시대였다면 조선은 '민전民田'의 시대다. '사전'이 개인의 토지라는 개념은 아니지만, 수조권자가 토호화하면서 결국 농민은 수탈의 대상이 되고 농사조차 보장받지 못해 커다란 사회문제가 되었다. 수조권만 주어진 '사전'이 노비로 농사를 짓는 사실상의 거대 장원이 됨으로써 토호문벌의 사유지로 전락했다. 이에 혁명 세력은 조선에 과전법을 시행하면서 수조권은 주되 경작자를 임의대로 바꾸는 일은 허용하지 않고 과전도 경기 일원 지역으로만 한정했다. 그 이외 지역의 땅에는 '공법'이 실시되면서 안정적인 농사를 지을 수 있게 되었고, 국가에 정해진 비율의 낮은 세금만 내면 되었다.

어떤 면에서 농지는 이제 농민들 자신의 땅이었다. '공전'으로 환원시키고, 농사짓는 권리를 부여하고, 낮은 조세를 책정함으로써 땅은 오히려 '공전'의 반대인 사유지적 개념을 갖게 되어 비로소 농사짓는 백성들의 땅인 '민전'이 되었다. 이런 변화는 농민으로 하여

금 땅에 애착을 갖고 정성을 기울이게 한 나머지 생산력을 증가시켰다. 바로 이것이 진정한 유가적 가치관의 실천이었으니 '백성은 먹을 것을 하늘로 삼는民以食爲天' 법이다. 이렇게 정도전의 성리학적 이상은 공교롭기는 하지만 자신을 죽인 이방원의 아들과 손자, 증손자에 의해 성취되었다.

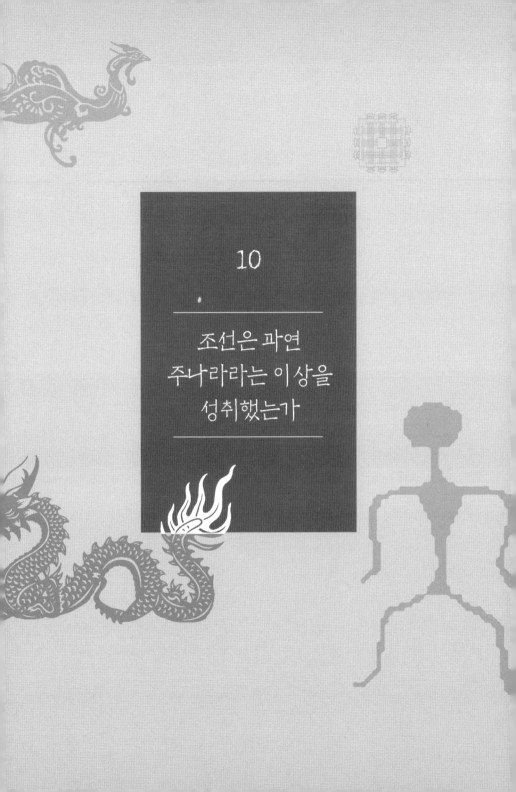

10

조선은 과연
주나라라는 이상을
성취했는가

상대적으로 적은 인구의 주나라는 강대국 은상을 극복하고 중원의 안정된 질서를 확립하기 위해 여러 조처들을 취할 수밖에 없었다. 그 핵심의 골자가 '천명' '종법과 봉건' '예악제도' 그리고 (확실하게 드러나지는 않지만) 공평함과 이성을 추구한 사회의 분배구조였다. 이로써 주나라는 중원에 새로운 질서를 세워냈지만, 세월이 흘러 춘추시대와 전국시대를 거치며 저물어가는 운명을 맞아들여야 했다. 모든 나라는 기초를 세우고 흥성하고 패망해가는 것을 피하지 못한다. 지금 존재하는 어떤 나라든 종국에는 이 법칙에 따를 것이다. 그러나 주나라의 성공적인 패권 교체와 확립, 소수민족으로 단기간에 중원의 여러 부족을 제압하고 새 질서를 세운 일은 춘추시대 말기 공자에게 전범이 되었다. 그래서 공자는 주나라 초기를 칭송하고 문왕, 무왕과 주공을 따르는 것만이 이 혼란한 시대를 이겨내고 다시 태평성대로 돌아가는 길임을 설파했다. 공자의 이런 움직임은 그 시대에는 아무런 영향도 끼치지 못했지만, 그가 키워낸 수많은 제자들은 공자의 생각에 자신들의 생각을 보태어 유가儒家라 하는 독특한 학문을 만들어냈다.

천하를 통일한 진시황의 대규모 탄압에 뿌리까지 뽑힐 위기에 처했던 유가는 진나라가 짧은 시간에 멸망하고 한나라가 등장함으로써 조금씩 기력을 회복했다. 비록 한나라와 당나라 시대는 도교와 불교의 위세에 눌려 유교가 중심에 서지는 못했지만, 그 실질적인 것을 중요시하는 유학자들이 행정과 실무를 장악해가기 시작했다. 유학은 관료와 선비들의 필수 학업으로 자리매김하면서 조금씩 저변을 넓혀가 사회의 주류로 발돋움했다. 과거시험을 통해 관료로서의 자리를 넓혀간 사대부들은 드디어 송나라 때가 되어서 유교를 국가 경영의 중심축에 올려놓는 데 성공했다. 유교는 국가의 근본 이념으로 올라서고, 한당漢唐을 이어온 유가의 경전들은 다시 해석되어 삶과 세상의 철학 및 통치의 이념과 방법을 제공해주었다.

그러나 유학이 중심이었던 송나라라고 해서 사대부들이 온 세상을 거머쥔 것은 아니었다. 백성이 중심이 되는 공정한 세상을 꿈꾸었던 왕안석 같은 이는 자기 뜻을 펼 기회를 얻었으나 결국은 지주와 관료 세력에 의해 처절한 실패를 맛보았으며, 관료로 성공하지 못한 주희도 시골에서 저술과 제자들의 교육에 전념하는 것으로 세상을 바꾸고자 하는 열정을 삭혀야 했다. 이들의 학문은 완숙한 경지에 이르렀지만 곧 이은 몽골의 침입으로 유학을 종주로 삼았던 송나라는 멸망하고, 유학의 새로운 세상에 대한 꿈도 사라지고 만다. 그러나 그들의 학문은 같은 몽골의 지배를 받던 고려에 전해지고, 토호들과 귀족의 끝없는 욕심에 환멸을 느낀 고려의 신흥 사대부들에게 급속하게 그 영향력을 넓혀갔다. 새로운 이념으로 변화된 세상을 꿈꾸게 된 것이다. 그런 가운데, 고려의 썩은 그루터기를 베어내고 새로운 나무를 심으려는 야심을 지닌 한 유학자 정도전이 낮은 신분과 오랜 유배생활에 지쳐가고 있었다. 그는 진정한 혁명을 꿈꿨다. 그러다 마침내는 꿈꾸던 혁명을 완성시킬 수 있는 동지를 구했다. 그 동지가 바로 고려 말 혜성같이 나타난 무장 이성계였다.

유가가 역사에 있어서 그 이념으로 실제 혁명에 성공한 사례는 이제까지 단 한 번도 없었다. 유교국가인 송나라에서 왕안석의 신법조차 실패했다. 그만큼 보수기득권의 반혁명 공작이 치열했다는 뜻이다. 하지만 이 세상에서 오로지 단 한 번의 성공사례가 태동되었으니, 그것이 바로 정도전과 이성계의 조선 건국이다.

고려 말부터 사회·경제적 모순의 심화로 거세진 사대부들의 성리학 바람은 막을 수 없는 도도한 흐름이었으며, 정도전이 이성계의 무력에 올라탈 수 있음으로 해서 왕조의 성씨를 바꾸는 역성혁명이 가능했다. 그리고 유교국가적 제도의 거의 모든 것은 세종의 32년 집권 동안에 탄탄한 기초를 다지게 되고, 세종의 아들인 세조와 성종에게까지 이어지게 된다. 이 시기까지의 정치로 따지면, 조선의 개국 초년 기세가 결코 주나라보다 못하다고 할 수 없다. 주나라는 여러 이민족들을 복속시켜야 하는 부담이 있었지만, 조선은 내부 모순에 비해 외부 문제가 신흥국 명나라와의 관계와 왜구에 대한 방비이기에 부담이 적었다는 차이는 있다. 그러나 토지의 재분배를 통한 사회적 개혁뿐만 아니라, 예악제도를 포함한 국가통치의 제도와 법률을 충실하게 갖춘 점은 주나라 수준의 이상적인 전범에 도달했다고 할 수 있다.

천명과 예악의 조선, 종법의 사슬에 묶이다

사실 '천명'과 '예악제도'란 겉으로 드러난 표면의 모습일 수밖에 없다. 그 내부 모순의 해결은 결국 토지를 비롯한 재부의 공평한 분배가 기본적으로 이루어져 하는 것이다. 따라서 그 분배를 위해 천명이란 명분이 필요하고, 그 분배가 잘 이루어진 다음에 사회적인 기강이 바로 섬으로써 그것이 예악제도로 표출되는 것이라 할 수 있다. 하지만 이 둘은 조선의 건국에서 제 역할을 했지만, '종법과 봉건'은 별로 역할을 하지 못했다. 그러다 희한하게도 18세기 중반이 되어서야 사대부 사회에 정착되었는데, 그런 뒤 오히려 전체 사회를 구속하는 사슬이 되고 말았다.

원래 종법제도와 봉건제도는 서로 떼려야 뗄 수 없는 관계다. 봉건제도가 고대의 지역 중심, 성채 중심의 영역지배를 하나의 왕조와 관련성을 지니게 만드는 방법이라고 한다면, 종법은 가족관계 중심의 질서가 봉건제도와 관련되는 형태이기 때문이다. 이 봉건과 종법이 결합하게 됨으로써 주나라 초기 소수민족으로서는 상상할수 없이 넓은 땅과 백성들을 다스려야 하는 문제를 효율적으로 해결할 수 있었다. 주공은 형제들 사이의 반목과 반란이 주나라의 중원 지배에 방해가 된다는 점을 잘 인식했고, 그래서 가족 질서인 종법을 확립함으로써 자신이 스스로 모범을 보여 장자 위주의 가부장적 질서를 마련한 것이다. 사실 주공 이전에는 주나라 희씨 성조차 가부장적이고 기계적으로 적통을 승계했던 것 같지는 않다. 따라서 적장자 중심의 가부장제를 택했던 것은 그것이 자연스러워서가 아니라 환경에 따른 필연이었다.

그리고 진시황의 중원 통일을 계기로 봉건과 종법이란 존재는 사라졌다고 할 수 있다. 물론 이어진 한나라 때에 봉건이 일부에서 지극히 소소하게 존재하기는 했지만, 그건 주나라의 봉건과는 완전히 다른 것이었다. 그 이후의 왕조들도 봉건을 부활하려고는 하지 않았다. 이런 분권적 조처들이 나중에 통일된 왕권의 대항마가 될 소지가 다분하기 때문이었다. 당나라에서 절도사라는 제도가 군권에 대한 부분적 봉건이라 할 수 있을지 모르나, 이 경우 역시 황제에게 큰 위협이 되어 당의 멸망을 가속시킨 원인이 되었다.

당 이후의 혼란을 극복한 송나라 역시 봉건을 채택하지 않은 중앙집권적 정권이었다. 당나라 시절 귀족정의 폐해를 없애고자, 귀족 신분이 아닌 학문을 지닌 사대부들의 등용을 제도화했다. 사대부들의 학문이란 바로 유교였으며, 이것이 송대 성리학이 발흥한 원인이다. 이들 사대부 유학자들은 유교 경전의 의미를 자신들의 세계관에 맞게 새롭게 조탁했으며, 공자가 모범으로 삼았던 주나라의 제도들도 새로이 해석했다. 그렇게 '천명'과 '예악'은 유학과 성리학에 깊숙이 들어왔지만, 황제가 직접 통치하는 세상에서 '봉건'과 '종법'은 둘 다 내쳐져야 했다. 그러나 결국은 '봉건'만을 내치고 '예악'의 기초가 되었던 '종법'은 내치지 못한 채 어정쩡하게 유학의 체계 안으로 들어서게 되었다. '종법'을 적용할 봉건이 사라진 세상인데 어찌할 것이며, 그렇다고 황제의 가계에 적용할 원리로만 삼기에는 뭔가 부족하고 이상했을 것이다.

이런 오랜 고민 끝에, 이 종법 원리를 성리학자들은 사대부 자신들의 제가齊家 원리로 삼았다. 왕과 제후가 나라 다스리는 원리를 집안 다스리는 원리로 삼았으니 당연히 가부장제가 되었다. 그러나 왕처럼 집 밖에다 묘당을 따로 가질 수도 없고, 분봉을 할 수도 없는 노릇. 오로지 제사와 조상에게 고하는 일만 비슷이 할 수 있을 따름이다. 왕가와 제후국의 질서로 쓰이던 규율을 일개 사대부 집안에 쓰려니 헷갈리는 것도, 맞지 않는 것도 많을 수밖에 없다. 그래서 만든 것이 바로 『주자가례』이다.

이 책이 성리학과 함께 조선에 들어왔다. 그래서 성리학을 존중하는 사대부라면 마땅히 성리학의 위대한 인물이 말해주는 집안의 예의범절을 실천해야겠지만, 여태 내려오던 습속을 깡그리 무시하고 이 책에 쓰인 대로 실행하기란 어려웠다. 우선 그때까지 우리네 습속은 엄격한 가부장제도 아니었고, 남성 위주도 아니었고, 장남 위주도 아니었다. 그렇기에 글로 읽어 알고는 있지만 실천하기는 어려운 일이 되었고, 그럴 경우에 짐짓 모른 체하고 몸 따로 생각 따로 움직이는 것만이 현실적인 해결책이었다.

사실 그 당시의 일반적인 습속이 성리학에서 이야기하는 것과 많이 달랐다는 사실은 역설적으로 세종 때 글 모르는 백성들을 위해 삽화까지 그려 넣은 『삼강행실도』를 대량으로 발간 보급한 일에서도 알 수 있다. 『삼강행실도』는 중국과 조선의 충과 효와 정절에 관한 사례를 담아 윤리적으로 가르치려 한 책으로, 그 대상은 일반 백성이었다. 유교적인 사회를 만들려 한 취지를 뒤집어본다면, 당시 일반 백성들은 임금에 대한 충성이나 부모에 대한 효나 과부의 정절과는 관계가 먼 생활을 했다고도 볼 수 있다. 그렇다면 고려의 백성들은 충효나 정절과 무관하게 살았단 말인가.

일단 '충'에 관해 말하자면, 백성들과 임금 사이에는 피부로 느낄 만한 직접적인 관계가 없었다. 물론 고려의 백성이라는 의식은 있었을지 몰라도, 대체로 국가와의 관계는 뚜렷하지 않았다. 백성들에게는 대토지를 소유하고 있는 호족이나 사찰들과의 관계가 중요했지 임금과의 관계가 중요했던 건 아니다. 그리고 '효'의 문제에서는 '고려장' 때문에 부모에게 소홀했던 시대라는 인상을 주지만 이는 사실이 아니다. 고려 때 늙은 부모를 산에 버렸다는 이야기는 후세에 조작된 것이며, 실제로는 고려에서도 유교적인 효를 중시했을 뿐만 아니라 부모 봉양의 의무도 당연했다. 하지만 조선조 초기에 부각된 효는 『주자가례』에 나오는 상례喪禮의 특별한 형식, 곧 '3년상'과 같은 형식이 특별히 더해져 강조된 것이다.

마지막으로, 여성의 정절이란 원래는 없던 개념이다. 과부가 되거나 이혼한 경우에 재가하는 것은 지극히 당연한 일이었고, 이는 왕실에서도 마찬가지였다. 임금이나 귀족 사회에서도 여자들의 권리는 상당했고, 이는 일반 백성들의 경우도 마찬가지였다. 그러다 조선 초기에 이르러 유교적 정절을 강조하기 시작했다. 다만 실제로 이것이 사회적인 규약으로 보편성을 띠면서 여성들에게 속박으로 작용하기 시작한 것은 17세기 중반이 되어서였다. 그만큼 전해오는 습속과 관념을 변화시킨다는 것은 어렵고 시간도 많이 걸리는 법이다.

종법이 끼친 해악

17세기 중반부터 『주자가례』의 형식적인 의례는 조선 사대부들의 집안에 이식되었다. 적장자에게 모든 상속과 제사권이 집중되기 시작하고, 가부장제 아래서 여성들의 권리는 쪼그라들고 만다. 조선 초기부터 강조되던 유교적 종법질서는 이 시기가 되어서야 받아들여지기 시작했다. 임진왜란과 병자호란을 겪으면서 국가나 왕이 사대부 자신들의 가족을 지켜주는 게 아니란 사실을 깨닫고, 잇따른 사화들을 거치면서 자기 가문을 지킬 결속력을 만들어내야 할 당위를 느꼈기 때문일 것이다. 곧 가부장제 아래 자신들의 가족 구성원들을 결속하고, 또한 다른 가문과의 유대를 통해서 외부적 위기에 대한 방어선을 구축할 필요를 느꼈다는 뜻이다.

이렇게 사대부들이 가문 이기주의에 빠지고, 그것이 적장자를 통한 종법제도의 이행이라는 가부장적인 위계질서로 나아가게 했다고 볼 수 있다. 이러한 가문 중심주의가 심화되면서, 결국 벼슬을 목표로 하거나 현직에 있는 사대부들은 자연히 그 관심사가 임금이나 백성들에게서 멀어지기 시작했다. 그들은 오로지 '가문의 영광'과 '혈족의 성공'에 맞춰지고, 다른 혈족들도 그 덕을 보고 업혀가기를 고대하게 된다. 물론 17세기 중반 이후에도 다시 유교적 정의로 돌아가려는 시도의 우여곡절이 없지는 않았지만, 전반기에 비해서는 어두운 면모가 다분한 후반기를 맞게 된다.

주나라는 은상을 극복하는 데 명분이 필요했기에 '천명'을 가져오고, '봉건'과 '종법'으로 계통을 세우고, '예악'으로 지배했다. 이를 따라가고자 한 조선은 그러나 '봉건'과 '종법'이 문제였고, 이는 현군이었던 세종조차도 어쩔 수 없는 일이었다. 아버지 태종이 물려준 대로 조선은 강력한 중앙집권적 국가인데다 봉건으로 돌아갈 만큼의 드넓은 강역도 아니었다. 이미 지방 호족들의 전횡에서 벗어난 조선에서 다시 일종의 지방자치인 '봉건'으로 되돌아간다는 건 말도 안 되는 소리였다. 이렇다 보니 성리학에서 말하는 '종법' 확립만큼은 이뤄내고자 애썼다. '종법' 질서에 따라 유교적 이상을 실현하며, '예악'을 지키며 살기를 희망한 것이다. 그러나 종법의 문제에서 조선은 왕조부터 처절하게 실패했다. 이처럼 대종이 왕위를 이어받는 일이 어려웠던 왕조가 어디 있을까 싶을 정도였다.

그러다 사화와 두 차례의 전란을 거치면서 종법은 엉뚱한 곳에서 위력을 발휘하기 시작했다. 사대부 가문에서 혈연과 가문을 묶는 고리로 힘을 발휘하면서 나타나게 된 많은 부작용 말이다. 무엇보다 적서의 차별과 부녀자 인권의 침해가 컸다. 가부장제에서 수많은 서자들은 차별에 짓눌려 살아야 했으며, 부녀자는 아예 인권의 사각지대에 놓이게 되었다. 전반적으로 고대에는 여권 침탈이 심했다고 하지만, 우리 역사상 그 대부분의 시기는 그리 심하지 않았다. 조선 후기 250년의 여권 침탈이 남긴 후유증인 것이다.

　이것뿐만이 아니다. 가문을 중요시하는 전통은 혈연을 강조하고, 혈연은 다시 지연과 학연을 낳고, 그래서 온갖 패거리 문화가 발생하는 근본 원인이 되었다. 조선 후기에 어떤 가문의 학인이 관료로 성장하면 자기 가문의 인재들을 발탁하는 임무도 함께 지게 된다. 이런 전통은 제사를 통한 동질성의 확인으로 저변을 넓혀가고, 공적인 영역에서도 자신의 혈연을 돌보는 것을 당연한 의무라고 여기게 만든다. 종법의 이런 면모 때문에 우리나라의 기업이나 재벌들은 혈연 상속과 경영권 상속을 아직도 지극히 당연한 것으로 받아들이고 있는 것이다. 또한 전통사회에서 지역의 유력 가문은 부근의 유력 가문과 혼인 및 사제관계를 통해 특별한 관계를 맺는 것이 자연스럽고, 이렇게 맺은 관계들로 붕당을 형성하는 것도 아주 자연스럽게 받아들인다.

　이러다보니 가짜 가문들이 무수히 나타나는 일까지 벌어졌다. 조선 초기에 전체 인구의 3~5퍼센트에 불과하던 양반이 조선 말기에는 70퍼센트까지 비정상적으로 늘어난다. 어떻게든 돈이 조금이라도 있는 집안이면 양반의 권리를 사거나 가짜로라도 만들었던 것이다. 곧 양반들의 가문 이기주의가 사회의 모든 구성원한테까지 퍼져버린 것이다. 이런 까닭에 수많은 가짜 호적과 족보를 만들고, 이를 목판에 새기고 인쇄해서 거래까지 이루어진다. 가짜 조상에게 제사를 지내고 자신들 집안의 중흥을 가족끼리 도모하는 것이다. 이렇게 종법은 조선의 멸망에 일정하게 기여했다.

그러나 가문과 이를 기리는 제사의 전통은 조선이 멸망하고 일제강점기와 산업화 시대를 거치면서도 살아남았다. 일부를 제외한 대한민국 전체는 아직도 제사의 효용성을 긍정적으로 보고 이를 지키려고 애쓴다. 그러나 머잖아 이 제사의 전통은 사라질 것이다. 지금 가족의 해체는 굉장히 빠른 속도로 진행되고 있다. 현재의 2, 30대들이 아마도 제사를 올리는 마지막 주인공이지 싶다. 그 이후 세대들은 그들 나름의 새로운 가족제도와 관계망을 만들 것이다.

전환기의 역사에서 배워야 할 것들

혹자는 왜 조선을 세우면서 그 오래된 낡은 전통을 모방하느라 애썼을까 하는 의문을 품을지도 모르겠다. 그것은 진보나 발전이라는 개념이 근대 서양에서 들어온 것임을 고려하지 않아서다. 동양에서는 이미 과거에 지고지순의 이상사회를 달성했으므로, 이제 후

세 사람들에겐 그때와 같은 이상사회 재건이 목표가 되었기 때문이다. 결국 정도전과 이성계, 태종과 세종, 세조 들은 완벽하진 않지만 그나마 역사상 가장 근접하게 주나라를 재건한 사람들이라 하겠다. 역사에서는 아주 먼 곳의 작은 것이라도 다시 되풀이될 수 있다. 일견 아무런 관계도 없는 것 같은 주나라와 조선이 이를 말해주고 있다.

또한 주나라와 조선의 관계에서 우리가 엿볼 수 있는 중요한 문제는 사회적 공평성에 관한 것이다. '천명'이니 '예악'이니 '봉건'이니 하는 문제들도 외형상의 틀에 지나지 않을 수 있다. 중요한 것은 이 사회의 생산물이 모든 구성원들에게 적절하고 공평하게 배분이 되어 있나 하는 문제이다. 만일 은상이 공평하고 정의로운 사회였으면 소수자인 주나라가 천하를 뒤엎는다는 발상을 하지도 못했을 것이며, 고려 말의 권문세가들이 그렇게 위세를 부리며 부귀에 대한 탐욕의 질주를 계속하지 않았으면 이성계는 그저 함경도의 시골에서 말 타며 사냥하고 살고, 정도전은 삼각산 밑의 움막에서 글이나 읽다 죽었을 것이다.

이제 와서 새삼 아득한 시절의 주나라와 조선을 비교하는 뜻은 지금의 현실을 보고자 함이다. 은상과 주나라의 교체기에 여러 관념과 제도들이 생겨난 것은 당위성이 있어서였다. 그 당위성에는 과거의 모순과 새로운 사회가 나가야 할 방향이 담겨 있다. 그것을 기록으로 남긴 것이 유가의 경전들이고, 거기에 들어 있는 해결책들은 그 정신만을 취하고 현실에 맞게 고쳐 써야 할 것들이다. 고려 말의 상황 또한 은상의 말기와 유사했다. 자본주의와 신자유주의 물결이 휩쓸고 지나가는 작금의 우리 현실도 은상이나 고려의 말기와 별로 다르지 않아 보인다. 지금 세상에 성리학이 대안이 될 수는 없어도 성리학을 대신할 것들은 얼마든지 있다. 우리들이 이런 전환기의 역사에서 배워야 할 것은 바로 그런 것들이다.

먼저 이 글을 어떻게 쓰게 되었는지를 밝혀야 할 것 같다. 이 글을 쓰게 된 동력은 대체로 두 가지 방향에서 왔다고 할 수 있겠다. 하나는 지호출판사에서 김상섭 선생님의 『주역』 관련서를 펴내면서 그와 연결된 책들을 읽게 된 것이다.

나는 젊을 때 대만에서 중국미술사를 공부했는데, 청동기를 주제로 삼았다. 그래서 은주시대의 고대사를 필연적으로 공부하게 되었다. 그러면서 일주일에 두 번 지도교수인 콩더청孔德成 선생님의 3시간짜리 금문金文 강의를 들으며 그 분의 강의를 도와드려야 했다. 선생님이 찾으라는 경전의 구절을 찾고, 그것을 칠판에 판서하는 단순한 작업이었지만, 그 시간을 통해 본격적으로 유교 경전에 입문할 수 있었다. 금문의 해독解讀이란 결국 고전의 사례로 해독하는 것이니 부지런히 『시詩』·『상서尙書』·『국어國語』·『춘추春秋』 등에서 비슷한 용례를 찾아야 했다. 하지만 주대의 문헌으로 인정을 받은 『주역』에는 눈길조차 주지 않았는데, 『주역』의 용례가 금문 해석에 별 도움이 되지 않은 까닭이다. 그래서 내 머릿속 역시 『주역』은 주나라의 점을 보는 책, 『역전』은 철학서라는 개념 정도밖에 없었고, 여러 경서 가운데 유일하게 들춰보지 않은 책이 되었다. 그러나 김상섭 선생님의 책을 만들어가면서 『주역』에 대한 이해가 잡히기 시작했고, 명확히 밝힐 수는 없어도 『주역』 64괘의 괘사들은 주나라 역사에서 그 한 자락을 찾을 수 있겠다는 생각에 이르렀다. 하지만 나의 한계를 명확히 인식하고 있었다.

또 하나의 동력은 중국 고대사를 공부할 때 시험 목적으로 달달 외우다시피 했던 쉬줘윈許倬雲 선생의 『서주사西周史』와 장광즈張光直 선생의 『중국청동시대中國靑銅時代』를 번역해볼까 하고 마음을 먹은 일이다.

중국 고대사는 우리나라에서는 불모지나 다름없다. 서점에 가봐도 필요한 책이 없다. 그래서 이런 기본 서적을 번역하면 어떨까 하는 생각에서 위의 책들을 다시 읽어봤다. 그렇지만 개괄적인 중국 고대사조차 우리에게는 너무 전문적이며, 수많은 금문의 벽자僻字는 음조차 달 수 없고, 조판이 아예 불가하다는 데 생각이 미쳤다. 결국 번역은 포기했고, 중국 고대사를 어떻게 소개할 것인가 하는 문제가 숙제로 남았다.

사실 은주시대라는 것이 너무도 까마득한 이웃나라 일이기에 일반적으로 관심이 있을 턱이 없었다. 오죽하면 대학에서조차 동양사, 또는 중국사 전공자들 가운데 고대사인 은주시대를 전공한 이가 거의 없을까. 하지만 우리 조선이 바로 주나라를 모델로 해서 세워지지 않았는가. 그래서 나는 주나라 역사와 조선의 건국을 함께

다뤄보리라 생각했다.

이 책의 내용은 대부분 앞선 역사학자들의 연구가 토대가 된다. 나는 역사학자가 아니다. 따라서 원 사료를 보고 새로이 그 시대를 재구성한 것은 결코 아니며, 사료를 보고 판단된 사실들에 대한 나의 해석을 담았을 뿐이다. 이 책의 줄기를 만든 중요한 참고서적은 다음과 같다.

일단 서주의 역사 부분은 앞서 말했던 쉬줘윈의 『서주사』를 근간으로 했다. 이 책 역시 각주를 달면서 쓴 책은 아니지만, 대체로 앞선 서주사 연구가들의 견해와 금문 연구가들의 해석을 충실하게 반영하고 있다. 그래서 둥줘빈董作賓, 바이촨징白川靜, 리쉐진李學勤 등 대가들의 견해가 거의 망라되어 있다. 그들의 저작들을 오래전에 읽었지만 이 책에 인용된 견해만으로도 충분히 그 뜻이 전달되지 않을까 싶다. 쉬줘윈의 『서주사』외에 그의 논문을 모은 『구고편求古編』을 참고했으며, 은상에 관해서는 장광즈의 『중국청동시대』를 중심으로 다른 저작들을 참고했다. 또한 서주의 체제에 관해서는 대학원 시절 스승인 두정성杜正勝 선생의 『주대성방周代城邦』을 참고했다. 이렇게 보면 아주 소략한 목록이지만, 이 책을 쓰는 데는 이것만으로도 차고 넘쳤다. 이 책들에 나오는 이야기들의 10분의 1도 활용하지 못한 셈이다.

조선 초기의 건국에서 가장 중요한 인물인 정도전에 관해서는 거의 전적으로 한영우 선생님의 저작에 힘입었다. 한영우 선생님은 평생을 정도전 연구에 힘썼으며, 나 같은 초보자가 읽기에도 말랑말랑한 교양서를 쓰셨다. 이 자리에서 깊은 감사의 뜻을 표한다. 그와 더불어 한흥섭 선생님의 도움을 많이 받았다. 국악에 대해 문외한인 내게 '예악'의 '악'은 일정한 관념만 있을 뿐 상당히 풀기 어려운 문제였다. 이에 대해 한흥섭 선생님이 쓴 『아악혁명과 문화영웅 세종』은 모든 의문의 실타래를 풀어주었다. 그렇게 하여 나는 문묘제례악과 세종이 만든 아악을 직접 들으며 글을 쓸 수 있었다.

사실 어디 이 책들뿐이겠는가? 그동안 읽은 책들이 알게 모르게 밑거름이 되었을 것이다. 여기에 하나하나 밝힐 수 없을 따름이다. 또한 데이터베이스 검색을 통해 한국의 '종법'이나 '상속', 사회상과 토지제도에 관한 논문을 대략 200여 편쯤 살펴본 것 같다. 이는 15세기부터 17세기까지의 조선시대 사회상을 머릿속에 그리는 데 크게 도움을 주었다.

전공자가 아닌 사람이 전개하는 논리가 역사학자 입장에서 보면 어설프고 부족하게 여겨질 것이다. 실증이나 사료의 뒷받침 없는 논리라 생각할지도 모른다. 그러나 고대사의 일정 부분은 사료로 해결할 수 없는 영역이 분명 존재한다. 실증사학의 경우 명백한 증거가 없는 부분에 대해서는 해석을 내놓지 않는다. 또한 연관관계나 인과관계가 분명하지 않으면 추론하지 않는 것도 현대 역사학의 방향이다. 하지만 이런 점이 나는 늘 아쉬웠다. 고대사에서 새로운 증거나 사료가 나타나기란 쉽지 않다.

중국의 경우 1960년대 이후로 대규모의 고고학적 발굴과 청동기 발굴로 금문 사료가 쏟아져 고대사 연구에 비약적인 발전을 이루었다. 하지만 이제는 새로운 사료의 발견도 거의 막바지에 와 있다. 따라서 고대사에서 빈자리 없이 완벽한 사료가 존재할 가능성은 없으며, 앞으로도 실증적 사료에서 빈구석은 늘 존재할 것이다. 그런 면에서 부족한 사료 때문에 사실 확인을 할 수 없고, 그래서 해석을 멈춰야 한다면 역사를 읽는 입장에서는 갑갑한 일이다. 그렇기에 곡해의 여지가 없지는 않겠지만 일단 가용한 사실을 놓고 해석해보는 도전이 필요하지 않을까 싶다. 역사에서 이런 아마추어적인 접근방법도 완전히 무용한 것은 아닐 거라고 자위해본다. 설사 조금 해롭더라도 역사서의 글 한 줄을 근거로 침소봉대하는 국수주의 역사관보다는 낫다고 생각한다.

역사학자가 아닌 사람으로서 그런 무모한 용기에 기대어 모든 해석과 생각들을 극한까지 밀어붙일 수 있었다. 학자가 아닌 이의 자유로움이라 할 수 있을 것이다. 하지만 이성의 한계를 넘어선 추론으로는 나아가지 않았다고 생각한다. 더불어 시공간을 뛰어넘는 문화 형식의 전승과 재해석은 앞으로의 역사 연구에도 유용할 것이다. 무형 문화의 전파력은 시대와 공간을 초월해 나타날 수 있기 때문이다. 나는 약 3천 년에 가까운 시공간을 오가는 동안 많은 꿈을 꾸었다. 그리고 이 책을 읽는 독자들이 그런 꿈을 조금이라도 공유하기를 바라는 마음이 가득하다.

이 책의 출간은 내가 출판계에 들어와 사귄 소중한 동무들 때문에 가능했다. 우선 많은 논문들을 자유롭게 검색하도록 해준 누리미디어 최순일 대표에게 고마움을 전한다. 이 책 또한 누리미디어를 통해 여러 사람들에게 조금이라도 도움이 되도록 할 예정이다. 20년 동안 변함없는 우정을 보여준 개마고원 장의덕 대표는 이 원고의 문제점을 지적하고 개선 방향을 일러줬으며, 문장 교열과 맞춤법까지 편집과 관련된 모든 일을 헌신적으로 도와주었다. 이 책에서 30년 편집자의 노련한 솜씨가 곳곳에 보일 것이다. 마지막으로 창해출판사 전형배 대표는 몇 년 전 삼청동의 한 가게 앞에서 술을 한잔하며 출간하기로 한 언약을 그대로 지켜주었다. 이 모두가 나의 커다란 복이 아닐 수 없다.

ㄱ

가묘家廟 146

〈가시리〉 195, 198

간의대簡儀臺 189

강상姜尙(강태공姜太公, 태공망太公望)
　　18~20, 36, 92, 94~97, 99,
　　109

강숙康叔 99, 161

강왕康王 108, 111

강족羌族 19, 20, 35~39, 94

걸桀 47

결부제結負制 257, 260

경국대전經國大典 140, 238

경묘법頃畝法 259

경복궁景福宮 14, 250, 253

경수涇水 21, 34

계력季歷(왕계 王季) 24, 38~40, 43, 51

고공단보古公亶父 24, 30, 34~36,
　　　　38~40, 43, 51, 93, 218, 222

고조선古朝鮮 13, 80

곡부曲阜 181, 229

골품제骨品制 235

공법貢法(공공) 256~261

공류公劉 31, 33, 34, 212, 214

공묘孔廟 181

공법상정소貢法上程所 259

공양왕恭讓王 75, 78, 79

공영달孔穎達 177

공왕共王 90

공자孔子 6, 7, 15, 19, 24, 39, 63, 67,
　　123, 128, 155, 156,
　　158~160, 167, 169, 178,
　　181, 184, 198, 199, 205,
　　209, 210, 265, 266, 270

과전법科田法 240, 243~245, 257,
　　261

곽霍 91

관管 91, 94

관례冠禮 129, 163

관상감觀象監 189

관숙管叔 95

광해군光海君 137, 138, 141

군국제郡國制 177

군현제郡縣制 176, 177

귀방鬼方 37

근사록近思錄 66

기杞 44

기산岐山 24, 30, 34, 36~39, 50, 51,
　　55, 90, 218, 222, 224

기자箕子 13, 80, 81

김종서金宗瑞 203, 204

김주金湊 77

ㄴ

낙수洛水.雒水 226

낙읍洛邑(낙양洛陽) 13, 14, 51, 82,
　　　　100, 105, 108, 226, 227,
　　　　229, 247, 249
남은南闇 77, 78
『논어論語』 67, 155, 158, 199

ㄷ

단군檀君 80, 81
단종端宗 136, 137, 139, 203, 204,
　　　　260
답험踏驗 257, 259
당쟁黨爭 143
대성악大晟樂 185, 186
대아大雅 38, 155
대종大宗 99, 111, 112, 114, 119,
　　　　126, 128, 146, 147, 273
『대학大學』 67
데릴사위 122, 131, 144
도철문饕餮紋 54
동관冬官 227, 255
동이족東夷族 42~44, 92, 96, 97, 99,
　　　　100, 226
동주東周 13, 14, 100, 173, 174, 227
동중서董仲舒 176

ㅁ

맹사성孟思誠 196
『맹자孟子』 46, 67, 72, 216, 220, 230,
　　　　231, 258
맹진孟津 46, 48
명종明宗 137, 138, 144
목야牧野 46, 49, 52, 87, 88, 94, 96
목조穆祖(이안사李安社) 19, 59, 69, 70,
　　　　193
묘당廟堂 14, 15, 47, 50~52, 100,
　　　　105, 146, 229, 230, 248,
　　　　249, 270
무경武庚 89, 90, 94~96, 98
무왕武王 17~20, 43, 45~52, 55, 67,
　　　　78~81, 84, 87~91, 93~96,
　　　　105, 108, 111, 114, 165,
　　　　188, 197, 209, 210, 213,
　　　　218, 219, 265
무을武乙 40
무제武帝[중국 한나라] 176
무학대사 22, 82
『묵자墨子』 46
문공미文公美 186
문묘제례악文廟祭禮樂 172, 181, 182,
　　　　196, 281
문왕文王 18~20, 24, 36~46, 51, 93,
　　　　94, 104, 111, 197, 209,
　　　　212~214

문정文丁 40

문정왕후文定王后 138

문종文宗[조선] 136, 137, 139, 203,
    204, 260

미자微子 98, 105, 209

민전民田 261

ㅂ

박연朴堧 191, 196

〈발상發祥〉 192, 193, 201

백금伯禽 100

백읍고伯邑考 18, 93

변경汴京 65

병자호란丙子胡亂 139, 141, 145, 261,
    272

〈보태평保太平〉 192, 201, 204

복사卜辭 37, 38, 54, 103, 217

봉건封建 89, 91~93, 99, 101, 102,
    106~111, 113~115, 127,
    174, 175, 209, 219, 265,
    268~270, 273

〈봉래의鳳來儀〉 192, 193, 201

봉화奉化 62

부전袁田 217

부줄不崫 30, 31

ㅅ

『사기史記』 17, 20, 30, 81

사당祠堂 14, 128~132, 223

사마광司馬光 183

사마천司馬遷 20, 30, 81

사유제私有制 214, 216, 220

사장반史墻盤 90

사전私田 237, 240, 241, 244, 261

사직社稷 163, 229, 230, 248

사화士禍 138~140, 142, 272, 274

삼감三監 89, 91~96, 98, 105, 108,
    111, 112, 161, 213, 226

삼강오륜三綱五倫 134, 141

『삼강행실도三綱行實圖』 134, 271

상례喪禮 129, 164, 271

『상서대전尚書大傳』 80, 81

『상서尚書』 46, 49, 67, 80, 161, 278

상앙商鞅 176

서박西亳 226

서백西伯 18, 36, 38, 44, 104

서운관書雲觀 189

선조宣祖[조선] 137, 138, 144

『설문해자說文解字』 157

설순偰循 134

성균관 134, 172, 181, 182, 205, 253

성리학性理學 16, 24, 63~67, 123,
    124, 127, 128, 130~133,
    139, 140, 149, 184, 197,

244, 246, 252, 267, 270

271, 273, 277

성왕成王(송誦) 19, 95, 99, 108, 111,

114, 212, 213

성읍국가城邑國家 218, 221, 245

성종成宗[조선] 24, 136, 137, 140,

205, 245, 257, 261, 267

성주成周 227

성탕成湯 37, 50, 103

세조世祖(수양대군) 136, 137,

139~142, 196, 204~206,

260, 261, 267, 276

세종世宗[조선] 19, 23, 24, 39, 59, 66,

70, 84, 119~121, 132~137,

140, 187~206, 238, 243,

245, 252, 255~260, 267,

271, 276

세한도歲寒圖 199

소공召公 95~97

〈소아小雅〉 155

소옹邵雍 64, 184

소자小子 112

소종小宗 99, 111, 112

『소학小學』 134, 141

속악俗樂 155

송頌 155, 170, 197

송宋나라[주나라 제후국] 29, 109, 178

수신修身 130

숙량흘叔梁紇 209

순舜 30, 79

숭崇 44

『시경詩經』 38, 39, 67, 155, 158, 159,

170, 172, 197, 212, 215

시제時祭 146

신악新樂 191, 192, 194~196,

200~205

신종神宗[중국 송나라] 182

쌍성총관부雙城摠管府 22, 70, 71

〈쌍화점〉 195

씨족국가氏族國家 221, 222, 224, 225

ㅇ

아악雅樂 177, 181, 186, 191, 192,

195, 198~200, 202, 281

안직숭安稷崇 186

안향安珦 63, 66, 130

양녕讓寧 121, 255

양전量田 238, 243, 256, 257, 259,

260, 261

〈여민락與民樂〉 193

역법曆法 154, 189, 190, 205

역성혁명易姓革命 192

역役 216

연산군燕山君 137, 138, 140, 141

연燕 96, 110

영창대군永昌大君 138

『예기禮記』 46, 67, 104, 107, 123,
　　　　126, 128, 157, 160, 162,
　　　　164, 198

예악禮樂 155

예종睿宗[고려] 136, 186

예학禮學 63, 129, 130, 145

오대십국五代十國 125, 183

오행五行 65

왕안석王安石 182, 183, 252, 266, 267

왕자의 난 119, 204, 253

왕자지王字之 186

요동 정벌 74, 246, 252

요堯 30,79

요하遼河 81

〈용비어천가龍飛御天歌〉 19, 23, 24, 59,
　　　　70, 187, 188, 191~194, 201

우禑왕[고려] 73, 75, 131

우禹왕[중국 고대] 30, 228

우중虞仲 24

원구단圓丘壇 206

원구제圓丘祭 204, 205

원천석元天錫 254

『월인석보月印釋譜』 133

위만衛滿조선 80

위수渭水 21, 34, 44, 46

위衛 99, 161

위진남북조 64, 255

위화도 회군 72, 73, 76, 238, 242

유리羑里 41, 42, 44

유방劉邦 62, 86, 176

유자징劉子澄 134

육사六師 101

육예六藝 153

윤귀생尹龜生 131

윤회봉사輪回奉祀 141, 146, 148

융적戎狄 30, 96

융족戎族 97

을유양전乙酉量田 255

음서蔭敍 241

의경懿敬 136

『의례儀禮』 123, 162

이곡李穀 62

이방원李芳遠(태종太宗) 7, 8, 59, 78,
　　　　83, 84, 119, 128, 187,
　　　　252~255, 262

이사李斯 176

이색李穡 60, 62, 66, 73, 75, 76, 237,
　　　　254

이성계李成桂(태조太祖) 8, 21~24, 39,
　　　　59~61, 69, 71, 73~80, 82,
　　　　83, 119, 128, 192,
　　　　237~239, 242, 250~254,
　　　　267, 276

이안사李安社(목조穆祖) 59, 69, 70

이자춘李子春(환조桓祖) 70, 71

이행리李行里(익조翼祖) 70, 71

인의예지신仁義禮智信 251

인조仁祖[조선] 137~139, 141

인종仁宗[조선] 137, 138

일무佾舞 181

일연一然 80

임진왜란壬辰倭亂 138, 141, 261, 272

ㅈ

장량張良 62, 80

장자계승長子繼承 93, 111, 113,
　　　　136, 139~141

장재張載 64, 127, 184

적인狄人 34

전국칠웅戰國七雄 175

전민변정田民辨整 242

전시과田柴科 240, 241, 243

전제개혁田制改革 75~77, 242, 243

전조후시前朝後市 230

절주節酒 167, 177, 200

정간보井間譜 201

〈정대업定大業〉 192, 201, 204

정도전鄭道傳 7, 8, 21~23, 60~63,
　　　　65~67, 69, 72~84,
　　　　119~121, 133, 140, 187,
　　　　206, 236~239, 242
　　　　246, 247, 250~256, 262,

267, 276, 280

정몽주鄭夢周 60, 73, 76~78, 83, 252,
　　　　253

정습인鄭習仁 131

정운경鄭云敬 62

정유재란丁酉再亂 262

정이程頤 64 127

정인지鄭麟趾 197

정전제井田制 216, 220, 230, 245,
　　　　250, 258, 259

정종定宗[조선] 119, 136, 137

정호程顥 64, 127, 184

제가齊家 270

제례악祭禮樂 185, 187

제을帝乙 37, 38, 40, 41, 50, 104

제후諸侯 19, 37, 39, 47, 49, 50,
　　　　68, 69, 80, 81, 89, 96, 99,
　　　　100, 104~107, 109~115,
　　　　123, 126, 128, 154, 161,
　　　　163, 170, 171, 173~176,
　　　　209, 210, 225, 228, 270

조가朝歌 49

조민수曺敏修 74, 75

『조선경국전朝鮮經國典』 140, 238, 246

조운漕運 240

조법助法(조조助助) 220, 258

조준趙浚 77, 78, 242

존존尊尊 126, 141, 142, 148

종묘宗廟 14, 105, 126, 129, 132,
　　163, 191, 230, 248, 250
종묘제례악宗廟祭禮樂 172, 190, 191,
　　195, 201~203
종법宗法 7, 8, 14, 25, 84, 89,
　　101~103, 106~109, 111,
　　113~115, 120, 121, 130,
　　132, 133, 135, 136,
　　139~141, 143, 145~149,
　　174~175, 206, 209, 211,
　　265, 268~270, 272~275
종주宗周 227
주공周公 227, 265
주돈이周敦頤 64, 127, 184
『주례周禮』 67, 123, 153, 162, 163,
　　165, 216, 220, 227~231,
　　246~248, 251, 255
『주역周易』 6, 67, 278, 279
주왕紂王 17, 18, 23, 41~43, 47~49,
　　50~52, 55, 80, 88, 89, 91,
　　92, 96, 97, 104, 165,
　　209, 224
『주자가례朱子家禮』124, 127, 128,
　　130, 131, 133, 136, 139,
　　142, 146, 148, 184,
　　270~272
주척周尺 260
주희朱熹 63, 65, 66, 121, 124, 125,

　　127, 128, 133~135, 139,
　　145, 146, 148, 149, 184,
　　266
『중용中庸』 67
중종中宗[조선] 137, 138, 140, 141
증후을묘曾侯乙墓 172, 174
진秦 13, 52, 110, 175, 176, 266
진陳 110
집성소학集成小學 134

ㅊ

채경蔡京 185
채蔡 91
천단天壇 163, 186, 228
천명사상天命思想 8, 23, 55, 56, 67,
　　206
천명天命 21, 52, 55, 59~63, 67,
　　69, 72, 75, 78, 83, 89,
　　165, 192~194, 197, 206,
　　209, 210, 228, 242, 243,
　　245, 256, 265, 268, 270,
　　273, 276
천원지방天圓地方 228, 247
천읍상天邑商(대읍상大邑商) 49, 84, 87
천자天子 15, 104, 126, 175,
　　204~206
철법徹法(철徹) 220, 258, 259

철종哲宗[중국 송나라] 183

〈청산별곡〉 198

초楚 110, 173, 176

최영崔瑩 69, 71, 73, 75

춘추오패春秋五覇 174

『춘추春秋』 67, 278

〈취풍형醉豊亨〉 194

〈치화평致和平〉 193

친친親親 126, 127, 141~143, 148, 149

칠정산七政算 205

태갑太甲 37, 50

태묘太廟 186

태백泰伯 24, 40, 155

ㅌ

토지겸병土地兼倂 236, 237, 242, 261

팔사八師 101

편경編磬 157, 173, 174, 186, 191

풍風 155, 197, 198

풍豊 42, 45

ㅎ

하륜河崙 120

한명회韓明澮 138, 139

한양漢陽 15, 82, 189, 239, 246~251

한邗 44

함주咸州 60, 61

항우項羽 176

향악鄕樂 191, 195, 200, 205

호경鎬京 42, 90, 227

혼례婚禮 122, 129, 135

화상석畵像石 173

황보인皇甫仁 204

황토고원黃土高原 21, 32~34

후직后稷 14, 29, 30, 32, 33, 105

훈고학訓詁學 64

휘종徽宗[중국 송나라] 182~186, 200, 205

희석姬奭 95

희선姬鮮 95

〈희희嘻嘻〉 212

주나라와 조선

지은이 장인용

펴낸곳 도서출판 창해
펴낸이 전형배

출판등록 제9-281호(1993년 11월 17일)
1판 1쇄 인쇄 2016년 11월 21일
1판 1쇄 발행 2016년 11월 30일

주소 서울시 마포구 토정로 222(신수동 448-6) 한국출판콘텐츠센터 316호
전화 02-333-5678
팩스 02-707-0903
E-mail chpco@chol.com

ISBN 978-89-7919-001-4 03910
ⓒ 장인용, 2016, Printed in Korea.

이 책은 한국출판문화산업진흥원 2016년 우수출판콘텐츠 제작지원사업 선정작입니다.